理解他者　理解自己

也
人

The Other

AGNÈS VARDA

阿涅斯的海滩

瓦尔达访谈录

Interviews – Edited by T. Jefferson Kline

[美] T. 杰斐逊·克兰 编

曲晓蕊 译

上海书店 出版社
SHANGHAI BOOKSTORE PUBLISHING HOUSE

阿涅斯·瓦尔达，布鲁塞尔，1946 年

阿涅斯·瓦尔达、阿伦·雷乃、
西尔维娅·蒙福尔和菲利普·努瓦雷
在巴黎达盖尔街，1955 年

让－吕克·戈达尔、阿涅斯·瓦尔达和雅克·德米
在巴黎拍摄《麦当劳桥上的未婚妻》

Photographie Liliane de Kermadec © 1961 Ciné-Tamaris.

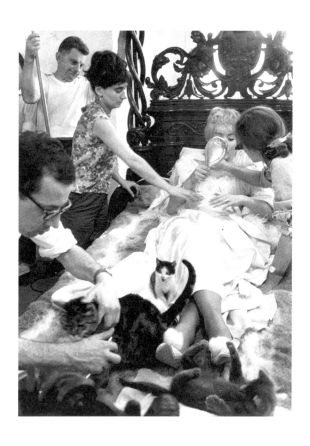

阿涅斯·瓦尔达、科琳娜·马尔尚和部分团队人员
在拍摄《五至七时的克莱奥》

瓦莱丽·迈雷斯、阿涅斯·瓦尔达和
弗朗姬·迪亚戈（美术指导）
在《一个唱，一个不唱》拍摄现场

Photographie Robert Picard © 1976 Ciné-Tamaris.

阿涅斯·瓦尔达和桑德里娜·博奈尔
在《天涯沦落女》拍摄现场

Photographie Zoltán Jancsó © 1985 Ciné-Tamaris.

雅克·德米、罗莎莉·瓦尔达、马修·德米和
阿涅斯·瓦尔达在巴黎达盖尔街的院子里，
约 1974 年

阿涅斯·瓦尔达和家人
在努瓦尔穆捷岛拍摄《阿涅斯的海滩》

目 录

CONTENTS

引　言

INTRODUCTION

"我是一个女人，"阿涅斯·瓦尔达告诉安德烈娅·梅耶，"依靠直觉工作，并尽可能聪明。感受、直觉和发现事物的喜悦交汇在一起，像一股急流。发现美，在不可能的地方。观察。"在瓦尔达非凡的艺术生涯中，她从未停止过对"在不可能的地方发现美"的探索。首先借助摄影，随后，从1954年至今，她转向了电影媒介。熟悉瓦尔达各种作品的人中，没有哪一个会怀疑她在这条道路上获得的成功。

阿涅斯·瓦尔达先是被奉为"新浪潮之母"，随后又变成了"新浪潮祖母"，她并非浪得虚名。在特吕弗（François Truffaut）凭借《四百击》（*Les 400 Coups*）在影坛一举成名、戈达尔（Jean-Luc Godard）以《精疲力尽》（*À Bout de Souffle*）打破所有电影语法规则之前好几年，瓦尔达就已经拍摄了她的第一部"新浪潮"剧情片。

瓦尔达曾经长期居住在法国地中海沿岸地区，在塞特附近一个叫"短岬村"（La Pointe Courte）的地方。1954 年，瓦尔达决定拍摄一部同名电影，讲述那里的渔民和他们的家庭生活。在预算极其有限且没有任何经验（无论是作为电影观众还是作为电影专业学生）的情况下，瓦尔达以韧性和智慧制作了一部出色的电影，它的故事线索在一对陷入危机的夫妇［菲利普·努瓦雷（Philippe Noiret）和西尔维娅·蒙福尔（Silvia Monfort）饰］与一个在经济困境中苦苦挣扎的渔民社区之间交替。尽管这部电影没有票房大卖，但由于其低廉的成本、极简主义的故事线（部分借鉴了福克纳在《野棕榈》中的叙事技巧）、新现实主义和富有表现力的电影风格，它为日后"新浪潮"的到来奠定了基础。

瓦尔达 1928 年出生于布鲁塞尔，父亲是希腊人，母亲是法国人。她在塞特度过了大部分青少年时光。纳粹占领时期，一家人搬到了巴黎，在那里她开始学习摄影。她最初的工作包括每天在老佛爷百货公司拍摄四百张孩子们坐在圣诞老人腿上的照片，还有为法国国家铁路公司（SNCF）拍摄档案照片。1951 年，瓦尔达受邀加入让·维拉尔（Jean Vilar）的国家人民剧场（TNP），成为该机构的官方摄影师。在接下来的十年中，她为法国最著名的演员们拍摄了一系列令人赞叹的肖像，包括扮演不同角色时的维拉尔和法国万众瞩目的男星热拉尔·菲利普（Gérard Philipe），以及许多其他人。

瓦尔达非常幸运地邀请到阿伦·雷乃（Alain Resnais）

承担《短岬村》的剪辑工作，雷乃随后把她介绍给未来"新浪潮"的"冲浪者"们：让-吕克·戈达尔、克洛德·夏布洛尔（Claude Chabrol）、弗朗索瓦·特吕弗、雅克·多尼奥尔-瓦尔克罗兹（Jacques Doniol-Valcroze）和埃里克·侯麦（Eric Rohmer）。他们都在安德烈·巴赞（André Bazin）领导下的《电影手册》（*Cahiers du Cinéma*）杂志社工作，并由此进入电影界。"电影手册派"逐渐被人们称为"右岸派"，以便与更关注政治问题的"左岸派"相区分，后者包括阿伦·雷乃和克里斯·马克（Chris Marker），以及阿涅斯·瓦尔达本人。雷乃还把瓦尔达介绍到法国电影资料馆（Cinémathèque Française），在那里，她开始学习世界电影史。

1957 年，瓦尔达的电影事业获得了极大助力。法国旅游局委托她拍摄一部卢瓦尔河谷的宣传短片《季节，城堡》（*Ô Saisons, Ô Chateaux*），该片入围了 1958 年的戛纳电影节和图尔电影节。正是在图尔电影节上，瓦尔达遇到了她一生的挚爱雅克·德米（Jacques Demy），在接下来近四十年里，他们两人的导演事业几乎是齐头并进。德米把瓦尔达介绍给了乔治·博勒加尔（Georges Beauregard），后者正因"新浪潮"（尤其是戈达尔）的成功而兴奋不已，同意制作瓦尔达的下一部剧情片《五至七时的克莱奥》（*Cléo de 5 à 7*）。为了筹备这部电影，瓦尔达为旅游局拍摄了另一部短片《海岸线》（*Du Côté de la Côte*）和一部名为《穆府歌剧》（*L'Opéra-Mouffe*）

的纪录片。当时，瓦尔达正怀着自己的第一个孩子，在谈到第二部纪录片时，她说这部影片"讲述了一个人如何在怀孕并感到无比幸福的同时，意识到生活中的苦难和衰老，那是穆府塔街的寻常景象，甚于其他任何地方。这种对比是如此地显著，如此让我着迷"（米雷耶·阿米耶尔）。

《五至七时的克莱奥》拍摄于 1961 年 5 月中旬，讲述了一个流行歌手［科琳娜·马尔尚（Corinne Marchand）饰］生活中的两小时。这一天她得到消息，自己因患癌症而将不久于人世。但后来她遇到了一个正准备去阿尔及利亚参战的士兵，在他的影响下，她似乎重新获得了平静，并萌发了全新的自我意识。该片上映后备受好评，被选为戛纳电影节的法国正式竞赛作品。摧枯拉朽的"新浪潮"之下，瓦尔达在其中的先导作用尚未引起公众关注，但她现在已经正式"出道"了，邀请函纷至沓来。此外，在《五至七时的克莱奥》大获成功后，她和德米于 1962 年结婚。同年，她去了古巴，回来后制作了《向古巴人致敬》（Salut les Cubains），其中收入了她在那里拍摄的四千多张照片，还有菲德尔·卡斯特罗的个人讲话。该片赢得了莱比锡电影节的银鸽奖和威尼斯国际纪录片电影节的铜奖。

正是在这一时期的工作中，瓦尔达开始为自己的艺术创作构思一种更加理论化的方法。她说："（我的作品）要展示的核心问题就是'什么是电影'，具体来说就是我如何以特定的电影手法来表达我想讲述的内容。我可以用六小时来向你讲述影片的内容，但我选择了用影像来表达。"（戴维·沃里克）为了体现自己在电影语言方面特殊的个人思考，瓦尔达创造了一个术语：**电影写作**[1]。正如她向让·德科克解释的那样："当你写了一份乐谱，别人也可以演奏它，它是一种符号。当建筑师画出一个详细的平面图，任何人都可以把他设计的这座房子建造出来。但对我来说，我写不出供别人拍摄的剧本，因为剧本并不能代表电影的写作。"她后来解释道："剪辑、运动、视角、拍摄节奏和图像剪辑的节奏，都经过事先设计和深思熟虑，就像作家选择每一个句子的意义深度、词语的类型、副词的数量、段落、旁白，决定故事在哪里进入高潮，哪里出现转折一样。在写作中，它被称为风格。在电影中，所谓的风格指的就是**电影写作**。"［*Varda par Agnès*（1994），14］

瓦尔达在访谈中曾多次谈及这个观点，尤其是当她谈到自己对《幸福》（*Le Bonheur*）的构思时。影片中，主人公弗朗索瓦婚姻幸福，有小孩，但他很快开始与新的情人寻求更多的幸福，这令他的妻子最终选择了自杀。尽管《幸福》深入探讨了"幸福"的阴暗面，瓦尔达却把关注焦点放在了"幸福的颜色"上。她告诉伊冯娜·巴比（Yvonne Baby）："我想到了印象派。他们的画中满是跳动的光线，色彩也传达

---

[1] Cinécriture，由法语词cinéma（电影）和écriture（写作）合并而成。——除另有说明外，脚注均为本书译者注或编者注

出一种幸福感。"(《世界报》，1965 年 2 月 25 日)

　　该片首映时，媒体称其"令人大跌眼镜"。显然，感到困惑的观众远远多过从中获得愉悦的人。他们对弗朗索瓦的不道德感到震惊，更对导演在影片中对其不加谴责的态度表示不解。不过，瓦尔达的关注点更加隐晦、更具哲学意味。她告诉雅克·费耶奇（Jacques Fiecschi）和克洛德·奥利耶（Claude Ollier）[1]："在这部影片中，我想搞清楚的是，幸福、对幸福的渴望、获得幸福的天赋，它们的意义是什么？这个不可名状甚至有些骇人的东西究竟是什么？它从哪里来？有怎样的形式？它为什么降临？又为什么会离开？那些拼命追逐幸福的人为什么抓不到它？为什么另一些人可以抓住它？为什么幸福与善行没有关系？这种幸福和快乐的感受似乎与物质、精神、道德或其他任何东西都无关，只有一些人能够感到幸福。"换句话说，她希望在电影中提出一系列道德和心理问题，而不是讲述一个快慰人心的"道德"故事。也许这种倾向反而最能体现瓦尔达电影的特点，这可能也是她的电影从未获得更广泛的"大众"欢迎的原因。

　　在拍摄完《幸福》两年后，瓦尔达跟随雅克·德米来到洛杉矶，在他拍摄《模特儿商店》(Model Shop) 时，她投入一系列纪录短片的拍摄中：《扬科叔叔》(Oncle Yanco)，一部关于她希腊叔叔的短片；《黑豹党》(Black Panthers)，其

---

[1]　由于版权原因，原书个别篇目未收入本书中。

中有对埃尔德里奇·克利弗（Eldridge Cleaver）和狱中的休伊·牛顿（Huey Newton）[1] 有利的采访。尽管《黑豹党》是受法国广播电视管理局（ORTF）委托拍摄的，最终却被认为过于激进而从未有机会播出。1980 年，她回到洛杉矶，拍摄了另一部政治性纪录片《墙的呢喃》（*Mur Murs*），将目光投向了这个城市墨西哥人聚居区的壁画。

此前一年，瓦尔达在纽约遇到了安迪·沃霍尔（Andy Warhol），后者又把她介绍给女演员维瓦（Viva）。然后，瓦尔达把维瓦、《头发》（*Hair*）中的两名演员詹姆斯·里多（James Rado）和杰罗姆·兰尼（Gerome Ragni）及电影制片人雪莉·克拉克（Shirley Clarke）拉到一个租来的别墅里，让他们放纵自己、沉浸于一场裸体和自由恋爱的游戏中，并插入了迈克尔·麦克卢尔（Michael McClure）的剧作《胡子》（*The Beard*）的片段和罗伯特·肯尼迪遇刺的电视画面。成片就是电影《狮之爱》（*Lions Love*）。当被问及这部结构松散、内容混杂的影片的主题时，瓦尔达回答说："我可以给您二十种不同的答案，每一个或多或少都是真实的，又或多或少都有局限性。我想用这部电影展现今日美国的两大潮流——性和政治。我更愿意称这部电影为拼贴作品（collage），它包含了对昔日明星（包括我前面提到的政治明星）的怀念；我在好莱坞拍电影的尝试；某种神秘主义，嬉皮士的神秘主义；

---

[1]　克利弗和牛顿均为美国政治活动家、黑豹党早期重要领导人。

好莱坞，一座神奇的城市，有着独一无二的街景、宽阔的林荫大道和数不清的制片厂；青春的终结，电影中的人物已经过了当嬉皮士的年纪，却还不成熟，算不上成年人；政治事件和私人生活之间的矛盾对比。"

我们会看到，"矛盾"这个词将成为此后贯穿瓦尔达作品的一个重要主题，甚至也可以在她所有的电影作品中被一一追踪和辨认出来。

1972年，儿子马修（Mathieu Demy）的出生使瓦尔达的电影事业受到影响，尽管她在怀孕生子的过程中还抽出时间参加了博比尼的示威活动，抗议法国法院对一位遭遇强奸并敢于堕胎的少女作出的有罪判决。这一事件使得瓦尔达与女权主义之间的政治关系公开化。不过，在接下来的几年里，她一直被困在家中做全职母亲。直到某一天她灵光一现，找到了摆脱受限生活的办法：为了与受到限制的母亲角色抗争，她从房子向外铺设了一条长达九十米的电线。有了这条"脐带"，她成功地采访到达盖尔街的店主和其他邻居，拍摄了《达盖尔街风情》（Daguerréotypes）。这部影片获得了奥斯卡最佳纪录长片提名，并在1975年获得了"艺术与实验"电影奖。

1976年，经过长期思考，瓦尔达做好准备要参与女权主义活动，自从四年前她参加博比尼示威活动以来，这个想法一直在酝酿之中。

毫无疑问，女权主义是瓦尔达最深切关注的主题之一，并且与她自己的身份认同问题密切相关。"要确立自己的女性身份是很困难的，"她告诉米雷耶·阿米耶尔，"无论在社会交往中、私人生活里还是在身体方面。这种身份探索对一名电影制作人来说意义非凡：我试图以一个女人的身份来拍摄。在女权主义方面，得益于所有参与女权运动的女性、美国的激进女权主义者和理论家，以及1968年'五月风暴'之后的法国女性，我获得了许多关于自己和女权主义本身的了解（即使我一直是个女权主义者，即使我认为自己在生活选择上、思想上、尤其在我拒绝的事情上，都是确定无疑的女权主义者）。"

　　这些跨越了近五十年的瓦尔达访谈文章给了我们异常珍贵的机会，去了解她在这个问题上思想的演变。在《五至七时的克莱奥》中，瓦尔达首次尝试刻画女性身份的危机，她指出，"影片的全部动力都集中在她拒绝维护这个刻板印象的时刻，集中在她不想再做被凝视的对象，而是想观察别人、成为看的主体的转变"。她对米雷耶·阿米耶尔说，"《五至七时的克莱奥》表达的是（在我看来如今仍然表达着）一个年轻女性对身份的探索，而这始终是女权主义宣言的第一步"。

　　从1962年首次刻画身份危机开始，瓦尔达逐渐走向更激进的立场。1974年，她承认，"当我拍《幸福》时，在这方面的思考仍然没有那么清晰，尽管我已经读过西蒙娜·德·波伏瓦，讨论过这些事情，也为避孕、性自由、新的养育子女的方式和超越传统的另类婚姻形式而斗争过"。

1975 年，瓦尔达拍摄了一部关于女性的八分钟电影，作为对法国电视二台提出的问题——"作为一个女人意味着什么？"——的回答。瓦尔达并没有从社会历史的角度解答这个问题，而是把视线投向了身体。在影片中，一群不同年龄和体型、穿着衣服或裸体的女性直视镜头，讲述她们对自己身体的体验，讲述她们对不断被物化或被神化的感受。瓦尔达告诉米雷耶·阿米耶尔，"我的目的是能够谈论身体，并以我们自己的方式去呈现它，作为一种肯定，而不是作为展示。对我来说，作为一个女人，首先意味着拥有女性的身体，一个没有被分割成一系列令人兴奋的部位、一个不局限于所谓的性感地带（从男性视角所做的分类）的身体，一个有着更为精细的地带区分的身体"。显然，瓦尔达《女人的回答》（*Réponse de Femmes*）这部电影中的拍摄对象想要改变她们被注视的方式。然而，影片似乎没有达成真正的共识，也没有提出令人完全满意的解决方案，影片作者依然在女权主义问题、它的不同观点，以及"女权主义觉悟"之间深感困扰。

当她准备拍摄自己第一部"女权主义"剧情片《一个唱，一个不唱》（*L'Une Chante，l'Autre Pas*）时，瓦尔达说："尽管我自称女权主义者，但对其他女权主义者来说，我还不够'女权'。我所做的一切使我成为一名女权主义者，尽管我还没有拍过女权主义电影。"沮丧之余，她补充说："我认为每个女性都应该了解自己的身份和在世界中的位置。但是……有些东西必须改变，因为电影中的女性形象主要是由男性塑造的，并被他们所接受，也被女性所接受……这一点总是让我很愤怒，但到目前为止，我还无法改变这种形象。"

虽然一开始看《一个唱，一个不唱》时，可能还看不出瓦尔达已经为自己解决了这一问题，但她认真处理女权主义的努力是令人信服的。她首先分析了电影中缺少的东西，并断言："你从未见过讲述女性和她的工作问题的电影。你在电影中看不到由女性指导工作，也看不到她如何管理或如何与同事相处……应该改变这一点。我真的认为，作为女性和观众，我们应该为之做好准备。"瓦尔达不仅呼吁拍摄更多有关值得尊敬的职业女性的电影，还提出了生育问题这个挑战："如何确保那些想要孩子的女性能够在想生的时候跟她们想要的人拥有一个孩子，此外，社会应该如何帮助她们抚养孩子。这是个大问题。"

在她的女权主义思想中，瓦尔达一直坚持对"中间道路"的探索。她告诉鲁斯·麦考密克："作为女权主义者，我们必须宽容，对彼此宽容，甚至对男人也要宽容。我认为我们的运动需要不同类型的女性参与；不应该只有一条路径或一种方式。有些女性仍然想要孩子和家庭……如果有些女性觉得她们必须远离男人，用一段时间甚至用一生去寻找自己的身份——她们实际上可能是女同性恋者，我觉得也完全没有问题。每个女人都应该找到自己的路。"

于是，瓦尔达于1976年前往伊朗，为她的下一部电影拍摄素材。回国后，她写下了《一个唱，一个不唱》的剧本。

这部电影讲述了两个好朋友波姆和苏珊各自追求幸福的故事。苏珊的丈夫自杀了，她被迫回到原生家庭，而家人们似乎将苏珊的处境怪在她身上。幸而她逐步重新获得了独立，带着孩子们搬到了法国南部，嫁给一个比自己年长的男人。她在一个妇女中心找到了自己的认同，成为一名计划生育顾问。另一边，波姆代表的是更激进的女权主义，她走上街头抗议并演唱女权主义歌曲。波姆嫁给了伊朗人大流士，但在和他一起移居伊朗后，她拒绝接受当地文化对妇女的压制态度，决绝地回到了法国。她怀孕了，但获得了自由。在两人之中，波姆更明确地意识到她作为一个女人的矛盾，在她的画外音旁白中，波姆成了女性状况的代表，瓦尔达用她来激起观众对女性在社会中的角色的思考。

尽管《一个唱，一个不唱》是第一部明确讨论女权主义问题的法国主流电影，但它似乎也不乏矛盾之处，例如在落魄的女性形象和影片最后苏珊女儿家田园诗般的场景之间的切换。瓦尔达关于这个问题的访谈相当引人注目。

当我们回头去看瓦尔达的作品时，似乎可以说，矛盾一直是她电影的中心思想。在回顾自己电影作品的演变时，她告诉米雷耶·阿米耶尔："在我的电影中，我感兴趣的一直是公共和私人之间、主观性和普遍性之间的辩证关系，固有观念（cliché）和固有观念之中隐藏的东西。在我看来，这种辩证关系和模糊性，以及头脑中的固有看法和现实生活图景之间的矛盾，确实是我所有电影的主题……我所有的电影都是由这样的矛盾—并置（contradiction-juxtaposition）构建而成的。"

　　或许瓦尔达所有电影作品中核心的矛盾，是虚构电影和纪录片之间的矛盾。对于她拍的任何一部纪录片，瓦尔达都会说："这不纯粹是一部纪录片，对吗？但它也不是虚构的。我试图打破壁垒、跨越边界，给电影以自由，让自己可以谈论人、谈论自己，还可以讨论古巴革命或展示戏剧里的画面。我尝试着去拓宽电影的领域，而不是说'就这样了'。"[1] 同样，关于她的任何一部剧情片，瓦尔达都可以说："我从未真正停止过拍摄纪录片。我是那些纪录片导演生涯不曾终结的虚构电影导演之一。我尝试在虚构电影和纪录片之间往返，因为我相信我们永远都在学习，事实上我从拍摄纪录片中学到了很多很多。"[2] 她告诉尚塔尔·德·贝沙德（Chantal de Béchade）："对我来说，没有哪部虚构电影不包含纪实的一面，也没有哪部电影不包含审美意图。"

　　在她的所有电影中，没有比《天涯沦落女》(Sans Toit ni Loi) 更清楚地体现出这一特点的了。瓦尔达于 1977 年成立了自己的制片公司 Ciné-Tamaris，随后历经了八年的等待才有机会拍摄另一部剧情片。在此期间，她拍摄了一系列纪录

[1]　Noel Murray, "Interview: Agnès Varda," *A. V. Club*, June 30, 2009 (www.avclub.com/articles/agnes-varda,29840/). ——原书注

[2]　Chantal de Béchade, "Entretien avec Agnès Varda," *Image et son: revue du cinéma*, February 1982, 45. ——原书注

短片来"保持手感"：1980 年在洛杉矶拍摄的《墙的呢喃》；1982 年拍摄的《尤利西斯》(*Ulysse*)，它是对一张老照片中两个人物人生的沉思；1984 年拍摄的《女雕像物语》(*Les Dites Cariatides*)，它是一组巴黎街头雕塑的集合；同年的《家屋风景》(*7P., cuis., s. de b., ... à saisir*)，这是对路易·贝克（Louis Bec）的一个超现实主义展览所进行的银幕演绎。

1985 年，她终于准备好了。瓦尔达让桑德里娜·博奈尔（Sandrine Bonnaire）扮演一个女流浪汉，在普罗旺斯的寒风中徘徊，漫无目的却坚定独立。她遇到了各种各样的当地人（一个卡车司机、一个机械师、一个贫民窟的皮条客、一个经理的妻子、一个务农的人、一个突尼斯人、一位献血者、一个之前做过教师的牧羊人、一个试图拯救梧桐树的研究人员），这些相遇被一一"回溯"，因为整部影片以在一个水沟里发现她冰冷的尸体为开端，随后警方展开了一系列调查。瓦尔达以莫娜尸体的画面开始她的影片，避免了"凶杀悬疑小说"的模式，创作了一部纪实式虚构作品。每个片段都包含了纪录片式的采访，然而，正如瓦尔达所解释的那样，无论这些场景在观众看来多么真实，它们都是导演本人事先精心设计、严谨呈现的。而且，莫娜的流浪场景尽管看起来松散，实际上是通过一系列精心设置的"视觉连接"串连起来的，正如她向让·德科克解释的那样："跟镜头展现出莫娜的行走过程，她只是那一片存续至今的风景中的一部分。这些镜头极少以她开始，也极少以她结束……每一个跟镜头都以我们在下一个镜头中将看到的某个东西作为结尾。"

　　如此精细的拍摄和剪辑使这部"纪录片"成为艺术杰作，并印证了瓦尔达矢志不渝地探索的内在矛盾，她相信"没有哪部虚构电影不包含纪实的一面，也没有哪部电影不包含审美意图"。这部电影赢得了威尼斯电影节金狮奖、国际影评人奖和乔治·梅里爱奖。

　　瓦尔达此后的非凡电影生涯在这两极之间不断交替。1987 年，她拍摄了两部剧情片。第一部是《千面珍宝金》（*Jane B. par Agnès V.*），它对不同风格和时期中的简·伯金（Jane Birkin）进行了详尽又有趣的呈现，并将其与其他"Janes"联系起来：圣女贞德、野姑娘杰恩、泰山的珍妮等。第二部是《功夫大师》（*Kung-Fu Master*），讲述四十岁的简·伯金爱上一个十五岁男孩（马修·德米饰）的爱情故事。

　　1990 年，瓦尔达得知她心爱的雅克·德米因患艾滋病而时日无多。她陪伴他走过了最后的时光，雅克去世后，她向丈夫表达了最终的敬意：《南特的雅科》（*Jacquot de Nantes*），一部"传记电影"，她通过真实的家庭照片和对雅克早期生活片段的虚构式重现来探索雅克·德米的青年时代。三年后，她继续着她的哀悼，创作并执导了一部关于德米的纪录长片《雅克·德米的世界》（*L'Univers de Jacques Demy*）。

　　在经历了十年的沉寂之后，瓦尔达在七十二岁时创作了一部可作为她一生代表作的电影。她花了一年时间穿越法国，为电影《拾穗者与我》（*Les Glaneurs et la Glaneuse*）收集素材。这部电影展现的是那些以捡拾现代社会过度浪费的资源为生的人，还有像瓦尔达一样将这些剩余物"收集"到电影中的人。

最后，在八十岁这一年，瓦尔达为我们带来了《阿涅斯的海滩》(Les Plages d'Agnès)，俏皮地庆贺了自己的摄影和电影生涯以及一生的友谊。

当我们打开这本跨越五十年、汇集二十余次采访的访谈录，回顾这非凡一生的作品时，才能充分体会到瓦尔达的直觉是多么敏锐。她谦虚地告诉朱莉·里格自己"不懂哲学，不懂形而上学"。不过，她承认，"我的想法不曾枯竭，作品在我的头脑中流动，这就是我思考的方式。非常简单"。"比起哲学或形而上学，"她对于贝尔·阿尔诺说，"感受是引导人们思考问题的基础。我相信反思的重要性。我试图展现所发生的一切，从而让观众自由地做出判断。"她告诉奥利维耶·达兹（Olivier Dazt）和吉勒·奥维勒尔（Gilles Horvilleur），"艺术家的意图（通过演员这样或那样的姿态，或者摄影机的运动和对词语的选择表达出来）与观众从电影中接收的内容交会，我真正的工作就处在这一不可控的地带中。它们在哪里交会？观众感知到的是什么？是和我一样的情绪，还是我无意中激发的其他感受？"[1]

---

[1] Olivier Dazt and Gilles Horvilleur, "Agnès Varda de 5 à 7," *Cinematographe*, 1985, 22. ——原书注

　　在读者即将开启的一系列访谈中，相信你们会找到无数种不同方式来回答她的问题，所有这些都服务于瓦尔达的核心信念："我们永远都在学习。"

　　按照"电影导演访谈系列"的做法，本书中的访谈没有经过任何实质性的编辑和改动。虽然这可能会导致瓦尔达所讲述的内容偶有重复，但我们相信，这为严谨的读者提供了更完整的材料。也许更重要的是，这种重复可能揭示了导演在创作中一以贯之的痴迷或关注，因此极具说明性。

　　此外，英文访谈中提到的所有影片都有法文原名，我选择在翻译中保留法语原名，因为瓦尔达的片名经常包含双关语，这将直接影响她对此的论述。

　　最后，我希望向以下各位表达我衷心的感谢：菲比·安德森·克兰（Phoebe Anderson Kline）、法比安·杰拉德（Fabien Gerard）和勒妮·蓬布里昂（Renée Pontbriand）为获得版权许可做了出色的工作；克里斯滕·斯特恩（Kristen Stern）收集整理了参考书目；韦雷娜·康利（Verena Conley）对出版计划予以鼓励并给出了建议；尼娜·道格拉斯（Nina Douglass）在本书编写过程中给予了不断支持；格里·皮尔里（Gerry Peary）提供了有益的建议；波士顿大学穆加尔图书馆的黛安娜·达尔梅达（Diane Dalmeida）奉献了热情和专业知识；哈佛大学怀德纳图书馆的辛西娅·海因兹（Cynthia Hinds）予以珍贵协助；巴黎阿拉贡之家博物馆的弗洛拉·比伊（Flora Billy）提供了宝贵帮助；我的学生和同事们，他们以各种方式扩展了我的思维和想象力。

T. 杰斐逊·克兰（T. Jefferson Kline）

人物生平

CHRONOLOGY

1928 年　　　5 月 30 日，阿涅斯·瓦尔达出生于布鲁塞尔，母亲是法国人，父亲是希腊人。她是五个孩子中的第三个，他们分别是埃莱娜、吕西安、阿涅斯、让和西尔维。阿涅斯原名阿莱特（Arlette），因为母亲是在阿尔勒（Arles）怀上她的，十八岁时改名为阿涅斯。瓦尔达一家一直住在奥罗尔街上，直到德国入侵时匆忙搬到法国南部的塞特。

1939 年　　　迁居后，阿涅斯开始在塞特的塞维尼学校（Collège Sévigny）上学。她记得，小时候唯一听过的古典音乐是舒伯特的《未完成》交响曲，母亲用他们家里的手摇式唱机播放这首曲子。

1940 年　　　阿涅斯加入了女童子军合唱团，并在夏天与合唱团的伙伴们一起前往阿尔卑斯山。她在塞特的短岬村附近度过了暑假，后来她在那里拍摄电影。家族友人施莱格尔夫妇收留了她，带她去度假。这对夫妇的女儿安德蕾后来嫁给了国家人民剧场的让·维拉尔。

1943 年　　　她随父母搬到巴黎。阿涅斯先后就读于沃日拉尔学校（Ecole de Vaugirard）和位于荣军院大道的维克多·迪吕伊中学（Lycée Victor Duruy）。

1945 年　　　10 月 1 日，阿涅斯通过中学毕业会考第一部分。

1946 年　　　母亲给她买了一台二手禄来福来（Rolleiflex）相机。在准备中学会考第二部分的同时，阿涅斯进入卢浮宫学院（Ecole du Louvre）学习摄影课程。1946 年夏天，她离开，在一艘渔船上做了三个月的工作。

1948 年　在巴黎索邦大学学习文学和心理学期间，阿涅斯选修了加斯东·巴什拉（Gaston Bachelard）的课程，这门课程对她日后的创作影响巨大，尽管她从未敢与巴什拉交谈。她继续在卢浮宫学院学习艺术史，并在夜校学习摄影。这一年，她在老佛爷百货公司找到一份工作，在圣诞节期间为孩子们和圣诞老人拍照。童年好友安德蕾的丈夫让·维拉尔邀请阿涅斯到阿维尼翁为他的剧团拍照。

1951 年　担任国家人民剧场的官方摄影师。在接下来的十年中，她一直为导演让·维拉尔工作，用她的禄来福来相机为热拉尔·菲利普等演员拍摄肖像照。在此期间，她搬到了达盖尔街，终其一生都住在那里。这一时期，她还结识了阿伦·雷乃。

1954 年　由于阿伦·雷乃的帮助，阿涅斯结识了《电影手册》杂志社的成员让-吕克·戈达尔、克洛德·夏布洛尔、弗朗索瓦·特吕弗、雅克·多尼奥尔-瓦尔克罗兹和埃里克·侯麦，这一群人日后（重新）创造了"新浪潮"运动。瓦尔达创作并执导了影片《短岬村》，比他们的作品早了五年。

1955 年　　在雷乃的帮助下，阿涅斯接触到位于梅辛街的法国电影资料馆，并观看了德莱叶（Carl Theodor Dreyer）的《吸血鬼》（*Vampyr*）。（她自己也承认，她在拍摄影片《短岬村》前，其实只看过三四部电影。）雷乃将阿涅斯介绍给电影制作人克里斯·马克。这一时期，她与一个名叫安托万的男人有了一段恋情，安托万是她第一个孩子的父亲，但他得知阿涅斯怀孕后就消失了。后来，雅克·德米帮助她将这个孩子抚养成人。

1957 年　　皮埃尔·布朗贝热（Pierre Braunberger）找到阿涅斯，告诉她："我要让你拍更多的电影！"法国旅游局委托她拍摄《季节，城堡》，该片后来入围戛纳电影节，然后参加图尔短片电影节。在周恩来的邀请下，阿涅斯与克里斯·马克一同前往中国。他们乘船航行了两个月。瓦尔达拍摄的中国照片从未发表，因为卡蒂埃-布列松（Henri Cartier-Bresson）先他们两个月到访了中国，阿涅斯带着作品回来时，巴黎的各大报纸已经纷纷报道了中国。

1958 年　　在图尔电影节上，阿涅斯结识了雅克·德米。同年晚些时候，她带着一把折叠椅和一台摄影机来到穆府塔街，拍摄了她第一部未受委托的纪录片《穆府歌剧》，该片在布鲁塞尔和维也纳获得了多个奖项。法国旅游局委托她拍摄另一部影片，阿涅斯利用 8 月的时间在里维埃拉拍摄了《海岸线》，戈达尔在次年的《电影手册》杂志上评论这部影片时称其"令人钦佩"。

1961 年　　雅克·德米将阿涅斯介绍给戈达尔《精疲力尽》的制片人乔治·博勒加尔。在博勒加尔的支持下，5 月，阿涅斯得以在巴黎拍摄《五至七时的克莱奥》。该片代表法国入围戛纳电影节。她的事业由此开启，来自四面八方的邀请纷至沓来。很久之后，当阿涅斯在洛杉矶遇到麦当娜（Madonna Ciccone）和杰克·尼科尔森（Jack Nicholson）时，麦当娜提出翻拍该片，但这一计划最终未实现。

1962 年　　阿涅斯和德米结婚，并在布列塔尼海岸的努瓦尔穆捷岛上购买了一间老风车磨坊。阿涅斯曾悲伤地将 1962 年到 1963 年描述为"我们的困难时期……"她在威尼斯电影节上遇到了贝尔纳多·贝托鲁奇（Bernardo Bertolucci），两人很快成为朋友。后来（1972 年）她帮贝托鲁奇改编《巴黎最后的探戈》（Ultimo Tango a Parigi）的剧本。阿涅斯应古巴电影艺术学院（ICAIC）的邀请启程前往古巴，并带上了她的莱卡相机和三脚架。菲德尔·卡斯特罗与她进行了数小时的交谈。

1963 年　她带着四千张照片从古巴回来，花了六个月时间
将这些照片剪辑成《向古巴人致敬》。影片在莱
比锡获得银鸽奖，次年在威尼斯国际纪录片电影
节上获得铜奖。

1964 年　阿涅斯自编自导了她的第一部彩色长片《幸福》。
她告诉《世界报》的伊冯娜·巴比："我想到了
印象派。他们的画中满是跳动的光线，色彩也
传达出一种幸福感。"她还为法国电视台拍摄了
一部七分钟的纪录短片《博物馆的孩子们》(*Les
Enfants du Musée*)。

1965 年　她结识了路易·阿拉贡 (Louis Aragon) 和艾尔
莎·特里奥莱 (Elsa Triolet)，并为他们拍摄了
一部名为《玫瑰艾尔莎》(*Elsa La Rose*) 的二十
分钟纪录片。在努瓦尔穆捷的夏天，她自编自导
了一部剧情片《创造物》(*Les Créatures*)，讲述
了一对夫妇在岛上的生活和岛上居民如何转变为
丈夫小说中虚构人物的故事。该片后入围 1966
年威尼斯电影节。

1966 年　阿涅斯跟随雅克·德米来到洛杉矶。她遇到了吉
姆·莫里森 (Jim Morrison)，两人的友谊从此开
始，这段友谊在吉姆·莫里森到法国探望他们时
得以延续，直到他去世。阿涅斯是他在拉雪兹公

墓下葬时的五位送葬者之一。

1967 年　阿涅斯与让-吕克·戈达尔、约里斯·伊文思（Joris Ivens）、威廉·克莱因（William Klein）、克洛德·勒卢什（Claude Lelouch）和阿伦·雷乃合作创作了集锦电影《远离越南》（*Loin du Vietnam*）。她本人拍摄的镜头最终没有出现在影片中。在加州，她拍摄了一部关于远房叔叔扬科的短片。

1968 年　阿涅斯在纽约遇到安迪·沃霍尔，后者将她介绍给维瓦（她后来在瓦尔达的《狮之爱》中饰演维瓦）。伯克利的一些激进分子邀请阿涅斯拍摄一部电影。她采访了狱中的休伊·牛顿，见到了埃尔德里奇·克利弗，最终拍摄了纪录片《黑豹党》。法国广播电视管理局曾委托制作这部影片，但在最后一刻决定禁播，影片最终未能播出。

1969 年　阿涅斯在一家咖啡馆遇到马克斯·拉布（Max Raab），后者当场邀请她拍摄一部电影。阿涅斯召集维瓦、詹姆斯·里多和杰罗姆·兰尼，在洛杉矶一栋租来的房子里拍摄了《狮之爱》。影片中还融入了迈克尔·麦克卢尔的剧作《胡子》，它由里普·托恩（Rip Torn）搬上舞台。

1970 年　阿涅斯为法国电视台创作并执导了一部关于希腊的彩色长片《娜西卡》（*Nausicaa*）。她称这部影片是对希腊军政府在当地建立的"法西斯"政府的"清算"。虽然该片受法国广播电视管理局的委托拍摄，却因受到审查而从未播出。

1972 年　　儿子马修·德米出生。

1975 年　　阿涅斯在作为母亲的责任束缚下进行创作，从她的房子向外铺设了九十多米长的电线。有了这条"脐带"，她成功地采访到达盖尔街的店主和其他邻居，拍摄了《达盖尔街风情》。该片获得了奥斯卡最佳纪录长片提名，并在 1975 年赢得了"艺术与实验"电影奖。法国电视二台的节目《F 代表女人》发起了一次调查："作为一个女人意味着什么?"阿涅斯给出了长达八分钟的回答，其中谈到了"拥有女人的身体意味着什么?"这一成果并不为法国电视台所乐见。

1976 年　　阿涅斯前往伊朗，为影片《一个唱，一个不唱》取景。这次旅行为短片《爱的愉悦在伊朗》（*Plaisir d'amour en Iran*）奠定了基础。她创作并执导的《一个唱，一个不唱》一年后赢得意大利陶尔米纳电影节大奖。这部影片也是瓦尔达的一个重要宣言："博比尼比 1968 年更重要。"

1977 年　　阿涅斯成立了自己的制片公司 Ciné-Tamaris。作为《一个唱，一个不唱》的"后记"，她为法国电视二台拍摄了一部名为《泡泡女人》（*Quelques Femmes Bulles*）的五十八分钟短片。这部影片中，有阿涅斯和家人出镜。

1980 年　　　阿涅斯回到洛杉矶拍摄纪录片《墙的呢喃》，它有
　　　　　　关遍布整个城市的壁画，尤其是不太欢迎阿涅斯
　　　　　　进行拍摄的墨西哥人聚居区的壁画。这部影片次
　　　　　　年在曼海姆获得约瑟夫·冯·斯登堡奖。

1981 年　　　阿涅斯创作并执导了一部彩色长片《纪录说谎家》
　　　　　　（ Documenteur ），再次将视线投向洛杉矶。片中记
　　　　　　录了一位年轻母亲在"烟雾之喻"中为自己和她
　　　　　　八岁的孩子（马修·德米饰）寻找住所的过程。

1982 年　　　回到巴黎后第一年的重点是两部短片：《尤利西
　　　　　　斯》，由 1954 年拍摄的一个男人、一个男孩和
　　　　　　一只山羊的照片引发的回忆；《一分钟一影像》
　　　　　　（ Une Minute pour une Image ），为巴黎的国家摄
　　　　　　影中心拍摄的又一部关于摄影的沉思录。

1984 年　　　创作并制作了两部短片：一部是为法国电视台拍
　　　　　　摄的纪录片，1 月在巴黎街头取景的《女雕像物
　　　　　　语》；还有在阿维尼翁的圣路易救济院拍摄的一
　　　　　　部略带超现实主义色彩的影片《家屋风景》，当
　　　　　　时路易·贝克正在呈现名为"生命与人造"（ Le
　　　　　　Vivant et L'Artificiel ）的展览。

1985 年　　　阿涅斯自编自导的《天涯沦落女》获得威尼斯电
　　　　　　影节金狮奖、国际影评人奖和乔治·梅里爱奖。

1986 年　　　对于阿涅斯来说，这是相对平静的一年，她唯一

完成的作品是一部三分钟的纪录片《你知道，你的楼梯很漂亮》(*T'as de Beaux Escaliers, Tu Sais*)，以此片献给法国电影资料馆成立五十周年。

1987 年　　节奏再次加快：阿涅斯拍摄了两部长片。第一部于秋季在比利时拍摄，名为《千面珍宝金》，它对不同风格和时期中的简·伯金进行了详尽又有趣的呈现，并将其与其他"Janes"联系起来：圣女贞德、野姑娘杰恩、泰山的珍妮等。这一年她的第二部作品是《功夫大师》，讲述四十岁的简·伯金爱上一个十五岁男孩的爱情故事。

1989 年　　因为《千面珍宝金》入围香港电影节而受邀前往香港，与雅克·德米［因电影《三张 26 日的票》(*Trois Places pour le 26*) 受邀］和儿子马修（因出演《功夫大师》受邀）同行。

1990 年　　阿涅斯照顾雅克·德米度过最后的时光，10 月雅克·德米病逝，阿涅斯向丈夫致以最崇高的敬意——《南特的雅科》。

1992 年　　德米的电影《洛城少女》(*Les Demoiselles de Rochefort*) 问世二十五周年，这座城市 [1] 为此组织了盛大的纪念活动。阿涅斯借此机会拍摄了一部纪录片，记录了这座城市和人们对亡夫的爱。

————————————

[1] 指法国罗什福尔市。

1993 年　　阿涅斯的悼念仍在继续，她创作并拍摄了一部关于德米的纪录长片《雅克·德米的世界》。

1994 年　　阿涅斯从向亡夫致敬转为向电影致敬，创作并执导了《一百零一夜》(*Les 100 et 1 Nuits*)。

2000 年　　阿涅斯在法国各地收集素材，拍摄了可能是她最有影响力的影片《拾穗者与我》，这部影片展现的是那些以捡拾现代社会过度浪费的资源为生的人，还有像瓦尔达一样将这些剩余物"收集"到电影中的人。

2002 年　　阿涅斯又回到了拍摄和思考拾遗的回忆中，拍摄了《拾穗者：两年后》(*Les Glaneurs et la Glaneuse … Deux Ans Après*)。

2003 年　　阿涅斯以更加诙谐的基调拍摄了一部关于她的猫的纪录片：《飞逝的狮子》(*Le Lion Volatil*)。

2004 年　　从猫到泰迪熊，阿涅斯开始拍摄易迪莎(Ydessa Hendeles)毛绒玩具摄影作品的纪录片。她还创作了一部跟维也纳电影节有关的纪录短片《维也纳华尔兹》(*Viennale Walzer*)。

2006 年　　在她热爱的布列塔尼小岛上，阿涅斯创作并执导了《努瓦尔穆捷岛的寡妇们》(*Quelques Veuves de Noirmoutier*)。

2008 年　　在《阿涅斯的海滩》中，瓦尔达庆贺了自己的摄影和电影生涯以及一生的友谊。

五至七时的阿涅斯·瓦尔达

皮埃尔·厄伊特胡芬（Pierre Uytterhoeven）/1962

厄伊特胡芬：让我们来谈谈您1954年拍摄的电影《短岬村》吧。您选择了以完全不同的风格来拍摄这部影片的两个主题，如今您是否仍然认为它们不能也不应该混为一谈？

瓦尔达：在拍摄《短岬村》时，我有一个非常明确的想法，那就是选择两个并不一定相互矛盾、放在一起时却彼此排斥的主题或问题。这两个主题包括：一对夫妻要应对他们关系中出现的问题；同时，一个村庄试图通过集体决策来解决某个难题。

影片分为几个章节，因此这两个主题一直并行不悖，但我为观众预留了将两者合并或叠加的可能性。我一直认为，将个人问题与公共问题结合为一体是非常困难的。在《广岛之恋》（*Hiroshima, Mon Amour*）中，雷乃让法国女人在广岛经历了与日本男人的激情邂逅，成功地让观众体验到这两个层面的交融。此次热烈的相遇唤起了她与一个德国男人的初恋回忆。通过这种方式，更大的社会问题与这对恋人的私人处境融为一体。

厄伊特胡芬：但在《短岬村》中，您为何选择将这两个问题分开？

瓦尔达：影片结构的灵感来自福克纳的《野棕榈》。不知道您是不是记得，小说中夏洛特和哈里这对恋人与密西西比州的罪犯之间没有任何关联。福克纳没有使用寓言或象征的手法，只是让我们在阅读过程中产生在这两个故事之间来回穿梭的感觉。至于读者能否将这些感觉重新组织起来，就看读者自己了。这与雷乃在《去年在马里昂巴德》(*L'année dernière à Marienbad*) 中对观众的挑战是一样的。

将个人问题与更大的社会问题结合起来，这也是《逃出禁闭室》(*L'Enclos*) 的一个重要主题。在这部电影中，两位主人公的经历不过是时代大背景下的一个细节。我欣赏加蒂（Armand Gatti）这部影片的一点是，两位主人公从集中营的视角来体认自身，同时，集中营也在考虑他们的问题。但加蒂处理这两个人和整个群体间关系的手法之所以可行，是因为对决的两个男人和集中营内所有囚犯都面临着同样的处境。如果是男女之间的爱情问题，难度会大很多。

厄伊特胡芬：所以这对夫妇必须解决他们的私人问题，

才能真正融入更大的社会群体？

瓦尔达：是的，我已经说过了，一对和谐的夫妻，即能够解决个人问题的夫妻，可以融入更大的集体。（例如，那些双双是工会成员的幸福夫妻。）

我希望在《短岬村》中呈现的是一对处于停滞状态的夫妇，他们似乎无法摆脱思想和情感上的问题，因此也无法思考他们对任何群体的认同。我想让观众明白，社会问题与私人问题之间并无关联。当然，在某种层面的认识下，这种对立也会消失。但在《短岬村》中，我表现的是一对处于危机中的夫妇，不仅是他们之间的危机，还有他们无法与他人建立联系的危机。

厄伊特胡芬：您能谈谈您电影中的结构吗？例如，《穆府歌剧》是以章节标题为引子的一系列画面……

瓦尔达：这是一部关于本能的电影，而本能按照自身逻辑发展。这并不是指这部影片是以随意的方式拍摄的，而是反映了一个孕妇在重重矛盾中挣扎的恐慌。一方面，怀孕自然意味着一种希望。对未来幸福的希望，种族延续的希望……但另一方面，生活中也有很多令人绝望的时刻，我们在日常生活中不可避免地会遇到此类情况。也许"绝望"这个词不是很合适，也许可以说是希望的缺失；不一定是一个悲剧，然而……

厄伊特胡芬：或许可以说无望（unhope）？

瓦尔达：是的，就是这样。这个词其实并不存在，但您了解穆府塔街附近的街区……

厄伊特胡芬：我就住在那儿。

瓦尔达：所以您理解我说的，这是一个相当绝望的街区，让我们对人性不抱任何希望。这里有酗酒者，还有很多老人，如果您注意到的话，在这里这两种人的比例比其他街区都高。看着这些人性的弃儿（如果可以这么说的话），会让人情不自禁地想，如果你怀着孕，将来你的孩子很可能会变成一个流浪汉、酒鬼或一个困顿的老人。因此，这部电影就建立在这种矛盾的基础上。最终，从周围的人身上，我们会看到某种属于世界的景象。这就是影片的纪实性：一个真实的女人看到了她周围世界的某种景象。

厄伊特胡芬：这是一种完全主观的影像，如果把它与《鲍尔瑞大街》（*On the Bowery*）之类的作品相比的话。

瓦尔达：我没看过《鲍尔瑞大街》，但我相信没有客观的纪录片。或许要在一个地方装十五台摄影机，让它们自己拍上五年；但即便如此，剪辑也是主观的。客观性意味着一系列未经控制拍摄、未经任何剪辑而直接播放的镜头，还有非人力操控的摄影机拍摄出来的场景。因此，客观性就是记录街道上发生的一切，即便如此，你也不可能看到一切。

厄伊特胡芬：观看这一行为本身就意味着一种选择。

瓦尔达：在一定限度内可以这么说。在展示和隐藏之间，你也在做出选择。如果总体性地看着街道，你会得到一种整体感。在《穆府歌剧》中，我通过加入一种特殊的主观性——怀孕——来强化这种客观感，在怀孕带来的某种超敏感性下，选择以一种特殊的方式来观察这个世界：一个女性对自己孕育的孩子的关注，会让她把周围的人都看成某个母亲曾满心期盼的婴孩。没有人强迫你这样想，但当看到一个流浪汉时，你会情不自禁地想到：当他还在母亲腹中的时候，他的母亲一定想过"他会是一个可爱的孩子，然后长大成人幸福生活"。这种强烈的割裂感让我觉得必须为此拍摄一部电影。但是，当我告诉您这部电影是凭本能创作的时候，我相信我所做的完全是直觉性的，以至于无法谈论什么结构。

厄伊特胡芬：您是否想再次围绕生育这个主题拍摄一部长片？我知道您喜欢《幽灵的猎物》(*La Proie pour l'ombre*)，但我相信您认为它并没有真正处理这个问题。

瓦尔达：我并不是要批评《幽灵的猎物》。我喜欢这部电影。我当时只是想说，《幽灵的猎物》、《夜》(*La Notte*)、《短岬村》这些影片都没有真正围绕生育的问题展开讨论，甚至也包括《意大利之旅》(*Viaggio in Italia*)，尽管它通过怀旧情结和女主角对孩子的渴望来暗示了这个问题。当然，爱情并不需要借孩子来表达，但很明显，一旦提到夫妻之间的问题，就不得不面对孩子的降生。不管有孩子还是没有孩子，不管想要孩子还是孩子太多，孩子的问题至少暗暗地存在于每对夫妻身上。另外，我不明白为什么夫妻问题总是出现在有闲暇思考这些问题的社会阶层中。在其他阶层，问题同样存在，人们同样必须去解决它。这就是《呐喊》（*Il Grido*）最精彩的部分之一。一位工人在恋情中遇到了重要问题。由于爱情不如意，他辞去了工作。这反过来又影响了他的感情关系。我喜欢这部影片的理由有三点：首先是爱情的悲剧结局；其次是孩子的不断出现，一个有自己主观判断的孩子，还有女人口中想要和另一个男人生下的孩子；最后是阿尔多与工作的关系，这与他跟女人的关系至少同等重要。阿尔多回到工作的地方自杀就是对此的证明。就像刺客回到犯罪现场一样，工人也回到了他工作的地方，他对自己的工作有着深深的眷恋。一部电影如果只描写失去爱情（这当然是一个悲剧性的主题）就好像只停在抽象层面，这就是为什么《短岬村》是一部抽象的电影。影片中的人物既没有名字，也没有工作。

厄伊特胡芬：但即便如此，男主角还是沉浸在自己的世界里，并牢牢地扎根于那个世界。

瓦尔达：是的，影片展现了人物的根。我不喜欢把一对夫妻的问题孤立起来看，与他们同工作、社区和孩子之间的关联脱离。夫妻关系不是抽象的，它是由鲜活的元素滋养的。

厄伊特胡芬：亨利·米肖（Henri Michaux）说过，我们生活在面孔之间，对我们来说其他人实际上都是面孔。而在您的作品中，在《穆府歌剧》中，为什么会出现那么多面孔？

瓦尔达：对于一个女人来说，问题在于理解人与他们童年之间的神秘关系；而谈到人，他们首先呈现为我们遇到的不同面孔。此外，在穆府塔街，我真切地感受到了人群带来的压迫感，感受到了生活在人群中的压力。怀孕也是一种压力。最直接的感受就是，生命似乎在子宫里持续压迫着你，直到孩子降生的那一刻。这算不上很科学的说法。我的电影是基于本能的。这种感觉既不受控，也不符合逻辑。例如，其中有一组关于肚子的镜头，从暴食者的大肚子，到孕妇的大肚子。在食物和怀孕之间有着很多混同。这也是影片在市集取景的原因，镜头里的女性一直被食物、蔬菜、肉类和内脏包围着。当然，谈起这些的时候人总是会觉得不舒服，好像这种表述玷污了影片的表现方式。你不能说一个孕妇总是想着吃肥肠！这是一个可怕的句子，一种可怕的感觉。但在本能层面上，它是鲜明存在的。现在有了自然分娩[1]技术。这是一种进步，但在任何进步的开端，你都必须与本能——也就是恐惧的根源——作斗争。我当然是支持进步的，但我也相信，进步不能扼杀我们的本能，也不能让我们忽视本能的

---

[1] 原指一系列无药物介入的生理—心理干预分娩方法。此处瓦尔达指的更多的是无惧或无痛分娩。

恐惧。你必须控制它们，在不屈服于它们力量的前提下感受它们，接受它们。自然分娩是件好事，尤其是在我们还能设法保护住我们原始而古老的本能的情况下。请不要认为我在科学方面持倒退论的观点——我自己已经体验过自然分娩，但我认为我们仍必须保有祖先的本能。女性不能失去对这些事物的感知力。

厄伊特胡芬：里尔克在谈到母性或者创造时，对男人和女人区别看待，认为生育的工作属于女人，而艺术领域属于男人。您能否在作为电影制作人的工作和身为女性的生活（另一种创造）之间找到平衡呢？

瓦尔达：这其实是一个比例问题。我在母亲身份与艺术家身份上的态度，与我对生育的态度是一样的，就好比有人说，"一个利用自然分娩技术的女人无法像她祖母那样感受到本能"。一个问题并不能抵消另一个问题。女性可以成为职业艺术家。我不觉得自己是个不寻常的女人，我和其他女性一样生活。当人们对我说"为什么没有更多的女性电影人？"时，我感到很惊讶。作为一名女性，我并没有因为拍电影而牺牲我的生活。

厄伊特胡芬：那么，我们是不是可以说，有工作并不意味着要抛弃丈夫或情人？

瓦尔达：女性解放的时间还不够长，她们还没有完全摆脱妇女参政论者的思维方式。我很高兴女性终于获得了自由；但当一些女性经历了从依赖丈夫到职场独立的转变时，她们最终会感到非常不满。我不认为女性一定能在工作中找到幸福和平衡。在我们所处的这样一个转型期，极端的情况比温和的情况要多。就我个人而言，我在这方面的立场非常温和，我认为并非所有女性都需要解放，那些获得解放的女性有时并不能找到她们需要的平衡。这与天赋、智慧和个人生活有关。一个从无趣的丈夫那里获得自由的女人，既是从她的女性命运中解放出来，也是从她的丈夫那里解脱出来。但更有意思的情况是，一个女人爱上了一个有趣的男人；因此，如果她需要获得解放，这就是一种真实的需求，只有当她找到了作为女人的平衡点时，解放才真正来临。如果一个女人离开了她不爱的丈夫，那么严格来说，这是夫妻之间的问题。围绕妇女问题存在着许多混杂的观点，而且，随着事情变得越来越复杂，困惑也越来越多，对于女性来说，越来越难以梳理清楚，尤其是男人们也在助长这种困惑。有些人希望女性能够工作，有些人则希望女性待在家里；他们使用的术语只会混淆真正的问题。但这种与现实不符的说法既来自男性，也来自女性。很少有男人会认为，女人想要工作是出于一种深层的需要，而这种需要并不一定意味着她想背叛丈夫，想独立，想过自己的生活或其他什么……每个国家的人都有自己的看法。在意大利，工作的女性受到轻视。人们认为她们不正常，没有其他选择。而在法国的某些社会环境里，人们认为不工作的女人没什么价值。但这一切都很复杂棘手，我们必须更加努力地教育成年女性和女孩们。必须慢慢解决这些问题，不能一概而论。

厄伊特胡芬：您的作品中似乎一直贯穿着一个主题，那就是裸体……

瓦尔达：是的，没错。

厄伊特胡芬：这个主题对您来说有什么特殊含义吗？

瓦尔达：对我来说，它是形式美与道德美的交会点。这是一个特权领域。裸露的身体是美的尺度。此外，一个精神上"赤裸的"人，可以说是明晰的、不加遮掩的、未佩戴面具的，因此是一个动人和美丽的人……是的，这是我一直喜欢讨论的主题。我在《穆府歌剧》中展示那对情侣是对爱情的致敬；它非常纯洁，但不是清教徒意义上的纯洁。在共同的爱之中有一种惊人的美，它是可感知的。这场戏是这样拍摄的：首先那对情侣在床上……我当时有一种感觉，爱情是一种重叠，是一种"传导"，就好像通过某种媒介……您明白我的意思吗？鸦片也是一种媒介。爱情是打开某种难以触及的现实的途径之一。有些人仿佛在这种重叠感中看到了一幅精神图景。在《穆府歌剧》中，这就像诗一般："我看着自己在看……"有点玩世不恭。女孩在男友的怀里，他们非常快乐，非常美。他们看到自身的美的同时，她也看到了自己的美。这不是自恋：正是透过他的注视，她才变得美丽。有一个镜头里，她躺在户外的一张床上。他的目光有一种猫一般的感觉，一种爱抚或毛发般的感觉……即使没有猫的画面，他也传递出这样一种感觉。这就是为什么电影是一种方法。它总是在接近呈现的对象，画面总是比感觉更直接。在某一时刻，他们躺在床上，下一个镜头中突然又看到他们在院子里，向对方走去。

厄伊特胡芬：这是影片中最美的镜头之一，在巴洛克式的场景中行走。

瓦尔达：但这其实不是巴洛克风格，而是现实主义。没有任何形式上的风格化。它比您想象的要简单。

厄伊特胡芬：然而《短岬村》在影像上是非常风格化的。它也非常直线化……

瓦尔达：是的，就像墙上的画，但那是一种感觉。在气候温暖的地方，也许你会注意到这一点：当感觉到疼痛时，头脑似乎会使疼痛变得尖锐、干燥、纯净，使其具有几何形状，就像画出来的一样。《短岬村》就是由正午阳光下冰冷的线性图像构成的。与其说它是形式上的尝试，不如说是情感的尝试。当然，形式上的考量总有更深层的含义，并没有纯粹的形式主义。因此，即使影片具有某种形式上的特质，每一种形式也都表达了一种情感。关于《穆府歌剧》中的恋人，观众自己无法传达以下这点，即他们既置身事外又身处其中，他们看着自己在看。但借助影片的形式安排，观众领会到了我想要表达的情感。

厄伊特胡芬：总而言之，我们可以借用萨特的话来说，每一种技巧都意味着一种形而上学的立场，写作将我们引向一个只能通过此种唯一媒介被揭示出来的宇宙。

瓦尔达：这很正常，写作必须见证些什么。我感兴趣的恰恰是人身上那些沉默的、秘密的、无法表达的东西。本能领域包含与情感领域同样丰富的内容。

厄伊特胡芬：我们或许可以谈谈《五至七时的克莱奥》，这部影片中再次出现了裸体主题。

瓦尔达：对我来说，克莱奥是一个处在"裸露"对立面的典型角色。她是一个非常美丽的女孩，但仿佛在任何情况下都将自己包裹在帷幕之中：迷信、娇媚，有突出的女性气质。

厄伊特胡芬：所有这些都缘自我们在影片开头看到的恐惧。

瓦尔达：是的，还有对被占有的恐惧，对敞开自我的恐惧。"被占有"这个词本身就意味着赤裸，毫无防备，对自我感受构成威胁。每个人都穿着某种盔甲。当然，《五至七时的克莱奥》只是一个案例分析，作为一个女人，克莱奥算不上是成功的。

厄伊特胡芬：您对这个角色感到怜爱吗？

瓦尔达：不是，它更接近于怜悯。我觉得一个人如此毫无准备地去面对死亡是很可怕的。克莱奥就是这样一个人，一想到死亡，她就会感到无比惊惧甚至完全崩溃。她开始怀疑自己的整个存在，怀疑音乐家、安吉拉、她的爱人，甚至怀疑自己的歌唱事业。克莱奥越来越觉得自己像是被遗弃了，直到她遇见那个士兵，一个典型的没有恶意的人。这不是什么金风玉露一相逢的奇遇，不是"我们命中注定相遇"，也不是"我们注定彼此相爱"。在那个时刻，她碰巧遇到的任何一个男人都能帮助她更好地理解某些事情，而她恰好遇到了一个本身也有些茫然的人。（我认为士兵也面临着某些困境。）他们都谈到了爱情，他表达了自己对一些事情的看法。克莱奥的问题是，她意识到从未真正坦露过自己，从未有过完全赤裸的感觉。这就是为什么男主角的谈话富有寓意。同时，克莱奥的女性友人则在做裸体模特。"裸露"以不同方式呈现了出来：通过她朋友摆的姿势得到视觉呈现；通过士兵得到思想上的呈现；通过她最后一小时的经历得到生理性的呈现。疾病让她变得赤裸，因为疾病影响着身体。

医院里的某个时刻，克莱奥达到了一种透明、纯洁的境界，而这正是影片的主旨所在。他们都被解除了武装，变得脆弱。人在这种状态下可以开始交流。克莱奥发现了通向另一种存在的道路，从中可以获得其他价值。有时，生活会打开一条通往另一个认知层面的道路。她意识到还有其他她所珍视的东西。

厄伊特胡芬：您的电影让我想起了《萝拉》（*Lola*），它们都包含某种抒情性，也许还有其他的东西，比如音乐元素……

瓦尔达：负责编曲的是同一个音乐家，但音乐元素并不相同。唯一的共同点是幕间休息时听到的查尔斯顿乐曲。但德米认为，人与人之间在先验层面是互通的。他们生活在一个自然的世界里，爱情在其中自然而然地发生。而我的电影则充满了障碍和矛盾。德米的电影呈现的是某种现实，不是要去解决什么问题，而是你可以自然而然地接受的现实。我追求的是简单，而不是赤裸。

厄伊特胡芬：我喜欢《五至七时的克莱奥》中穿插的小滑稽剧。但回头想想，它一点也不好笑，这一段建立在时间加速的感觉上，因此它也与死亡的临近有关。

瓦尔达：在克莱奥价值观的转变中，我觉得这代表了一种幽默，在这部小短片中，我们看到了灵车和救护车（都是与死亡有关的交通工具），但当以这种滑稽的方式处理时，它们却引人发笑。当你可以笑着面对自己的死亡时，这已然成为一种清醒。可以说，在克莱奥于这所"学校"上的所有课中，这是名为"幽默"的那一门。你看了这部影片，会心一笑，但里面出现灵车和救护车仍表现了一种残忍；此外，正如您所说的，时间的加速让事情更快到来。再加上主角无处不在，当他戴上墨镜时，看到的一切都是黑色的。一个黑人妇女被灵车撞了，好吧，这就是黑暗面……但当他摘下墨镜时，看到的却是白色的她，就在两人分别的地方。人们一定对这种心理现象很熟悉：当看到某样东西时，在你看到它的瞬间和图像进入大脑之间会有一个间隙，所以我们会有一种已经见过的感觉。跟这里就有点像，当戴上墨镜时，他看到她穿着黑衣服做动作，而当他摘下墨镜，这个动作又在同一个地方重复了一遍，却变成了白色的。因此，如果我们深挖这部短片，就会发现很多问题。有两种现实，一种是消极的，另一种是积极的，它们在时间上是并置的，但重要的是克莱奥可以笑着面对某件令她恐惧的事情。

厄伊特胡芬：为什么影片的开头是彩色的？

瓦尔达：我最初的想法是，塔罗牌中的生活是一种想象的生活，是对生活的再现，而影片中的真实生活是黑白的。我想把生活的表象与生活本身区分开来。当然，这完全是随意的，因为我们看到的现实生活是彩色的。但从影片本身来看，它的画面是黑白的，而在片头你能听到她的故事，所以当算命师向克莱奥预测她的人生时，就好像她在看有关自己的电影放映一样。即使纸牌显示她会死，那也只是纸牌而已。

厄伊特胡芬：咱们来聊聊《混杂》(*La Mélangite*) [1] 吧。当我读到您对拍摄计划的描述时，我想到了米歇尔·比托尔 (Michel Butor) 的《变》(*La Modification*)。

瓦尔达：我觉得他的小说很奇怪，但一点也不吸引人。冷冰冰的，非常知识分子化。相比之下，《混杂》将以探险故事的形式呈现，充满幽默感。刚开始创作时，我对自己说：当人物脑海中出现一些想法时，如果我把他的所思所想忠实具体地表现出来，会怎么样呢？这令我哑然失笑，我读过罗布-格里耶 (Alain Robbe-Grillet) 一句非常重要的话，他说："**我可以去海边**，在念出这串单词的那一瞬间，我立刻看到了岩石和海滩。"罗布-格里耶的语气极其认真。但当我开始写《混杂》的剧本时，我告诉自己，"这部电影一定要像西部片一样有趣"。我认为我们的思想的确是在跳跃、回弹、奔跑和追逐中前进的；仔细想想，深入一段来来去去的思想之中，将是充满悬念和很不寻常的。

厄伊特胡芬：所以这是一部建立在人们的思想而非现实之上的电影？

瓦尔达：可以说两者兼而有之。动作往往发生在头脑中。比如，一个人物想到了未来，想象自己正在做某件事情，它在银幕上得到呈现；这并非原创。这个点子已经出现过五十

---

[1] 《混杂》是瓦尔达1960年拍摄的一部未完成之作。

多次了，例如《亨利叶特的节日》（*La Fête à Henriette*）就是以这种方式呈现创造性想象的，可惜这是一部烂片。

厄伊特胡芬：影片中有一种对表演的隐喻。角色出现了第二个分身，然后是第三个和第四个分身，我们突然在银幕上同时看到了这四个人。

瓦尔达：您必须仔细观察：这四个人只是第一个角色在不同时期的不同化身。最初很年轻（内心纯洁），后来充满激情，这已经不是同一个人了；正如人们常说的，我们都在变，他也变了，但我们并没有杀死以前的自己，所以这些角色之间是有对话的。人的内心充满了隔膜，要说出"我身上好的方面是……"对他们而言很容易。每层隔膜代表一个角色。当你详述这一切时，似乎非常复杂，但当你看到这些画面，情况就一目了然了。一个角色可以简单自然地具有多面性。语言无法真正呈现这一点。

此外，这部电影主要是关于文化的。如果说有一件事物可以作为人与人之间的共同特性，那它一定是文化。《混杂》中的人物是威尼斯乐派的忠实粉丝。他非常专注于某种特定形式的文化，事实上，他痴迷于此。你必须跟随影片中视觉概念的联想和双关语。例如，你想到里昂火车站，然后突然看到万塞讷动物园里一头真正的狮子[1]。影片中充满了文字游

---

[1]　"里昂"与"狮子"在法语中发音相同。

戏一般的图像游戏。

图像游戏包括从真狮子切换到石狮子，从万塞讷动物园切换到威尼斯的圣马可广场等。

厄伊特胡芬：这让我想到让·维果（Jean Vigo）在《尼斯印象》（*À Propos de Nice*）中的图像联想。

瓦尔达：我喜欢维果，但《尼斯印象》与这有所不同。我认为这是他最不成功的作品。《操行零分》（*Zéro de Conduite*）和《亚特兰大号》（*L'Atalante*）都很出色，但《尼斯印象》是他的另一面——处于青春期，说着双关语，开着不太有趣的玩笑，有点消极，有攻击性。这部电影很有趣，但有点粗糙和压抑；我已经看了十次到十五次（因为在上映之初，它总是和《短岬村》一起放映），我对这部电影获得的积极反响感到惊讶，它有点反叛，但非常幼稚，结构也不太合理。然而，《亚特兰大号》则是一种摆脱了青春期幽默的反叛。你可以说《黄金时代》（*L'Age d'Or*）也是基于本能、基于直观感受的，也可以对《黄金时代》进行分析：一对情侣在泥泞中亲热，旁边不远处一座纪念碑旁在举行正式仪式，这是什么呢？如果这是一个想法，那么它充其量带点挑衅意味，还有些愚蠢；但这是一种感觉，而且我相信这种感觉，它是如此美丽，以至于画面的基本背景并不重要。在这里，思想先于图像，这是一种本能。《黄金时代》在这方面确实令人惊叹。

厄伊特胡芬:《混杂》将是一部彩色片吗?

瓦尔达：是的，这也是我拍得如此艰难的原因。我已经拍摄了影片的序幕，主要是对主人公青年时代的记录，它将出现在电影的第一部分，在纪录和宣传部分之前。它为我的影片景观奠定了重要基调。我认为人是由风景组成的。因此，这既是一部关于塞特盐沼的纪录片，也是一部关于年轻人与父亲一起生活的青年时代的纪录片。它与影片的其他部分是完全独立的。

厄伊特胡芬：您刚才谈到了文化。这部电影是在抨击文化，还是在为之辩护?

瓦尔达：我不确定，我还没有真正明确自己的立场。我认为，对某些人来说，文化已经是他们的第二本性；但这种第二本性在多大程度上扼杀或滋养了第一本性，这才是影片要问的问题。以一个了解艺术史的人为例，如果某处风景让他想起了普桑（Nicolas Poussin），那么他在欣赏风景的同时也会加倍享受普桑带来的乐趣，因此画作丰富了他的体验。但对有些人来说，文化取代了情感，他们可能会说，"嘿，这看起来就像一幅普桑的画"，却对景色本身无动于衷——或者说，感受成了一种既定公式。这既是一种了解世界的方式，也在世界面前竖起了一道屏障。我认为，对于《混杂》中的那个人来说，它更像一道屏障；他如此专注于威尼斯文化，以至于看不到其他任何东西。这是一个特例，因为通常来讲，文化敏感度的培育应该与对现实世界敏锐度的提高同步，而这里的情况恰恰相反。

厄伊特胡芬：但如果文化能帮助我们更好地理解事物，那遮蔽和麻痹的现象也就无从谈起了。

瓦尔达：请记住，这只是一个案例研究。起初，文化提升了这个人物的感知力。他先是看到了威尼斯，然后通过文化的熏陶，他更接近威尼斯，也更了解威尼斯。直到有一刻，他的感觉枯竭了，他的心不再跳动。这时，文化体现出了它恶的一面，而这种恶有时会成为获取情感的必要条件。例如，一个男人爱上了一个与波提切利画中人物相像的女人，到目前为止一切都很好，只不过是他对这位女士的感情更加丰富了；但现在想象一下，他开始寻找一个长得像波提切利画中人的情人；好吧，这也没什么，你可以说他是个怪人；但这会引发另一种后果，从此以后，他就不可能再爱上一个不像波提切利画中人的女人了，这就是恶的一面的显现。

如果说《混杂》中的人物失去了爱的能力，那并不是为了更好地欣赏威尼斯的音乐和文化，而是因为生活已经停止了。他的心停止了跳动。这是一个迅速绽放然后同样快速凋谢的故事。某种层面上，我喜欢这个角色，但同时觉得自己无法准确评价他。他的性格很难捉摸，每个女人都会令他展现出新的一面。他经历了几个阶段：疯狂坠入爱河，然后又彻底干涸。本质上，可以说这是一部非常现实的电影。

厄伊特胡芬：就像《五至七时的克莱奥》一样，我喜欢影片中对 1961 年的巴黎真实鲜活的呈现，还有阿尔及利亚战争……

瓦尔达：是的，但在《混杂》中会有所不同，没有时间流逝的感觉，这是一个纯粹的内在宇宙，是一种情感教育。

厄伊特胡芬：拍摄两部剧情长片的过程中，您在指导演员时遇到了哪些问题？这两部影片之间似乎有明显的变化。

瓦尔达：在《短岬村》中，场面调度（mise en scene）主要体现为地点的设置（mise en place）——只是将演员安排在摄影机前。人物主要通过形式上的手段，通过他们在画面中的位置和形式关系表达自己，最终成为牵线木偶式的角色。同样，我们也没有呈现任何声音纵深。当演员与摄影机距离较远，他们的声音却近在咫尺时，就会产生一种非常反现实的效果。在这种情况下，图像之间的关系和视线移动就形成了一种规则结构，我以此表达内容。然而，在《五至七时的克莱奥》中，人物是活生生的，是有感觉的，即使并不总是完全现实向的，但他们的行动总是由他们的**物质**存在所驱动，这与《短岬村》截然不同。我坚持的是一种整体现实主义（total realism）：没有时间压缩，没有省略；真实的时间，真实的姿态。当克莱奥戴上项链时，她拿起项链，戴在脖子上，然后扣上搭扣。同样，她也会花必要的时间穿上裙子，试戴不同的帽子，没有任何剪辑的把戏……

厄伊特胡芬：就像是扎瓦蒂尼（Cesare Zavattini）的赌注 [1]……

瓦尔达：是的，我不想隐藏任何东西。如果有一个吃饭的场景，克莱奥喝了十五勺汤，我就会让观众看到克莱奥喝了十五勺汤。同样，她走路的过程也是实时的。

厄伊特胡芬：所以才显得那么长。

瓦尔达：是的，当然。坐出租车花了很长时间；一开始还有点意思，但后来就变得令人疲惫。

厄伊特胡芬：那是主观时间。

瓦尔达：……在客观时间中这种感受更为强烈。这是一种**真实电影**（cinéma-vérité）。我认为人是由周围的环境定义的。从这个意义上说，《五至七时的克莱奥》是一部关于女性的纪录片。我想拍一部一目了然的电影，它的形式是清晰的；客观的时间让观众对事件有一定的距离感。当时间以十分钟为单位加以标注，你就会明白，真实的时间叠加到了影片的时间上，这就令人产生了与角色的距离感。有些人问我为什么要加章标题，为什么要标注时间，这些都是喜欢沉浸在电影之中的观众。当我开始拍摄《短岬村》时，就已经察觉到

---

[1]　扎瓦蒂尼是意大利著名编剧、新现实主义的代表。他与德·西卡（Vittorio De Sica）长期合作，代表作有《擦鞋童》《偷自行车的人》等。此处应是对"帕斯卡尔的赌注"的借用。

了这种可能性。你必须始终与你的角色站在一起，同时对他们进行评判。

厄伊特胡芬：您是否想向音乐电影发展，比如音乐喜剧或歌剧？抑或抒情的类型？

瓦尔达：我没有这个打算。我太钟情于现实了。例如，《混杂》就非常写实，思想与视觉的联系总是非常紧密，《混杂》中人物的想法构成了一座图像博物馆。视觉世界是如此重要，它不仅制约着我们的思想，还激发着它们。我认为雷乃与歌剧和音乐靠得更近，因为他思考的方式与现实的联系较弱。他会乐于采用这种方式呈现心理图像。显然，《去年在马里昂巴德》与音乐作品更加相近。

"Agnès Varda from 5 to 7", from *Positif*, no.44 (March 1962). Translated by T. Jefferson Kline.

阿涅斯·瓦尔达：真相时刻

米歇尔·卡普德纳克（Michel Capdenac）/1962

六年前，早在"新浪潮"出现之前，一位以国家人民剧场官方摄影师身份而为人所知的年轻女士为大银幕带来了一部罕见、独特而迷人的作品。评论界对《短岬村》反响热烈。亚历山大·阿斯特吕克（Alexandre Astruc）提出的"摄影机—自来水笔"（caméra-stylo）理论，极大激发了有关"**作者电影**"（cinéma d'auteur）和"个性化"电影的讨论。但公众对此则持保留意见。阿涅斯·瓦尔达第一部电影的独创性及后来被视为"新浪潮"先驱的风格，似乎只是孤立的现象，是个人化和边缘化的，并未进入大众视野。

阿涅斯·瓦尔达追随阿伦·雷乃的脚步，在一系列短片中再次证明了自己的才华：《季节，城堡》《海岸线》和《穆府歌剧》，每一部作品都比上一部更为精彩，在各种电影节上也纷纷斩获奖项。在这些影片中，纪录片似乎冲破了现实主义的束缚，进入了幻想、意外和诗意的领域。这一时期雷乃和克里斯·马克展开了广阔的探索，关注探究性和创造性的摄影技巧，而阿涅斯·瓦尔达则建立了自己的领域，开辟了自己独创的道路。她善于觉察最微妙的美感，以无懈可击的先见性和直觉，展示了正在发生的社会和心理现实。然而，当那些急躁喧闹的年轻导演轻而易举地为他们的长片找到资金支持时，阿涅斯·瓦尔达却不得不选择更为精巧细致的创作方式，这种珍贵而充满激情的艺术创作为她赢得了电影爱好者的尊敬和钦佩，但这一切在公众层面只是微不足道、不太引人注目的成功，没有像那些男性同行一样赢得大众的赞誉。

现在，阿涅斯·瓦尔达获得了另一个触及观众的机会，这就是她的第二部长片《五至七时的克莱奥》。这是一部令人惊喜的细腻之作，以深刻且有穿透力的语言对抗死亡和宿命，电影界已经期待和讨论了几个月之久。现在，这部影片将像来自异国的樱花一样，随着春天的到来而盛放。

卡普德纳克：阿涅斯·瓦尔达是一个精力充沛的天才，一个充满活力的女人，一刻也不停歇。这种活力集中体现在她猫一样的眼睛里，但也伴随着一种安静的矜持和谦虚，丝毫不受前者影响。在谈到过去时，阿涅斯·瓦尔达神情宁静清澈，也不乏苦涩：《短岬村》最终成了一场票房灾难，她在很长一段时间里都无法摆脱其影响。

瓦尔达：在那之后，我想拍摄另一部剧情片《混杂》，这是我的制片人乔治·博勒加尔的想法。"混杂"某种程度上正是本世纪的弊病：混沌的集合。这是一个惯于说谎之人的感伤之旅，他在塞特和威尼斯之间来回穿梭。

卡普德纳克：在影片《五至七时的克莱奥》中，您难道不是在描绘本世纪的另一种弊病——我们的焦虑感，不是形而上的焦虑，而是由现代生活中一种非常真实的、致命的瘟疫（指癌症）所引发的焦虑？当我们相信（或者知道）自己被确诊时，那种占据我们内心的恐慌？

瓦尔达：首先，我知道我需要把这部影片的背景放在巴黎，这正是为了传达一种迷茫、混乱的感觉，一种影响我们生活的恐惧气氛。在巴黎这样一个人口众多的大城市，人们似乎更持续、更深刻地感受到当代人的痛苦。

卡普德纳克：奇怪的是，您选择通过一个表面上与这种痛苦毫无关联的人物来表达它：一个美丽、轻佻的流行歌手，她生命的每一刻似乎都充满了优雅和欢乐，您却突然揭示了她极度脆弱的一面。

瓦尔达：我需要一个有点轻佻的角色来突出这种从娇媚到焦虑的突然转变。这部电影主要讲述一个人不断体验自己内心变化的过程，因此时间顺序非常重要。我必须表现出客观时间与角色所经历的主观时间之间的差异和对比。在电影中，我们不相信客观时间；电影中的时间是虚构的，在现实时间之外。总之，不存在"真实"的时间。因此，影片被划分为不同的章节，这些时间片段标志着时间的收缩和拉长。在某些时刻，五分钟感觉可能像一小时那么漫长。对于一个知道自己只能活一两个月的人来说，生活节奏将会完全被打乱。在影片中，有一个"真实的一分钟"：歌曲中描绘的画面突然将克莱奥一直压抑在内心的恐惧和脆弱具体化，使其突然猛烈地爆发出来。她一把扯下了假发，就像撕下一张面具……从这一刻起，她的痛苦引导她去发现他人，而她也在别人身上看到了自身痛苦的映射。

卡普德纳克：对死亡的恐惧在这里扮演了真相揭露者的角色，尽管一开始我们很难接受这位夺目的美人已经被宣判死亡，她正等待着最后时刻的到来。

瓦尔达：但我们都被死亡包围着！有些人生活在死亡的阴影中，他们已经为死亡做好了某种准备。克莱奥以前从未想过死亡，死亡对她而言是一个陌生而残暴的敌人。由于她是如此美丽而充满活力，表面上是如此健康，这种对比就显得更加残酷。你可以想象她作为雷诺阿（Pierre-Auguste Renoir）的模特摆姿势的样子。突然间，她的美丽和健康与死亡正面相遇，死亡袭击了她的身体，渗透了她的整个生命。她本以为自己是世界的中心，现在却突然失去了立足之地。我们都知道接下来会发生什么：她发现了自己的孤独和对他人的需要。这种隐秘的疾病让她突然觉得自己是坦露的，将她与所有习惯的处事方式割离，从那时起，她逐渐变得赤裸，她被剥夺了一切。她离开了自己，逐渐撕掉了自己的面具。因此，对我来说，描绘这种超脱（真正的！），描绘她发现自己的过程是如此令人兴奋，还有这种看待世界的全新方式。

卡普德纳克：的确，这部作品的特别之处在于，它成功地向观众传达了裹挟克莱奥的这种脆弱感，它是如此强大，以至于我们能够通过她的眼睛清楚地看到她的恐惧，她感受到一切都在坍塌，一切都在不断改变意义和颜色，街道、事物、人……

瓦尔达：克莱奥属于那种不会真正关注身边发生的事情的人。突然间，她开始关注，开始真正看到街上的行人、自己身边的事物、一个吃青蛙的人和画室里的艺术生。她越是走进周围人的生活，就越是发现自己无所适从。她在寻找答案。答案就在她偶遇的年轻士兵身上。

卡普德纳克：他也将成为一个受害者，不是因为癌症，而是战争，至少可以预见这样一个未来。这是一种醒目的象征，但我们该如何解读呢？

瓦尔达：这样的故事总会把我们引向一个更普遍的观念，对死亡的焦虑也会把我们引向某种更普遍的焦虑。但我并不是要拍一部雄心勃勃的电影，这只是两个人在危机时刻的相遇。对方可以是任何人，另一具行走的躯壳，另一个休假的士兵，可以直白地告诉她毫无缘由地死去是很愚蠢的，他对世界有着浪漫憧憬，他紧紧抓住克莱奥，和她谈论那些他最熟悉的事情：学识、园艺……他也是漂泊不定的人，和克莱奥一样，对未来的一切持开放态度，但出于不同原因。因此，克莱奥允许自己与他进行真正的对话，她从未与其他人进行过这样的交流。他的真诚打乱了她以往对事物的看法。说到底，他本质上是一个非常善良的人，不带有偏见，并且以一种十分自然的方式接受了克莱奥口中的死亡。事实上，他们似乎交换了彼此的死亡，而克莱奥则感到无比欣慰，因为她需要一个能分担她痛苦的人。从这个意义上说，影片的人文意图远远超出了其美学意图。

卡普德纳克：不过，从影片丰富的画面和造型魅力来看，其中的美学意图是不容忽视的！

瓦尔达：对我来说，没有哪部虚构电影不包含纪实的一面，也没有哪部电影不包含审美意图。但我希望这部影片的美学层面能服务于它所呈现的自然情感。或许这是一部画面精致的电影，但它的主题非常简单明确。没有任何模棱两可，你看到的就是它传达的。

卡普德纳克：我注意到《五至七时的克莱奥》中对光线和打光的运用，它不仅呈现了客观状态，还传达了情感和主观状态……例如，克莱奥那间沐浴在白光中的宽敞公寓。

瓦尔达：事实上，我感兴趣的是光线所传达的信息。对克莱奥来说，这种压倒性的明亮已经预示着她将化为虚无，暗淡的死亡，白色的死亡，就像在医院里一样。这就是为什么为她伴奏的音乐家穿得像护士。在这里，死亡与黑色无关，而是与光明有关。您看，摄影与取景和剪辑一样，都是一种电影词汇。我既要让观众看到，又要让他们保持距离并做出判断。我没有试图操纵观众的情感。归根结底，每个创作者都是一个中间人，其任务是向观众传递这种生命和本能的自然产物，我们称之为情感。

卡普德纳克：情感在这里与一种悲剧联系在一起——癌症，在它四周已经形成了一种恐怖的印记和氛围。为什么选择这种疾病来说明您的观点？是与您的个人记忆有关吗？其中似乎包含了对癌症的思考，重点不是它的科学层面，而是精神层面……

瓦尔达：癌症确实会造成精神上的错乱，我在认识的人身上看到了这种病症的影响，他们完全被这种疾病所左右。我花了很多时间在医院和我去过的一些癌症诊所记录这种现象。我见了一百多个人，有些是第一次来做检查的，他们来的时候精神紧张，神情沮丧；有些是正在接受治疗的人……这太可怕了。在与所有这些病人交谈之后，我意识到，我很可能把电影拍成一份医学报告。于是，我把注意力集中到了一开始让我印象最深的事情上：这种恐惧、焦虑、痛苦和惊慌的感觉，就像中世纪人们对瘟疫的反应一样。我还注意到，在这些情绪的压迫下，许多病人的感觉变得更加敏锐，他们开始看到并理解他们通常无法理解的事物。

卡普德纳克：您找到了科琳娜·马尔尚这位出色的女演员来扮演克莱奥，米歇尔·勒格朗（Michel Legrand）扮演的作曲家也有着出人意料的精彩表现。此番合作是影片最成功的要素之一。这是如何促成的？

瓦尔达：我认识科琳娜·马尔尚是因为她在《帕西菲科》（Pacifico）音乐专辑中与布尔维（André Bourvil）的搭档。她还在《萝拉》中扮演过一个角色。我为她写了克莱奥这个角色，我认为要为特定的演员创造角色。在不修改电影主要台词的前提下，可以安排某些特别的细节，某些与扮演该角色的女演员的特质相协调的说话方式、她现实生活中习惯的手势和语言等。至于米歇尔·勒格朗，必须承认，我一开始并没有想过让他来扮演这个角色。但当他与科琳娜一起排练歌曲时，我意识到他非常有天赋，而且魅力非凡，非常适合这个角色。

卡普德纳克：现在，阿涅斯·瓦尔达，您接下来要做什么？您在准备什么？

瓦尔达：我脑海中有几个项目，包括《混杂》，它是我非常想完成的一个拍摄计划。我还考虑过执导《乔治·桑的一生》[1]，它将会是一部很有趣的历史题材电影。我打算以历史文献为基础，不脱离现有档案，努力还原她人生中的真实事件，贴近历史，并且贴近乔治·桑和缪塞的个性，以体现他们对所处时代的意义。

"Agnès Varda: The Hour of Truth", from *Les Lettres françaises*, no.922 (April 12–18, 1962). Translated by T. Jefferson Kline.

---

[1]　该片事实上并没有拍摄出来。

《幸福》：阿涅斯·瓦尔达访谈

于贝尔·阿尔诺（Hubert Arnault）/1967

瓦尔达：我不太喜欢在作品完成之前就谈论它。我打算拍摄更多的电影，尝试更多可能，以便看清自己的方向。我也不太喜欢分类。我只拍过四五部电影。

阿尔诺：那这是个好的开始。您非常关注某些问题，至少您的作品给观众留下了这样的印象。

瓦尔达：其实讨论的问题并不多。我对某些话题感兴趣。我相信，有机会观看我影片的观众，有时会希望电影不仅仅是解闷的故事，还能提出问题，或者以必要的方式来挑战他们。归根结底，我认为人们是爱思考的。他们自身的志趣会将他们引向反思。我常常将我的观众视作我非常喜欢的一群人，这种友好关系并不意味着我们不能以或严肃或轻松的方式谈论重要话题。我真正感兴趣的是感觉层面的联系。我相信，归根结底，人与人之间有很多共同点，但人们没有很多机会去思考这些共同点，或者对此做点什么。因此，我希望我的电影能起到启示作用。这就是我的兴趣所在。我个人觉得有些问题非常有趣，想要找到答案。我试图以足够清晰但又足够模糊的方式提出这些问题，让观众自己去发问。

阿尔诺：您的电影是否特别针对观众的感受？

瓦尔达：我之所以谈及感受，是因为我们可以通过感受来吸引观众的注意力，调动他们的思维。两者缺一不可。如果先拍一部论文电影，再回头拍一部关于感受的电影，那就没有意义了。不，我想说的是，感受是引导人们思考问题的基础。我相信反思的重要性——也许不在观影过程中，而经常在观影之后。以《幸福》这部电影为例，很明显，大多数看过这部电影的人（大约有十五万）离开影院时都在认真地询问自己对幸福的看法，或者讨论影片中的情节和自己对此的反应。因此，这是一部能得到观众积极反馈的电影。这是一部在结束后仍能激发观众兴趣的电影。人们回家后感叹的不会是"哇，多么美丽的色彩"或"多么漂亮的花朵"。当他们离开时，他们开始说："男人……女人……幸福。如果那个男人是工人，或者是中产阶级，又会有什么不同呢？"这意味着影片引发了人们的思考，我认为人们能思考关于幸福的问题是非常好的。这是一个非常重要的话题，即使他们对这部电影的评价是负面的，也不会在离开放映厅时简单说句"太糟糕了，忘了吧！"就一走了之。有些人对影片中的某些角色有负面看法，但他们还是对此进行了讨论，因此影片引发了他们的反应和思考。这就是我拍电影的兴趣所在。

阿尔诺：说到《幸福》，您不觉得随着妻子的溺亡，主题戛然而止了吗？如果他们的"三人行"能够继续下去，是不是会很有趣？

瓦尔达：这是另一个问题了。我也问过自己这个问题。有人问我，"为什么不继续讲述他们三人的生活？"但这不是我想拍的主题。这部电影不是要展现一个男人和两个女人在一起的有趣生活图景。这根本不是影片的主旨。影片的主题其实是，一个天生就向往幸福的男人——这可能是因为他热爱大自然或其他的性格特点，也可能因为没有任何外界压力（无论是宗教压力还是政治压力等）——或你留意到的任何一个如此专注于幸福的人，理应有某种独创的伦理观念。这部电影讨论的是伦理的创造这一个道德问题，它迟早会在我们与他人的关系中出现。碰巧的是，在这部影片中，男主角为自己的觉醒付出了沉重的代价，此外，由于他天性积极但又不至于过分乐观，在面对一系列事件时，他往往会表现得非常合乎情理。他并没有因为妻子死去，就放弃对幸福的追求或最终以不幸收场。那是一个性格比较消极的人的态度。这是一个在突然受伤后，仍认为自己必须努力继续保持快乐的人。如何理解这种细微的差别，如何理解他现在的幸福和以前的幸福之间的差别，其实取决于观众自己。这些都很微妙，但生活就是充满了细微差别。影片呈现了这种特殊的情境。显而易见，每位观众都必须得出自己的结论，根据自己的标准对人物做出评判。这完全没有问题。不管怎样，在我看来，进入影片第二部分的人物是相当勇敢的。因为，这位年轻女性可能会在负罪感的重压下屈服，天哪，有多少她这个年纪的女人能够勇往直前，关心两个不属于她的孩子的幸福……这些人物是非常勇敢的，即便自身面临诸多问题和局限，他们还是表现出了极大勇气。人们常常谈到"这个自杀的女人……"，我觉得，自杀是一种可怕的懦弱，尤其是当你有两个孩子时。在抛弃孩子之前，你至少应该尝试解决自己的问题。自杀这个方式太容易也太怯懦了。她看起来非常软弱。就我而言，我避免对自己创造的人物进行道德评判。我非常同情这三个人物，我也真的很努力地在特定环境中去呈现他们。我不想表现"这个是好人，那个是坏人"。我试图展现所发生的一切，从而让观众自由地做出判断。当然，这是一个不同寻常的主题。在这个方面，这部影片与我的其他作品没有多少相似之处。

阿尔诺：《短岬村》也以独特的方式呈现了一对夫妇的问题。这和《幸福》是不是有某种程度上的连续性呢？

瓦尔达：嗯，是的，但并不是一回事。《短岬村》也是关于一对夫妻的故事，但这部电影将他们放在一个危机中的村庄的背景下进行展现，而这两个世界——他们夫妻的生活和村庄的集体生活——之间的对比才是这部电影真正的主题。

"Interview with Agnès Varda", from *Image et Son* 201 (January 1967). Translated by T. Jefferson Kline.

地下潜流

戈登·高（Gordon Gow）/1970

　　阿涅斯·瓦尔达为电影创作贡献了非凡的感悟力与带来启迪和愉悦的天赋。在与戈登·高的访谈中，她阐述了自己的导演之道、生活之道和幸福之道。

　　加州的阳光打在床边的大玻璃窗上，使清晨的房间变得明亮异常。这使得睡在床上的人每晚都必须遮住窗户，因为窗上既没有遮光板也没有百叶帘。他们专门选择了色彩鲜艳的布料，让晨光轻轻穿透它，在他们身上洒下金色和其他温柔的色调。这样，他们就能在醒来时忘记前夜的烦扰，至少能在美好的一瞥中开始新的一天。相反，如果前一天晚上他们忘记遮住窗户，炙热的阳光就会残酷地晒在眼皮上，一天就这样糟糕地开始。

　　这些简单而又奇异的特质在《狮之爱》中颇为引人注目，这是阿涅斯·瓦尔达在美国拍摄的新片。她绝不是唯一一位将人物与环境联系起来，强调无生命之物的触知价值的导演。只不过在她的作品中，这种倾向比其他人的更强烈一些，让人感觉更明显。在谈到自己的电影时，她也总喜欢强调这种呼应："《短岬村》中的女孩在我心中与钢铁联系在一起。因为她来自城市，您知道，这让人联想到火车和铁路。男主角则与木材相关，因为他的父亲是一名造船的木匠。《幸福》是关于树的，它也和其他事情有关，有关做爱，有关野餐，但它同时是关于树的。因为人的行为就像树，如果你仔细观察树木一段时间，你会发现它们也像人一样变化。有人说，每个人都是可以被替代的，这话没错，但只是就人的功能而言，其实每个人都是独一无二的。每一棵树也是如此。独一无二，也不断改变。这就是自然。"

"我之所以这样想，是因为我在索邦大学学习时，受到一位哲学教授的重大影响。我当时的愿望是成为一名博物馆馆长，但并没有实现。这位名叫加斯东·巴什拉的教授（他现在已经去世了）确实让我打开了视野。他是一位留着胡子的老人，提出了人的*物质*之梦理论：有关人类与周遭物质世界的精神分析，包括木头、河流、大海、火、风、空气等所有这些事物。不仅针对自然界本身，而且也在……比如说面团中：如果一个女人正在做点心，并享受着这个时刻，那么在这个女人和面团之间就存在着某种关系和心理学意涵。他教导我们，研究作家不仅要看他们讲的故事，还要看他们提到的物质对象。"

　　在这一影响之前，瓦尔达至少已经继承了对其中一种要素——大海——的偏爱："因为我的父亲是希腊人。我对大海有一种渴望，渴望它的味道。"

　　虽然瓦尔达出生于比利时，但她在童年时代就搬去了塞特居住，又从那里搬去了马赛西面的利翁湾，那里的清新空气显然让她更加迷恋。她后来进入索邦大学学习，之后又在卢浮宫学院学了四年艺术，这为她在摄影方面的成就打下了坚实的基础。大约二十岁时，她成为国家人民剧场的官方摄影师，最初在阿维尼翁工作，后来到了巴黎。国家人民剧场的导演让·维拉尔也来自塞特。"他是第一个将布莱希特的理论引入法国的人。在此之前，法国的戏剧一直是颓废和资产阶级式的。这个剧团很有实力，汇聚了热拉尔·菲利普、让娜·莫罗（Jeanne Moreau）、菲利普·努瓦雷和夏尔·德内（Charles Denner）等一众明星。这段经历提升了我对戏剧的兴趣，它在我就读索邦大学时就已经萌芽，不过当时我对电影没有任何热情。"

　　"1954 年，我拍摄了自己的第一部电影《短岬村》，当时我对规则一无所知。不像特吕弗和戈达尔那样积累了大量观影经验。事实上，那时候我一共只看过五部电影：一部是迪斯尼的《白雪公主和七个小矮人》，另一部是动物题材电影《生擒活捉》（Bring 'Em Back Alive），然后是《雾码头》（Le Quai des Brumes）和《天堂的孩子们》（Les Enfants du Paradis）——那时候我甚至不知道卡尔内（Marcel Carné）

是谁，从来没听说过他——第五部我记不清了。"

"但他们仍然称我为'新浪潮祖母'。"她说起这个人们熟知的称号时还不禁有些扭捏。这一名号缘自阿伦·雷乃担任了《短岬村》的剪辑（当时他已经拍摄了几部短片），而且瓦尔达的第一部电影作品被认为是五年后雷乃拍摄的第一部剧情长片《广岛之恋》的先导。为了拍摄《短岬村》，瓦尔达回到塞特，以自己熟悉的环境为背景，探讨了一对夫妻和他们的个人危机，并将其与当地渔民面临的经济和社会困境并置。"我一开始并没打算把这个主题拍成电影。我原本想写成小说。不过我画了一些大纲草图，把它们拿给一位做电影副导演的朋友看。他向我建议，电影才是这个故事的理想媒介。就这样，我借了些钱，开始了电影创作。"

之后，她去中国拍摄了一组专题摄影作品；随后又拍了一系列短片：《季节，城堡》，片中身着时髦服装的模特与卢瓦尔河沿岸城堡的永恒之美相映成趣；《海岸线》；《穆府歌剧》，这部短片描绘了一位孕妇走过巴黎穆府塔街时的所思所想，与后面的作品《五至七时的克莱奥》也有呼应。

这三部短片中的第二部尤其值得关注。首先，它体现了瓦尔达受巴什拉思想的影响，这在她所有的作品中都很明显，且有别于维拉尔带来的布莱希特式的影响，后者在《狮之爱》之前并没有明显的表现。如果说对漂亮女孩和古老城堡的审视只是对人与无生命事物的简单并置，那么在《海岸线》中对里维埃拉历史的诙谐观察则更微妙地体现出瓦尔达的风格。

人们会想到那条轻飘飘的围巾，与马车的车轮缠绕在一起，旁白谈到伊莎多拉·邓肯（Isadora Duncan）的意外死亡[1]；虽然与后来肯·拉塞尔（Ken Russel）和赖斯（Karel Reisz）的电影中对事件的重现相比[2]，这个画面远没有那么精准，但它在温和的地中海夜色中令人回味幽长。她的镜头下还有自然、物的触感和人类元素的结合，镜头在温暖的沙滩上游荡，观察人们留在沙滩上的凉鞋，最后停在一对正在享受日光浴的男女赤裸的身体上。

1958年，当瓦尔达带着《海岸线》参加图尔电影节时，她遇到了自己未来的丈夫雅克·德米，后者带着改编自科克托（Jean Cocteau）作品的短片《一个冷漠的美男子》（*Le Bel indifférent*）参加电影节，"我们谁都没有获奖"。但我们可以推断，两人之间开始彼此影响，因为瓦尔达的《五至七时的克莱奥》中不时流露出她与德米关系的影踪。可能主要体现在该片后面部分的乐观主义风格；还有科琳娜·马尔尚在片中的出演，她在德米的《萝拉》中饰演的一个配角给瓦尔达留下了深刻的印象；以及米歇尔·勒格朗的意外参演，他为《萝拉》及德米后来的很多作品作曲。

---

[1]　伊莎多拉·邓肯是美国著名舞蹈家。1927年她在法国尼斯时，因围巾被汽车车轮绞住而颈骨骨折，最终去世。

[2]　指拉塞尔1966年的作品《伊莎多拉·邓肯，世界上最伟大的舞者》（*Isadora Duncan, the Biggest Dancer in the World*）和赖斯1968年的作品《伊莎多拉》（*Isadora*）。

《五至七时的克莱奥》的故事发生在傍晚时分的巴黎，故事的中心人物是一位小有名气的歌手，她正在等待体检结果宣告她是否患有不治之症。这种焦虑体验增强了她的感知力，让她对周围的日常生活有了全新的认识。行走在蒙帕尔纳斯，她仔细观察着每一个地方和每一起偶发事件，瓦尔达在此插入了一个令人恶心的片段：一个街头艺人吞下一只青蛙，并从口中喷出一股液体。当克莱奥在蒙苏里公园邂逅了一位年轻人时，影片的情绪巧妙地悬浮在纪录片风格和诗意之间，散发出一种略带感伤的神性光芒，他劝告她，爱可以比恐惧更强大。这部分处理得很到位，却有些被过度吹捧，几乎经不起重看。或许全片最有力的瞬间是克莱奥突然摘下假发，露出假发下的真实发色。这是影片逐步稳定的节奏之外的一次爆发，让人大吃一惊，并且赋予了角色某种脆弱性，也加强了抛弃幻想面对现实的效果。洛西（Joseph Losey）《秘密仪式》（*Secret Ceremony*）的开场也出现过类似的场景，后者的冲击力更为强烈。

继另一部短片《向古巴人致敬》之后，瓦尔达于1964年拍摄了《幸福》。除了《狮之爱》之外，该片是瓦尔达最出色的作品，她将自己敏锐的视觉与让·拉比耶（Jean Rabier）哀伤的摄影风格完美结合，后者也曾担任《五至七时的克莱奥》黑白部分的摄影指导。这部电影像是一首交响诗，展示出她与自然和物质世界的默契。她将自己的作品及创作动机描述为"地下潜流般的本能"，这个定义非常贴切。《幸福》

中的年轻木匠［让-克洛德·德鲁欧（Jean-Claude Drouot）饰］与树木有着密切的联系，他天性善良，处事沉稳，在木屑堆中度过愉快的工作时光，骑着自行车绕着树木穿梭，童心未泯似的骑车回家，温和地接受婚外恋带来的馈赠，就像枝繁叶茂的苹果树一样，两者并肩生长。

这显然与瓦尔达对人和树的类比不谋而合："我喜欢置身树下，坐在树荫下。我也喜欢野餐，但雅克不喜欢，至少不太热衷；我很难说服他出来野餐。我想，这就是我在《幸福》中拍摄野餐场景的原因——表达我的失落。"

尽管两人在创作态度上存在显著差别，但瓦尔达偶尔也会受到德米的影响，比如《五至七时的克莱奥》中的公园场景和《幸福》中的色彩搭配，人们的穿着与所处环境相呼应，房屋的正面采用主色调。场景之间的淡入淡出不是像往常一样的黑色，而是白色、蓝色或红色。性爱部分坦率而热烈。当丈夫抬起妻子的尸体时，这个动作重复了好几次，在观看者脑海中留下深刻的印象。雷乃曾在《去年在马里昂巴德》中使用过这种重复手法，但瓦尔达在浪漫的戏剧性背景下使用这种效果，将重复影像的价值提升到了极致，使其成为电影语言的一部分。理查德·莱斯特（Richard Lester）在《略施小计》(The Knack ... and How to Get It) 中模仿了这一手法，他把迈克尔·克劳福德（Michael Crawford）关上门的画面重复了好几次加以强调。

流变是《幸福》的一个首要主题，在片尾的秋季场景中得到了强化，此时树叶已经变色，虽然仍然悦目，却明显处于衰败的边缘。同样，木匠表面上延续着幸福生活，但在说话时，他的呼吸中带着雾气，白色雾气与周围树林温暖的色调形成鲜明对比，令人警醒。

死亡是瓦尔达的另一个主题，在邓肯的围巾、《五至七时的克莱奥》中的忧虑、《幸福》中溺亡的妻子以及冬日降临之际木匠嘴唇间吐出的雾气中都已经有所显露。或许不及街头艺人吞下青蛙的画面那样令人不适，却同样意味深长。这条暗线在《狮之爱》中表现得更为明显。1965 年，瓦尔达拍摄了《创造物》，凯瑟琳·德纳芙（Catherine Deneuve）在片中饰演一位因车祸失去语言能力的年轻妇人。影片的这一部分源于瓦尔达的一个梦："我做了三次这样的梦，梦见自己哑了，再也不能说话了。这很奇怪，因为我是一个很喜欢说话的女人。但这算不上噩梦。在梦里，我也不想说话。我记得很清楚，因为我做了三次同样的梦，而且梦很长。雅克在梦里，我们的女儿也在梦里，孩子出生时我们请的儿科医生老太太也在梦里。在梦中她告诉我要开口说话，但我就是不想说。"

事实上，在日常生活中，瓦尔达偶尔也会好几天不说话，但那都是和丈夫在努瓦尔穆捷岛上的风车房度假时："在那里，我们可以安静地生活和工作。他写作，我也写作，我们从不讨论彼此的工作。这种状态令人满意，因为我们都相信，男人和女人可以进行无声的交流。这对我们而言是很自然的一件事。如果你爱一个人，就应该在无形中**成为**对方，在这种情况下没有必要说话。说话也只是像在玩过家家。"

《创造物》是在努瓦尔穆捷岛拍摄的。小岛矗立在布列塔尼海岸边，面对着汹涌的比斯开湾："冬天这里非常美丽。我是通过雅克知道这里的，因为它离南特不远，他小时候就住在南特，这里是布列塔尼地区唯一能让我想起塞特的地方。"这座岛在每天退潮的几个小时里和陆地相连，其余时间都是隔绝的。在《创造物》逐渐推进的情节中，无声表达着爱和忧惧的凯瑟琳·德纳芙依然迷人，而她的丈夫〔米歇尔·皮科利（Michel Piccoli）饰〕却在岛上游走，寻找可以用于小说创作的素材。妻子的肚子越来越大，与此同时，他们在狭小社区里遇到的形形色色的人物也逐步丰满了丈夫的创作，直到现实与幻想交织在一起。

这部影片的黑白画面十分迷人，充分体现了当地风情，出自威利·杜兰特（Willy Durant）之手，他后来还参与了《不朽故事》（*Histoire immortelle*）和《翌日之夜》（*The Night of the Following Day*）的拍摄。他的才能似乎与瓦尔达的理念完美融合。根据特定时刻的情绪，影片中出现了不同层次的红色调，凸显了逐渐失控的幻想。影片中对一位当地居民进行了大量刻画，在小说家的心目中，这个人就像一位疯狂的科学家，能对所有人（包括小说家怀孕的妻子）施加魔力。在我看来，这种奇想最后显得有些失控，但巧妙的摄影让科学家和小说家的交手像一盘棋局一样吸引人，而岛上的人物就像棋子一样，他们的关系和命运任人摆布。这些细节将人物与无生命的物体紧密相连，正如海风不断地提醒着人们一样。瓦尔达的意图在这些细节中显露无遗："唯一遗憾的是，我没有勇气让这一切变得更加抽象。"

在《创造物》问世几年后，瓦尔达开始了她的美国之旅，并最终创作了《狮之爱》。德米抱着探索的心态先去了美国，她留在巴黎忙于工作；但他在旧金山还没待上一周，就给瓦尔达写信表示自己想留下来，希望她能过去与他会合。她当月就抵达美国，他们在美国一直工作生活到 1969 年。

瓦尔达在美国拍的第一部短片是关于黑豹党的，这符合她一直以来直截了当的政治创作原则（除了《向古巴人致敬》之外，她还与雷乃和戈达尔等法国导演一起创作了《远离越南》）。

在对加州电影圈有一定了解之后，瓦尔达开始拍摄《狮之爱》，这是一部让人爱恨交加的电影，不同性格和喜好的观众对其反应大为不同。她将这部影片描述为一系列印象的拼贴。我们会发现，早已借沃霍尔的作品闻名遐迩的"幻觉女郎"维瓦与《头发》中的两位演员杰罗姆·兰尼和詹姆斯·里多，同住在合租的好莱坞房子里。在金黄色布帘掩映下三人共享一张大床，他们还在院子里的蓝色游泳池中裸体嬉戏，男人们浑身湿透，维瓦则躺在一个巨大的气垫床上，漂浮在水面，干爽、光滑。他们互称对方为维瓦、吉姆和杰里。雪莉·克拉克不久后也加入了他们，她正尝试着制作地下电影，试图在不断变化的好莱坞获得商业支持。他们叫她雪莉。可以说，四位主角某种程度上都代表了他们自己的形象。但同时，他们将自己的个性自由融入了瓦尔达的想法之中。

瓦尔达极好地利用了眼前的环境。显然，大海的气息近在咫尺，这让她感到愉悦；但我们只能在插入的一个新闻片段中短暂瞥见太平洋的一角，画面中警察正冲向海滩，驱赶海滩上的嬉皮士，用暴力手段破坏他们筹备中的欢爱聚会；可画外音恼怒地告诉我们，是警察挑起了事端。影片以近乎随意的方式将这一段融入其中，紧张迅速的行动之后是一片荒凉而悲伤的沙滩和水面——典型的拼接手法。瓦尔达凭借对触知价值的敏锐洞察力，对租来的房子进行了细致入微的探索："这是我自己租来的房子，是好莱坞非常典型的出租房屋。有人告诉我猫王曾经住在那里，但我不确定。"雪莉·克拉克从纽约赶来时，男孩们带她参观了她的临时住所，"这是一棵真正的塑料垂柳"，其中一个说，"外面还有一棵真的垂柳，属于凯瑟琳·赫本（Katharine Hepburn）"。就这样，在按照惯例向树木致意之后，瓦尔达又开始探究其他物体和人体的质感。在一首名为《出租屋清单》（*Inventory of a Rented House*）的歌曲中，她用镜头对屋内布置逐一清点。

影片在迈克尔·麦克卢尔创作、里普·托恩执导的舞台剧《胡子》的洛杉矶演出现场突然拉开序幕，小剧场里的观众们瞬间将注意力从"琼·哈洛"和"比利小子"以及小舞台上的粗俗对话中移开，为姗姗来迟的维瓦和她的同伴们鼓掌。后来，维瓦和《头发》中的一位男演员在他们租来的房子里为一群孩子们表演，在抽干水的游泳池里重演《胡子》。

瓦尔达曾因这一情节在加州受到指责，因为孩子们不仅因自己眼前的场面欢笑不已，而且还互相递烟："我自己的女儿也在其中，其他都是朋友和邻居的孩子。他们并不像有些人以为的那样在吸食大麻，但他们确实在抽烟。我小时候也抽过。我抽过桉树叶。当《狮之爱》完成后，我把整部电影放给一群十二岁左右的孩子们看，他们非常喜欢。"

影片的大部分内容都与爱和追求幸福有关，不时穿插着现实因素。瓦尔达巧妙地利用了两段真实对话，分别有关美国电影融资，以及当导演声称自己在剪辑室拥有最终发言权时所牵涉的道德和金钱问题。身为创作型艺术家的雪莉·克拉克因受到的束缚而郁郁寡欢，甚至试图自杀，这体现了瓦尔达往情节中植入了自己的想法。接下来是一段布莱希特式的转移，瓦尔达播放了拍摄中的一段插曲，她在继续拍摄，雪莉·克拉克却在表演中途停了下来，说这一幕她演不下去了，因为对她来说这不成立：如果她要自杀，不会通过服用过量的药片。这时，瓦尔达自己走进了画面，吞下了他们用来代表致命药丸的东西，然后躺在了床上，并说这就是她想要的。于是，雪莉·克拉克模仿着同样的动作完成了这一幕的拍摄。即使是在这样一部拼图式的电影中，这种间离 [1] 也不寻常；也许更引人注目的是，当雪莉·克拉克在医院慢慢康

---

[1]　指布莱希特的"间离效果"（Verfremdungseffekt），意思是让观众与戏剧或电影相疏离。

复时，瓦尔达收到了安迪·沃霍尔在纽约被枪杀的消息（你们可能记得，他确实被枪击了，但并未被夺去性命），同时，通过一点富于想象力的时间戏法，电视上播出了罗伯特·肯尼迪遇刺的冗长新闻。

维瓦说："我受不了了。雪莉、肯尼迪、安迪，每个人都快死了。什么时候轮到我们？"她没有哭。面无表情，神情麻木，这正是瓦尔达想要的："就好像她刚经历了一场地震，感觉没有一个地方是安全的。"

小团体的反应各不相同。"教皇约翰也死了。""别开玩笑。""谁在开玩笑？电视性死亡。现在是全国上下消遣的时候。"[1] 就这样，肯尼迪之死的纪录影像从电视机里源源不断地流出，瓦尔达重新剪辑了其中片段："我只是从电视公司购买了图像版权，然后叠加了一些他们从街上行人那里得来的公众反应，我们在看画面的时候能听到这些声音。并不是直接挪用他们在电视上实际播放的内容。"

事实上，这一手法更加先锋，让人联想到瓦尔达在《幸福》中也插入了让·雷诺阿（Jean Renoir）《草地上的午餐》（Le Dejeuner sur l'herbe）的片段，这既有绘画意义，也有实质意义，不过当时的场景中没有人注意到电视机，而在《狮之爱》中，人们断断续续地留意着电视。空气中弥漫着死亡

---

[1]　片中电视里此时播放的是教皇约翰二十三世接见肯尼迪的画面。他实际去世于1963年。

的气息，而在另一个场景中，出租房里的电视机却随意地融入了镜头，为人们带来了一线希望。弗兰克·卡普拉（Frank Capra）的《消失的地平线》（*Lost Horizon*）引起了观看者的兴趣：维瓦和其他人边看边聊，就像人们在日常生活中一样，当出现"我相信它，因为我想相信它"这句台词时，维瓦告诉他们"这就是讯息"。

同样积极的还有孩子们聚会的整个部分，虽然维瓦在聚会中显得相当无助，但她总是热心讨好孩子们："我给他们做了水果沙拉，非常新鲜。他们碰都没碰。他们只想要法式炸土豆和番茄酱。"除此之外，大概还有《胡子》。瓦尔达坚定地支持她对孩子们的宽容："他们是未来的太空之子。我们在电影里是这么说的。他们确实是。"

《狮之爱》可以说是瓦尔达最优秀的作品，自由奔放，可能还有点自我放纵，尽管加入了间离效果，但充满了关切和直率的情感。在这部影片中，她"地下潜流般的本能"湍急而深邃，而她对美国电影界的回应，既具批评性又满怀深情，这些都是这位杰出女性的典型特征。她没有受过任何传统的电影训练，却拥有丰富的才华，能够激发观众的愉悦和共鸣。

"The Underground River", from *Films and Filming* 16 (March 1970).

《狮之爱》

安德烈·科尔南（Andre Cornand）/1971

那些喜欢阿涅斯·瓦尔达的短片、《五至七时的克莱奥》、《幸福》和《创造物》的电影观众与影迷可能会对《狮之爱》感到不适应。但如果说是美国改变了这位导演，也未免有误导性。在新的电影结构背后，我们可以发现瓦尔达延续了她在 1954 年的《短岬村》（不同世界的对比和矛盾的博弈）、1957 年至 1958 年的《季节，城堡》《穆府歌剧》及《海岸线》（她对主观纪录片的喜爱）等影片中的思考和关注。我们还在《狮之爱》中重新看到了阿涅斯·瓦尔达在《幸福》里提出的爱情自由问题。

然而，正如瓦尔达和其他一些"新浪潮"导演的短片为我们呈现了许多亮点一样，在我看来，《狮之爱》也是一部汇集了现代电影（年轻的法国电影和美国地下电影）众多不同潮流的成功之作。从这个意义上说，《狮之爱》为"第七艺术"[1]开辟了一条潜在的新道路。阿涅斯·瓦尔达本人曾说过，《狮之爱》既是一部拼贴作品，也是一份清单。我更喜欢"拼贴"一词，这部影片包含的丰富元素与其说是相互叠加并置，不如说是相互渗透和彼此交融的。

《狮之爱》是一部关于好莱坞、关于好莱坞的过去和好莱坞神话的沉思录，是一部关于好莱坞地下巨星的纪录片，是对美国社会的反思，是关于青春期到成年期的转型研究。这部影片偶尔也像是一部心理剧，是对电影、电视和大众传媒将虚构与现实混淆的手法的反思。

阿涅斯·瓦尔达告诉我们，她完全投入了"对怪诞世界的描绘中，采用的是一系列既有手法：固定镜头、长距离移动镜头、最自然的焦距"。在《狮之爱》中，除了清晰的头脑之外，我们还发现了导演的其他品质：敏锐、幽默、怀旧、诗意。但我们认为，与其对这部作品进行冗长的分析，不如换一个有趣又有效的方式，就这部电影请教一下导演。

科尔南：请跟我们介绍一下片名的含义。

瓦尔达：最初的片名是《狮子、爱和谎言》，但演员们觉得太长、太沉重，也太直白了。场记干脆在场记板上写下了"狮之爱"，于是这个片名就沿用了下来。这是两个单词

---

[1] 指电影艺术。意大利电影理论家里乔托·卡努多（Ricciotto Canudo）提出电影是建筑、音乐、绘画、雕塑、诗和舞蹈之外的"第七艺术"。

的组合，在法语中的意思可以是"狮子恋人""以狮子的方式相爱""狮子与爱""狮子—爱"，或者只是"吼！"[1]。影片原名"狮子、爱和谎言"概括了它的三个主题。第一，狮子。演员们就像狮子。他们的确曾被叫作狮子。我的三位演员得要有浓密的长发。进军好莱坞的新一代演员长什么样？谁是当今的明星？当今的政治家是最好的演员吗？他们是真正的明星吗？他们是狮子吗？第二，爱。影片中的三个主要角色彼此相爱。他们将如何处理恋情中的三角关系？后嬉皮士一代如何看待婚姻生活？第三，谎言。演员们是骗子吗？政客呢？谁在对谁撒谎？在好莱坞撒谎意味着什么？拍摄一部关于好莱坞新星的电影算是虚构还是纪实？它是不诚实的电影吗？

科尔南：电影的主题是什么？

瓦尔达：我可以给您二十种不同的答案，每一个或多或少都是真实的，又或多或少都有局限性。我想用这部电影展现今日美国的两大潮流——性和政治。但影片本身非常纯真，与其说政治名人罗伯特·肯尼迪是明星，不如说他是受害者：他的棺材看起来就像一台电视机。

我更愿意称这部电影为拼贴作品，它与下述内容有关：

明星：流行文化的新星，对昔日明星的怀念，以及我前面提到的政治明星。

---

[1] 此处是在模仿狮子的咆哮声。

　　在好莱坞拍电影：这个主题由现实中的导演雪莉·克拉克承担。但是，由于我是《狮之爱》真正的导演，这个主题实际上有关我在好莱坞拍摄电影的尝试。由于这部电影成了上述故事的一部分，我们希望影片中能出现拍摄的镜头，并允许演员向观众眨眼示意，按照他们认为合适的方式表演或不表演。

　　解放与追求：三位演员生活自由，但他们追求的不完全是性自由，而是某种神秘主义，嬉皮士的神秘主义。

　　好莱坞：这是一座神奇的城市，有着独一无二的街景、宽阔的林荫大道和数不清的制片厂。每一个来到这里的人，或多或少都要用"好莱坞标准"来检验自己的个人生活。

　　青春的终结：电影中的人物不再是花季少年。他们已经过了当嬉皮士的年纪，却还不成熟，算不上成年人。

　　矛盾：政治事件和私人生活之间的矛盾。一边是成为盒子里一个小图像的悲剧事件，另一边是三个人物同床吃早餐时的反应。

　　罗伯特·肯尼迪遇刺案：延续了肯尼迪家族莎士比亚式的戏剧性历史。

　　总之，影片的主题是明星、电影、自由恋爱、剪辑自由、加州的树、电视、青春的终结、塑料花、政治英雄、游泳池、红眼镜、好莱坞出租屋、咖啡，以及谁先起床煮咖啡。

　　科尔南：我们在影片开头看到的舞台剧是什么？

瓦尔达：这是迈克尔·麦克卢尔创作的一部名为《胡子》的舞台剧。该剧曾在纽约和洛杉矶等多个城市上演，并引发了大新闻。演员进了监狱，作者也进了监狱，还有很多保守派人士在剧院外面示威。最后，洛杉矶的剧院被烧毁。剧作家为他的两位美国主人公琼·哈洛和比利小子写了一些非常大胆、粗俗和滑稽的台词。我在好莱坞看了这部剧，这里是明星制度的摇篮，而这部讲述明星在虚无的永恒中迷失的戏剧让我下决心自己拍摄一部关于明星的电影。此外，让《狮之爱》以三位演员观看的一场话剧为开头，为剧情设置了多个层次。主演们是我们的夸张化身，某些重大事件（政治事件、国家悲剧）会让一些人的举止变得像演员一样，也就是说，"表演"有时会成为一部心理剧，就像影片中雪莉·克拉克那样。这个世界有时就像一个巨大的剧场，充满了喧闹和……重读经典就知道了！

科尔南：这部影片是什么时候拍摄的？花了多长时间？

瓦尔达：《狮之爱》拍摄于 1969 年 3 月，在一套租来的房子里。与演员的合作大约花了四周时间。我还花了大约两周时间拍摄纪实性的部分。

"Lions Love", from *La Revue du Cinéma* 247 (February 1971). Translated by T. Jefferson Kline.

"新浪潮之母"：阿涅斯·瓦尔达访谈

雅克利娜·莱维廷（Jacqueline Levitin）/1974

莱维廷：在法国，作为一名女性电影制作人，您有哪些经历？您参与过妇女运动吗？

瓦尔达：我刚开始拍摄电影时，也就是十九年前，法国还没有出现妇女运动。当时有一些女性从事写作、绘画和音乐方面的工作，但很少有女性拍电影。我并没有问自己，作为一名女性，拍摄电影是否会很难；必须得说，我一开始并没有自卑情结。我只是觉得既然想拍电影，那就试试吧。多年后，许多女孩来找我，说她们想拍电影，问我是否可以为她们写封推荐信，她们说在这个男人的社会里，女人要闯出自己的一片天太难了——有时确实如此。但我总是回答她们：虽然这个社会可能是这样，但你自己不应该这样想，你应该想的是"我是一个人，我想拍电影，这件事到底难不难"。这才是重点。如果这个社会厌女，那就让我们一点点去面对，但这不应该成为你的出发点。我之所以这么说，是因为我从不认为自己因身为女性而是一个受限的人。我从不认为自己是"半个男人"，也从没想过要成为男人。

我曾是一名摄影师。一开始，我能找到什么就拍什么，周围的孩子、家庭、婚礼、宴会，一切能赚钱的东西。后来，我成了国家人民剧场的摄影师。没有人对我说："你能当一个摄影师很了不起，因为你是个女人。"当身高不够时，我会拿把椅子站在上面，这就是我比别人矮三十厘米时会遇到的问题。现在每个人都试图批评社会上的家长作风，在当今的妇女运动中也免不了有这样的声音：即使是成功女性也被视为"微不足道的"。我不这么想。我只是做了我该做的事——身处男人和女人之中，并且感觉不错。

当我拍摄第一部电影《短岬村》时，我从未遇到这样的情况，从来没有男性摄影师对我说："听着，我不会听你的，因为你只是个女人。"我会说："我喜欢那个镜头或那个距离，让它更清晰或对比度更强些。"或者我会跟他讨论景深，但这都是技术方面的对话。电影上映后获得了不错的评价，尽管影片没有赚回制作成本。但没有人说，因为我是女性，所以这是一部没那么重要的电影。相反，他们说："您或许正在改变法国电影的一些东西，这很好。"所以在我的工作中，我从未因为自己是女性而感到疏离。

某维廷：您是如何开始拍摄电影的？

瓦尔达：我写了《短岬村》的剧本。纸面的工作已经完成了。我本以为永远不会把它拍出来。我以为会把它放在抽屉里，三年后再翻开，然后说："是的，当时我想拍电影。"结果刚好一个朋友来找我，说为什么不拍呢？我说拿什么拍？怎么拍？他答，"他们说这很简单，我们一起拍吧"。首要问题是找钱、拉剧组、找能帮我的人。当时我们都很年轻，没什么经验。我们一起住在租来的房子里。每个人都得在那里吃住，因为没钱支付个人开销。我们必须团结成一个集体。就这样开始了拍摄。

从制作的角度来看，这在1954年确实是革命性的尝试。当时我甚至没有成为制片人的资质。法国有职业等级制度，在正式制作一部电影之前，必须达到那个级别且经过五个学徒期。技术人员也是如此。我没有申请证书。（现在想想这确实很有趣，我是在拍摄第一部影片十三年后才拿到导演证的。）我没有理会规章或工会，也没有获得官方授权。这是破除电影"禁忌"的一种方式，也是打破封闭的电影圈及其等级制度的一种方式。就这样，它成了一部真正的电影。我当时确信这是仅此一次的事件，我从未把自己当成电影制作人，之后我又回到了摄影行业，继续赚钱，因为这次拍电影并没有赚到钱。但几年后，有人问我是否想为旅游局拍电影，我想可以，这是另一种赚钱方式，也许以后还可以拍其他电影。就这样，我拍了短片《季节，城堡》《海岸线》和《穆府歌剧》。然后，我就有了拍摄其他电影的愿望；再然后，我就成了一名"电影制作人"。

七年后我才开始拍摄第二部长片《五至七时的克莱奥》，因为筹不到钱，加上没有时间写剧本。其间我一直在做摄影。这不是因为我是女人，而是因为我创作的那种电影很难找到资金支持。在拍《五至七时的克莱奥》这部关于一个女人的电影时，我真正的想法是拍摄一部讲述一个女人如何面对巨大恐惧的影片，恐惧让她反思自我。她发现自己是一个被男人操纵的小玩偶，一个无法做决定的小女孩，只能从别人的眼中看到自己。在那一个半小时的时间里，她开始以不同的方式与外部世界建立联系。

我以女性身份来看待我所有的电影，而不想成为一个拍电影的"伪造的男人"。我试图把我所了解的东西拍成电影。怀孕时，我拍摄了一部有关怀孕的电影（《穆府歌剧》），因为我想与人们分享怀孕的经历。在《幸福》中，我试图理解纯真的感觉。

随后，女权主义运动逐渐兴起，许多女性开始思考自己在社会中的地位。在过去五年里，女权运动不仅变得非常强大美好，也变得非常时兴，这可能也是女权运动最糟糕的地方，它把谈论女性变成了一种"潮流"。十年前，这还不是"潮流"，尽管这场运动还在不断壮大，但也许十年后，社会上会出现其他令人兴奋的话题。而现在，我们正处在这样一个阶段，所以会有女性来对我说："《幸福》太糟糕了。这不应是一部由女性制作的女性电影。您被社会同化了，您背叛了我们。"但是，当意图展示社会的某种成见时——这正是《幸福》的主题，你就必须呈现这些成见。不是非得说，"因为我是女性，所以我一定要拍摄女权主义电影，毕竟女权主义观点获得展示的机会太少了"。的确，我现在可以用一种新的眼光来看待自己的电影，因为所发生的事件，因为我读到的书籍，因为我对自己进行的女权主义教育——我们现在都在这样做，因为有这样的机会了。现在很多问题都变得更加明朗，但十年前，当我拍《幸福》时，在这方面的思考仍然没有那么清晰，尽管我已经读过西蒙娜·德·波伏瓦，讨论过这些事情，也为避孕、性自由、新的养育子女的方式和超越传统的另类婚姻形式而斗争过。尽管我认为新一代女性在开始做任何事情之前就先树立起自己的观点这一点不可取，但我同意她们的观点，她们只是想表达改变自己和改变女性社会形象的愿望。我认为她们是对的，我自己也愿意这样做。但我认为，这并不意味着我们要忘记以下这点：不管女性之前为了支持或反对女性而做了什么，这都是她们提升自己和前进的一种方式，让其他女性可以站在女权主义的角度发表观点，并让观点清晰明了。因此，我可以说自己是一名女权主义者。但对其他女权主义者来说，我还不够"女权"。我所做的一切使我成为一名女权主义者，尽管我还没有拍过女权主义电影。

莱维廷：您现在想拍一部女权主义电影吗？

　　瓦尔达：是的，我想，但这绝不会是我唯一的目标。我不认为我生来只是为了表达女性所遭受的苦难和女性必须要对这个社会进行的改造的。我是一个人，有些事情是要作为一个人去理解的。你不必一直强调自己是一名女性。例如，女性电影节，也许有必要举办一两次，以展示女性的成就；但从另一个角度看，这其实是一种隔离和歧视。女性可能会和男性一样对女性抱有错误看法，而有些男性可能看得更清楚，例如，我相信伯格曼（Ernst Ingmar Bergman）比很多女性更了解女性。但对女性身份的认定必须由女性来完成，这恰恰与黑豹党遇到的问题相似。当黑人开始提高自我意识时，白人为他们说话，关注他们。渐渐地，他们认为自己应该独立思考。这就是女性现在正在做的事情。她们是对的，但这并不意味着有些男人不理解这一点。我认为，我们不应该过于强调电影制作人的性别，而应该看重关于女性他说了些什么，是怎么说的。

　　莱维廷：一些女权主义电影人认为，问题不仅在于揭示女性心理，还在于展现女性的"英雄"形象：女性在男性主导的社会中战胜了女性的处境，获得了自我意识。您认为应该拍摄这种类型的影片吗？

　　瓦尔达：我认为每个女性都应该了解自己的身份和在世界中的位置。但是，如果你只考虑这一个目标，就会制作出中国现在正在拍的那种电影。它们确实在唤醒人们的意识，但也太沉闷了！就和那些愚蠢的西部片一样，只有好人和坏人，好人应该是赢家，而坏人，你得解释他有多坏。但这有什么意义呢？我认为这无异于一种强行灌输。我意识到有些东西必须改变，因为电影中的女性形象主要是由男性塑造的，并被他们所接受，也为女性所接受。作为女性，我们已经接受了自己应该美丽、衣着优雅、亲切可人，总是且只会为爱情烦恼等。这一点总是让我很愤怒，但到目前为止，我还无法改变这种形象。在电影中的女人身上我们唯一能接受的就是她与爱情的关系：她是否恋爱了，她是否恋爱过，她是否会坠入爱河。即使是独自一人，她也曾经恋爱过，或者她应该恋爱，抑或想谈恋爱。男人在电影中有其他身份。电影经常表现男人与工作的关联，男人之间的友谊，男人的抗争和战斗。但你从未见过讲述女性和她的工作问题的电影；你无法接受电影的主角是一位女医生，她在手术、病人等方面遇到了困难。你在电影中看不到由女性指导工作，也看不到她如何管理或如何与同事相处。如果女性有工作，她通常是做装饰设计、秘书，或者是邮局职员。她可以有工作，但这从来不是影片的主题。大多数电影主要关注的是女性与爱情的关系。应该改变这一点。我真的认为，作为女性和观众，我们应该为之做好准备。

莱维廷：这是自我批评吗？

瓦尔达：是的，当然，但我之前没有别的选择，否则就没有拍电影的机会了。我记得几年前我写过一个剧本，讲的是一位女教师在讲授"新数学"[1]时不得不经历重重斗争的故事，因为那时是"新数学"教学法在法国的开端。她们不得不在各个层面上进行斗争——包括与家长，家长不接受这个课程，因为他们不理解"新数学"，也不想失去他们在家里辅导孩子完成作业的权力。这是一个女人对阵家长、举办讲座、与旧的数学教学方法作斗争的故事。她的私生活只占很小的一部分。可我无法为这部电影筹集到拍摄资金。

莱维廷：制片人希望您拍摄爱情故事，是因为您是女性吗？

瓦尔达：不，不是因为我是女性，而是因为他们希望电影中的女性只与爱情有关。他们说没人会对教"新数学"的教师感兴趣。但现在情况变了，我记得美国电影《桃李满门》（*Up the Down Staircase*）主要关注的是女性与工作的关系。在这方面它做得不错。但这种电影很少见，很难筹到钱。我之所以可以把《五至七时的克莱奥》拍成一部关于女性气质和死亡恐惧的电影，是因为这个女孩很漂亮。如果你将同样的故事放在一个五十五岁的孤独女性身上，谁会关心她是否会死于癌症？谁又会来看这部电影呢？这就涉及另一个问

---

[1] "新数学"亦称"现代数学"，是20世纪中叶开始在世界各地普及的新式数学教学法。

题——观众想看什么。你认为他们想看真实的生活吗？不，他们不想。他们为什么要看每天都能看到的东西呢？如果你拍一部关于工会问题和工人每天早起的电影，你认为人们会愿意在周六晚上去影院看吗？不，他们要的是娱乐，是长得好看的人，是梦想。他们愿意提高自己对某些事情的认识，但必须是在娱乐的前提下。不要忘了，电影是一门大众艺术；人们去电影院是为了享受美好时光，而不是一直接受教导。这就是我们必须改变女性形象但也要小心谨慎的原因，不要拍得太过沉闷，以至于没有人愿意听我们讲任何东西。

我们都带着幻想生活，对美、对爱、对事业、对权力等的幻想。我不知道电影的目的是不是让人们丢掉幻想，看清这一切是怎么回事，以及他们该如何面对。我有时会想，就像在电影《幸福》里一样，这些抱有幻想的人其实比那些知道真相却无法面对的人要快乐得多。问题的关键在于，拍电影是为了让这种幻想继续下去吗？或者时不时指出仅靠幻想是不够的？还是为了向人们展示他们周围的一切及这一切意味着什么？我无法回答这个问题，因为我始终记得，电影是一门大众艺术，它牵涉大量的投资，而这些投资又必须得到回报，剧情片尤为如此——纪录片、超八摄影机（super-8）或录像作品则带有一定社会属性。我们能否找到一种既不愚弄观众又能娱乐观众的情况？例如，在《幸福》中，我试图让影片的外在形式变得如此迷人美好，如果你不想面对它的深层意义，那就不必面对。你可以把这部电影看成一幅美丽的田园野餐画并沉浸其中，想着"他是有点自私，但生活仍在继续"。你也可以思考人性的残酷意味着什么，女人的作用是什么，她怎么能如此轻易地被取代——那女人生命的意义又是什么？是不是熨衣服、做饭、哄孩子睡觉就足够了，任何一个金发女人都可以为那个男人做这些事？但你不是非得从这个层面来解读这部电影。我一直在努力拍出足够明了的作品，可惜在《幸福》中没有真正成功，我的目标是拍一部有着适当娱乐性的电影，让人们能够看到一个爱情故事，有一点风流韵事的意味，带一点戏剧性，但不要太多，让人们感受到生活可以很美好等。如果你想在另一个层面上读懂这部电影，并对以下问题形成自己的见解——作为男人或女人意味着什么，想要获得幸福这件事背后有着怎样残酷的一面，其他人要怎样为你付出，孩子多大时你可以给他们找另一个母亲等，你可以在看完它之后陷入思考。但它看起来仍然是一部娱乐片。这就是我想做的。这就是为什么它如此流畅——但这一点上我做过头了，其实并不好——我试图让它看上去像一个美丽的、令人垂涎的苹果。因为我相信，如果拍一部非常严肃的电影来提升人们的意识，他们是会离场的。大多数人一周最多去看一两次电影，他们很疲惫，而且大多数时候他们只想忘记自己的生活现状，看很多美好的东西，或者暴力的东西，因为在生活中不敢那样实施暴力。因此，要足够聪明，要能够利用观众的需求，但又不至于空洞无物、毫无意义。

莱维廷：您一般会选择与女性合作吗？您认为自己有责任促进女性参与电影制作吗？

瓦尔达：这不是我的职责，但我乐意这样做。我与女性和男性都相处得很好。我不会想着，"我已经成功了，而她们要以自己的方式去获得她们的成功"。所以我在做摄影师的时候聘请了很多助手，再用两三个月教他们怎样去拍摄，之后他们自己成了摄影师，有些现在还很有名。拍电影时，我总是会找女剪辑师和女助理。如果有合适的女性人选，我就会请她。如果有男人能更好地完成这项工作，我就会选那个男人。拍电影需要优秀的人才。如果物色的女性和男性同样优秀甚至更好，我会倾向于选那位女性，算是某种帮助。但她必须训练有素，胜任这份工作。电影业的竞争很激烈。拍电影很难，真的需要优秀的人才。但我不和女性一起写剧本。我唯一一部与女性共同创作的作品是两年前的一部关于女性的电影，但没能拍出来。

莱维廷：那部堕胎题材的影片？

瓦尔达：关于法国女性的堕胎问题。我需要了解大量的信息，我认识的一些女社会学家和女医生，她们给了我很多帮助，往影片中注入了很多我不了解的信息和强烈的感受。我和她们一起工作了两三个月，然后就独自写剧本了。我很喜欢和她们一起工作，因为当女性一起工作时，集体意识会自发地清晰凸显出来。

　　莱维廷：自从您开始拍电影以来，法国女性在电影界的处境是否发生了重要变化？

　　瓦尔达：是的，发生了巨大变化。我几乎是当时唯一的女性导演。如果说成为几乎唯一的一位是一种幸运的话，那么可以说我是幸运的。男人们总是把我当成一个"个别现象"，因为某种程度上我可以算是"新浪潮"的先行者，这是环境和教育造成的。换句话说，女性身份与我在这一行业中取得的些许成绩并没有特别的关联。

　　我认为，当有 50% 的电影制作人是女性时，我们就可以开始谈论女性和电影了，因为女性在总人口中占 50%。现在有两个问题：一个是将所有职业中的女性提升至与男性相当的数量；另一个是社会问题——如何确保那些想要孩子的女性能够在想生的时候跟她们想要的人拥有一个孩子，此外，社会应该如何帮助她们抚养孩子。这是个大问题。如果一个人有这样或那样的人生理想，却因为想要生孩子而受到彻底阻碍，那是没有用的。女性理应知道，如果她想要孩子，生理上是允许的。如果她想生三四个孩子（即使从生态学角度看这是个错误），她也不应该被"有了这三个孩子，我的职业生涯会怎么样"这样的问题困扰。女性在社会中的地位非常重要。当前情况下只有一个解决办法，那就是做一个"女超人"，同时兼顾几种生活。对我来说，我一生中最大的困难就是要做到这一点。兼顾几种生活，不屈服，不放弃任何一种生活，不放弃孩子，不放弃电影，不放弃男人（如果喜欢的是男人的话）。

　　莱维廷：我记得您在谈到《创造物》的拍摄时曾说过，您为自己加入了一场打斗戏而感到高兴。这是不是一种在男性电影世界中占据一席之地的证明？

　　瓦尔达：我印象很深刻，因为我记得那个时候人们总是说女人拍不了打斗戏、战争片，或诸如此类的东西。我从来没想过要拍战争片或打斗片，但为了某些剧情细节，必须加入两个男人打斗的场景，实际上当时我缺乏信心，觉得自己不知道怎么拍，于是请了一位专家来帮我。完成后我想，"哦，太棒了，我拍了一场两个男人打架的戏"。但之后，我觉得这很愚蠢，因为它毫无用处。

　　我当时有点自卑心理，觉得自己的能力有限。而在此之后，我不仅克服了这种自卑感，还意识到这种自卑的心理是愚蠢的，因为女性的任务并不是要证明她能做所有男人能做或知道如何去做的事情，恰恰相反，女性角色意味着做她认为女人应该做的事情。如果她想做的事情与男人不同，那就更好了。

　　莱维廷：您如何为剧本的实际拍摄做准备？是否在开始拍摄之前就精确地选好了画面？

　　瓦尔达：大部分时候是这样的。影片中有一部分来自即兴创作。我的意思是说，拍摄分两个阶段，一是影片在我脑海中形成的阶段，它通常开始于一个能给我带来灵感的地方：对《短岬村》来说是真正的短岬村，《狮之爱》中是现实里的好莱坞，而对《五至七时的克莱奥》而言则是巴黎的某些街道。当所有的制作细节都已确定，知道自己将拍摄这部电影时，我就会经常去影片的拍摄地。我试图更好地了解现实布局，以便（将人物）尽可能准确地融入环境中——让环境来解释他、为他辩护，或是攻击他、驳倒他，从而让人理解人物与环境之间的辩证关系。另外，我会做笔记来确定个人的叙述线。叙述不仅对情节的发展很重要，它还由我作为叙述者的选择构成。我努力去感受所有迹象，避免做出错误的阐释。例如《短岬村》中的素材，我记得一个特别的细节：我脑海中出现了关于木材和金属之间辩证关系的想法，我觉得（我不想把它当成一种象征手法），既然主人公是一个造船工人的儿子，他生于乡村，扎根于乡村，那我把他和木头联系在一起，当他看到树枝、看到木制的船，当他触摸到木头，就会感到安心。而她，她愤愤的样子，易怒、咄咄逼人的性格，不仅质疑自己的婚姻，还质疑双方关系中自己作为女人的地位和身份，我便总把她与金属联想在一起，与铁、铁轨、铁栅栏和铁丝网有关。这在逻辑上无法自洽，只是我的感觉。我尝试着在故事中谨慎地利用它，这样人们就能切身感受到钢铁与木头的对立。

　　某维廷：在我看来，《短岬村》可以分为两部分，一部分与村庄有关，充满了温情；另一部分与那对夫妻有关，让人感觉到拍摄者的存在。

瓦尔达：是的。在缺乏温情的地方你更能感受到拍摄者的存在。我的意思是，也许我在两个部分中作为拍摄者的存在感相当，但很明显，我对村庄和村民有感情。我想表明，他们的生活和生存问题对我来说非常重要。另外，我特意赋予这对夫妇一种文学式的风格和僵硬冷漠的态度，因为我反对当时电影一味制造戏剧性的倾向。在电影中，一个男人离开一个女人，通常是因为他爱上了另一个女人。当一个女人离开时，那是因为她有了另一个情人。至少在 1954 年，很少有人会对夫妻的概念提出质疑。这是一个哲学或道德问题——无论人们想怎样定义，而不是这对夫妻的问题，不是他有没有这样或那样做的问题，而是夫妻本身的问题。他们的对话也几乎都是抽象的。因此，我要求他们不要显得特别真实，也不要特别亲切，不要情绪化，既没有实在感，也缺少感受性，我有意让观众很难以"温情"的方式去体认他们。我希望他们与观众之间因此保持冷漠的距离。人们会感受到摄影的存在，是因为当人们感觉到距离时，他就成了窥视者，开始看到画面本身。

莱维廷：雷乃承担了这部电影的剪辑工作，您是否从与他的合作中学到很多？

瓦尔达：是的，在剪辑这部影片时，他让我意识到电影是存在的，它有自己悠久的历史，有一些很美的影片，有一些我天真地想要自己创造却早已存在的东西。必须承认，《短岬村》是一部稚嫩的电影，就像作家在创作自己的第一部小说时，立志要革新文学，然后被告知："但是贝克特已经这么做过了，尤内斯库那样做了，还有乔伊斯……"所以我没有自命不凡。雷乃说有几处像是受到了维斯孔蒂（Luchino Visconti）的启发——严格来说不能算启发，因为我那时候从来没有看过维斯孔蒂的电影，他说那些段落很像维斯孔蒂，我就对自己说，现在我要开始思考我可以做些什么更有个人特色的作品了。

莱维廷：您有没有形成自己指导演员的风格？

瓦尔达：没有，我并不觉得自己是一个优秀的演员指导者。也许是因为我认为场景和所有其他元素都能表达很多内容，而这些可能没法在表演中得到很好的呈现。这与戏剧恰恰相反。我一直认为，戏剧与演员的表演紧密相关，而电影应该从演员的表演中抽离出来，转而利用余下的东西。当我后来指导演员时，我试着让他们做好准备，但不是用心理或精神方面的说法。你必须用具体的语言对他们说："您扮演的这个人很笨拙，他是这样穿鞋的……"点明吃饭慢或快的区别，提及拿起叉子的方式，这些都有助于演员塑造角色。

莱维廷：您经常提到希望观众能够清楚地理解您的意图。为观众制作电影对您来说重要吗？

瓦尔达：这是我经常问自己的一个问题：我是否想为短岬村的渔民拍摄一部电影？我举这个例子是因为他们是我非常喜爱的一群人。（不是出于什么政治意识形态的考量。）我的回答是"不"。不，因为他们在自己的众多传统和资产阶级异化（颇为怪异）之间还有很长的路要走，而资产阶级异化是最能麻痹渔民的因素。工人们的资产阶级观念通常是最明显的。他们常常梦想得到资产阶级拥有的东西。他们的道德观通常比较狭隘，因为他们想认同资产阶级，而资产阶级自身却正试图获得道德上的自由。这是众所周知的事情。正是在这个层面上，我反对让-吕克·戈达尔的政治观点。我的政治立场不够激进，无法宣称：从现在起，我要为短岬村的渔民和雷诺工厂的工人拍摄电影，让他们在欣赏电影的同时，也认识到自己、获得认同感，并认为电影与他们息息相关。我不够保守，也不够激进，又太过自负。我仍旧是资产阶级文化的一员，在这种文化中，电影是由艺术家制作的。

"Mother of the New Wave: An Interview with Agnès Varda", from *Women and Film*, nos. 5–6 (1974).

阿涅斯·瓦尔达谈电影

米雷耶·阿米耶尔（Mireille Amiel）/1975

阿米耶尔：自从《狮之爱》之后，我们就很少听到阿涅斯·瓦尔达的消息了。这段时间她一直忙于创作《一个唱，一个不唱》。我们得到了一个难得的契机，请她来谈谈她的作品。我原本计划进行一次采访，结果却得到了受访者的一份长篇独白。

瓦尔达：《达盖尔街风情》这个项目具有双重性，可以说它既是一位纪录片导演的作品，又是一名女权主义者的作品，这两个身份都是我所喜欢的。这是一部关于我所在街区的电影。达盖尔街是一条奇怪的街道，住着一些没什么钱的普通人，还有很多艺术家，后者被这个所谓的穷人街区所吸引，尽管经过了一些改造，这条街仍然保持着它的草根魅力。

这是我的街区。这些是我日常光顾的商店，我一直对它们很感兴趣，特别是其中一家叫"蓝蓟"的店，这是一家集裁缝店、杂货店和香水店为一体的商店，是我知道的唯一一个可以买到二十克米粉和三百毫升古龙水的地方（需要自己带瓶子）。制作古龙水的是店主本人，他是个了不起的人，他的妻子更了不起。她患了失忆症，就像是这个商店和这条街道构成的封闭世界的囚徒。在这个小小的商业世界里，她像是幽灵般的存在，一直让我着迷。

去年，德国电视台为我提供了一个拍电影的机会，而且由我自由决定拍摄什么。就是这个时候，我有了将其与另一个主题——女权主义——相连的念头。就在此前的一年，我的第二个孩子马修出生了。一边工作一边照顾婴儿是很困难的，即使有帮手也丝毫不轻松。这不仅仅是换尿布和长期缺乏睡眠带来的疲劳，孩子需要母亲的陪伴和关注，而作为母亲，你也想花更多时间去爱他、享受他的陪伴。在外出或影片拍摄期间，你不可能总是把孩子带在身边。十六年前我在第一个孩子罗莎莉出生后就经历过这种情况。那时刚好是夏天，我在蔚蓝海岸工作了几周，进行《海岸线》的拍摄。即使在那时也是很不容易的。

所以这一次我哪儿也去不了。我有一年的时间来完成这个项目。我被困在家里，我告诉自己，要成为女性创造力的范例，哪怕被家庭和母亲身份所困。我想知道，在限制之下我能做出些什么，能否在层层制约下激发自己的创造力？最后，我意识到这与克服其他类型的限制没有什么不同，就跟拍摄一部受委托制作的电影面临的限制一样。（我为法国旅游局拍摄

了《季节，城堡》和《海岸线》。）这一次，我将面临许多其
他女性都必须面临的限制条件。

完全日常的拍摄方式

从绝大多数妇女被困在家里的事实中，我萌生了这个想
法。我也把自己捆绑在灶台上。我构想出一条新的"脐带"，
这是一条九十米长的特殊电线，连在我家电箱上，这是我为
自己拍摄《达盖尔街风情》设置的空间范围。我只能在电线
的长度范围内活动，我将在这个距离内找到需要的一切，不
能再往外走。这使得这部电影除了纪实性之外，对我还有特
殊的意义。

上述意义体现在各个层面上。首先是景观层面，它无
处不在。其次是社会层面，这一点尤为重要。我们经常会说
"沉默的大多数"，这是事实。这个表述最能准确描述那些工
作者。正如他们所说，他们是勇敢的，但对政治不感兴趣，
也没有时间参与政治，只希望一切都不要改变，因为他们必
须专注于解决各种生存难题。

当他们讨论政治（蒙帕尔纳斯大厦[1]、大型超市问题）的

---

[1] 巴黎市区的一栋现代化大楼，建于1972年。因其风格被认为与周边景观不
协调而饱受批评和争议。

时候，他们甚至不知道自己在谈论政治。革命或社会变革，被看成对他们经营的商店的威胁。这就是为什么他们被称为"沉默的大多数"，他们从不对事件进行政治解读，或者说他们认为这些事情与自己无关。

我认为，虽然有拍摄电影的条件和机会，但我和其他任何人都没有权利去评判这些人和他们的行为。即使我们知道，他们的确对这个社会负有部分责任，他们和我们一样，和我们完全一样。

因此，我的目的并不是拍一部政治电影。我不会去问这些人"经济怎么样？税收呢？未来呢？您希望事情发生变化吗？那您会把票投给谁？"

我试图让拍摄方式完全融入邻里的日常生活，尝试去捕捉他们的生活方式和他们的姿态。这些小店主之间有着一套特有的肢体语言，其中有很多令我着迷的地方。

沉默与力量的关系

首先，让我们看看商业世界的一些惯习。我所说的"惯习"不仅仅是指语言，"您好吗？今天的天气如何？"等，还包括更微妙的行为，比如说等待的艺术。每个人都知道，商人必须在他的商店里等待。有时，这种等待可能非常漫长。商人要顺从客户的意愿。但只要顾客一上门，从他踏进商店的那一刻起，顾客就成了那个需要等待的人。即使是最简单的需求，他也要等上一等。这就是规矩……我不会把它说成"报复"，而是一种"有来有往"。此时，相互打量的过程就开始了。在商店里，与"顾客就是上帝"的说法相反，商人才是国王。这种无声的斗争和小心的打量就是一部简单的纪录片所能呈现的。

说到"简单"，这也是女权主义的另一个方面。我的工作方式就是简单地去拍摄日常生活的简单性。

它也许不是从第一层面（主观层面）出发。我的确可以拍一部关于我自己的电影——做饭、照顾孩子、尝试写作，但我更愿意呈现和见证那个对女性开放的世界，向一个走进商店购物的女人敞开大门的世界。

因此，第一个问题是，我们对商人的生活了解多少？

另一个问题是，商人的工作是什么样的？对那些刚开始以夫妻模式经营的人而言，最常见的是女人作为销售，售卖那些由她丈夫制作或准备好的产品。

我的电影并不涉及对"女人作为丈夫的助手"的女权主义反思，但这是一个令我着迷的问题。

屠夫的助手、裁缝的助手……所有这些妇女都与她们的丈夫紧密地、坚实地关联在一起。

因此，从女权主义的角度来看，这部纪录片的第三个问题在于：要怎样拍才不算是一种"强奸"？

好吧，"强奸"这个词可能太过了。但要知道，在我看来，有一大批纪录片都有意识地采取了一种侵犯性的态度。

我想避免这样的做法——"好的，他们现在被带到了我们设计好的位置上，一切就位"，这让拍摄纪录片看上去像一场围猎，而我不喜欢围猎。

有些电影用起变焦来就像患了帕金森综合征！他们像钓鱼一样等待，等待着那些表现痛苦的紧握的手，或者像生了虱子一般挠头的特写镜头。当然，这种类型的纪录片也不是没有价值。只是我拒绝以这种方式进行拍摄。

理解姿态

首先必须达成一项共识。我们当然想在电影中最大限度地展现事物，并且我也无法保证永远不会在人们不知情的情况下拍摄他们，但需要这样做时我会事先与他们达成共识。

因此，我所做的首先是征求店主们的同意，允许我从客户摇身一变，成为电影制作人，并告诉他们，我想要了解他们的日常姿态、工作节奏，还有他们如何应对等待的艺术。我告诉他们这部电影的事。必须坦陈，我并没有跟他们讨论我对他们渴望静止不变的臆测。我没有（也不能）告诉他们，我的目标是理解"沉默的大多数"这个概念。

我怎么能说"你们是沉默的大多数，我对你们感兴趣，因为我根本不理解你们"？告诉他们事实的另一面似乎更容易一些："我们彼此认识，我希望我们能更好地了解对方，所以我绝不会在我的电影中背叛你们，而只是尽可能地去拍摄你们。"

从这个角度来看，我的拍摄手法是非常重要的：它必须服务于我的拍摄目标，并服从电影的精神。

在这一点上，我有幸能与一位杰出的女性合作，她就是我的摄影师纳丽丝·阿维夫（Nurith Aviv）。她完成了整部影片的拍摄，非常安静地把摄影机放在肩头。她总是手持着拍摄，但镜头很稳。

我们的想法是让摄影机一直运行，灵活、分散、无声，不轻易更动。有时纳丽丝会动也不动地在那里站十分钟，静静等待，并不拍摄，只是等待。

唯一采用了固定机位的部分是"达盖尔街的肖像"。

至于变焦，影片中几乎没有用到。变焦是一种暴行！当然，它们非常实用，可以在一个手势或动作的过程中调整镜头，但我们真的必须在最低限度上使用它。

问题在于，如果你想接近某人，就必须缓慢靠近。在物理和道德层面都要慢。任何人物特写都应该尽可能温和，尽量以一种生理和肌理上都正确的方式捕捉他们的真实动作。摄影机的移动也应该遵循电影的节奏，而这部片子的节奏非常缓慢。我们必须努力忘记那些强调快速变化的循环跳切。

我对纳丽丝·阿维夫的摄影工作非常钦佩，她的画面显示出她对拍摄对象深深的尊重。

一点超现实的好运气

我们用了连续十天的时间，拍摄了影片的第一版。拍摄从咖啡馆的表演开始，虽然最终没有全部用上，但可以说达到了最佳效果。当时我们并不确定会发生什么，也不确定魔术师会在哪一天表演。我们决定这部分最多只拍两次，并让这条街上所有的店主尽可能都来参加，也好让这一晚的聚会热闹起来。在魔术师的表演中，我决定只拍摄与店主们有关的部分：用到纸钞和其他物品的部分，比如米和酒。而在拍摄观众时，我主要拍的是店主中的那些已婚夫妇。

有时，机会以近乎超现实的方式在我们眼前闪现。这简直让我着迷……比如说，在当天所有观众中，是理发师接受了邀请，跟平日里由他剃须的顾客们一样，以相同的姿势坐在椅子上，头向后仰，听任魔术师发号施令："不要动！我可不想割到您的喉咙！"

表演场景之后，我们逐一拍摄了每家商店。我们只是观察着人们和他们的姿态，偶尔问一两个问题，例如："您在这里住了很久吗？""您在哪儿出生？"或"你们什么时候认识的？"然后我们停止拍摄，我开始剪片子。把所有这些材料组织在一起真的很困难。第一轮剪辑花了我两个多月的时间。我试图在表演场景和店铺之间找到一种理想的平衡。比如说，对商店缓慢细致的介绍必须放在影片开始时，这一点逐渐明朗。一旦魔术表演开始，节奏加快，之后观众就不可能再忍受这么平缓的节奏了。因此，我决定以可怜的商业世界开场，然后是咖啡馆的聚会，随后用一系列平行剪辑引出思考的要点。

从无梦的睡眠到死亡

此后，我们继续这样拍摄和剪辑交替进行，以便更好地看到哪些地方需要重点强调，比如说，工作中的手的镜头。随后，我问了那个关于梦的问题，它无疑具有重要意义，而且印证了影片的深层连续性：从达盖尔街风情到睡眠，从无梦的睡眠到死亡。一切都回到了影片的中心主题：静止——静止的睡眠，同时是静止的思想，它拒绝梦境，因为梦会带来混乱和麻烦。拒绝梦，就像拒绝社会运动一样。通过这个简单的问题，谈话变得更加政治化了。

我越是靠近这个世界（它确实不属于我），一个我强烈不认同其政治立场的世界，这个世界就变得越棘手、越难以接近。它以拒绝回答问题来表现其无形的顽固。在我们整个拍摄过程中，这个世界表面上的和善礼貌、热情包容丝毫没有减少，但在所有这些朴素中，我越来越意识到他们对我问题的回答是"离题"的。

我与邻居们的关系一直若即若离。我在那里住了很久，认识每一个人，他们也都认识我。毫无疑问这一点大有帮助。但与此同时，我是边缘化的，我是一个"艺术家"，我的生活与他们的生活相去甚远，不管是我的私人生活——他们日常看到的部分，还是我的职业和公众生活——他们通过杂志、电视及反堕胎游行了解到的部分。

但现在，我们第一次有了工作上的关联。不仅因为他们是我的拍摄对象，还因为他们突然发现，电影剪辑是一个需要几个月才能完成的过程。就算他们在黎明时分起床而我在八九点起床，就算他们被禁锢在自己的店铺里……当他们看到我工作中所需要的耐心时，这一切突然间就有了不同的意义。

现在，当邻居们看到我拿着电影胶片盒（尽管他们以前也见过），他们就不仅知道自己有可能出现在盒子里的胶片上，而且还能知道制作电影需要花多少时间和心血。

电影是一种梦境

7月，我们为邻居们放映了这部电影。我们还为此搞了一个"夏日街头电影院"。先放映了电影（每个人都带着椅子来观看），然后大家坐在一起边喝桃红葡萄酒边进行讨论。但坦率地说，讨论并没能进行得很深入。他们在银幕上看到自己时的喜悦确实一目了然。但我的评注和我的思考，以及我对他们的动作和叙述所进行的蒙太奇剪辑都没有得到任何评价。我不由得认为，在电影中，音轨对人们的影响比画面要小得多。

尽管这些人是电影的主角，但与他们之间的讨论从来都不是开放的。我感受到了自己在拍摄时观察到的同样的无声拒绝。拒绝在固有看法之外再多加评论。在他们的潜意识中，"我们代表着商店店主，她代表着电影制作人"。他们之中似乎没有一个人感到自己的生活受到了某种程度的质疑。他们中似乎没有一个人想要更多地了解自己。他们拒绝了这部电影，就像他们拒绝梦的存在一样。电影是一种梦境，在他们那里也遭遇了同样的抗拒。

有人说法国电影是资产阶级文化的产物，只关心资产阶级的问题。我们中许多人都觉得需要有一种讲述其他群体的电影，但这真的很难，《达盖尔街风情》就证明了这一点。这部电影可以被视为对这一街区生活状况的审视，但它很难成为对这种生活的集体反思。当然了，有些电影制作人有过不同的经验，例如马林·卡尔米茨（Marin Karmitz）的《为自由而战》(Coup pour Coup)。

通过拍摄处于危机中的女性，并让她们利用这个机会谈论自身的危机，卡尔米茨为她们提供了极大的帮助，帮助她们（最终也帮助了观众们）更客观地看待自己。

我拍了一部见证式的电影

《达盖尔街风情》上映后，偶尔会有人指责我做无用之功，因为我曾坦言自己没能成功调动影片中的人物。当然，这样说并没有错。但我想回应的是，我的电影是对该地的见证，是一份档案，它的目标是理解一个特定历史时刻出现的现象，这份档案属于电影资料馆或图书馆，它是有关某一年某一街区的某种生活方式的记录。

1954 年，在《短岬村》中我曾经做过另一项实验。在那部电影中，一对夫妇试图了解对方，而故事发生的环境是非常具体的，是一个渔村。故事发生时，这些渔民的生计受到了威胁。大工业企业之间的竞争造成的污染使他们的生计岌岌可危。在这个特殊的情境下，我感兴趣的点是公共和私人之间、主观性和普遍性之间的辩证关系，这也是我在自己其他影片中感兴趣的主题。固有观念和固有观念之中隐藏的东西。

我认为我所有的电影都是如此，包括《穆府歌剧》，这部影片讲述了一个人如何在怀孕并感到无比幸福的同时，意识到生活中的苦难和衰老，那是穆府塔街的寻常景象，甚于其他任何地方。这种对比是如此地显著，如此让我着迷。

回到《短岬村》，这部影片讲述了一对夫妇之间的矛盾，他们试图理解自己身上发生了什么，还有这个特定的外部地理和政治环境中发生的事情。这部电影是为渔民创作的，也是与他们一起创作的。我把他们告诉我的东西及我从他们关注的事物和话语中理解到的东西放在了电影里。在我专门召开的电影筹备会议上，他们还讨论了要由工会申请，建立一家当地所需的水处理厂。所有这些在几年后都实现了。我并不是说这部电影是推动这些变化的唯一因素，但它确实起到了促进作用。

另外，几个月前，短岬村的居民和他们的孩子请我再组织一次电影放映。来看电影的那些二十五岁左右的年轻人就是当年影片中的小孩。我从他们那里得到了肯定和积极的反馈，听到了像是在翻阅家庭相册时会听到的那类对话。

一种神奇的非政治性力量

他们谈论自己、谈论成长，讲述那些过去的故事，但没人提到水处理厂或工会。他们看到的画面有一种神奇的非政治性力量。他们讨论的主题是时间的流逝，还有图像如何让昨日重现。

我想，《达盖尔街风情》会带来同样的效果。也许我正在创作的是一种"作者即证人"的电影……我相信我拍的是**作者**电影，但我不太喜欢**作者**这个词，它的含义太有限了。不管在什么情况下，我都会把自己置入我的电影之中，这么做不是出于自恋，而是想要以自己的方式保持真诚。

在 1967 年去美国之前，我基于自己的感受，写了一个关于当年 4 月希腊军事政变的故事（我有一半希腊血统）。我把这个剧本提交给法国电视台，但他们两年后才给出答复。我回到法国两周后收到他们的接受信。我们拍摄了这部电影。电影主角是年轻女演员米丽娅姆·布瓦耶（Myriam Boyer）

和弗朗斯·杜尼亚克（France Dougnac）。可不巧的是1970年法国向希腊军政府出售了大量"幻影"战斗机，所以……

人们害怕女性电影人

这部影片从未在法国电视台播出。有一些电影节发出了邀请，但影片从未寄出。没有人告诉我这部电影的现状。当人们问起时，电视台的人总是回答："影片还没有完成，还不能播出，以后再说。"他们向我付了钱，我没有这部影片的版权（而且因为没有播出，他们从未向我支付过剧本费用）。现在这部电影已经完全过时了……这是必然的……因为它的主题时效性很强。

那是我少有的受到了政治审查。在过去的几年里，我的女权主义观点给我的工作带来了一些困难。以前没有任何问题。作为一个电影制作人，我过去从未引起他人的恐惧。现在，人们对女权主义电影制作人感到害怕。

我不认为身为女性是一个问题，这只是一个事实。多年来，这一事实已经化为一种思维方式，尽管也许并不总是像我希望的那样以清晰的方式呈现在电影中。

要确立自己的女性身份是很困难的，无论在社会交往中、私人生活里还是在身体方面。这种身份探索对一名电影制作人来说意义非凡：我试图以一个女人的身份来拍摄。

从《五至七时的克莱奥》到《女人的回答》，我的作品当然发生了相当大的转变。

在这十四年里，我学到了很多东西——这也应当。在女权主义方面，得益于所有参与女权运动的女性、美国的激进女权主义者和理论家，以及 1968 年"五月风暴"之后的法国女性，我获得了许多关于自己和女权主义本身的了解（即使我一直是个女权主义者，即使我认为自己在生活选择上、思想上，尤其在我拒绝的事情上，都是确定无疑的女权主义者）。但所有这些都没有改变我对《五至七时的克莱奥》这部电影的认同。因为它表达的是（在我看来如今仍然表达着）一个年轻女性对身份的探索，而这始终是女权主义宣言的第一步。

从被凝视的对象到看的主体

影片一开始，克莱奥把她的整个自我意识建立在他人的目光上，她完全符合人们的刻板印象（也因此被物化）。克莱奥是社会期许中女性的化身，高挑、美丽、金发、曲线玲珑。因此，影片的全部动力都集中在她拒绝维护这个刻板印象的时刻，集中在她不想再做被凝视的对象，而是想观察别人、成为看的主体的转变。她撕掉了那些构成刻板印象的要素（假发、饰有羽毛的衣裙等），把以这种方式定义她的人（情人、钢琴家、助理）通通抛在身后，衣着平常地走到街上，开始观察。她看着其他人。她不再是一个被凝视的对象，而成为看的主体。当她遇到那个士兵时，她很快与之交谈（如果是以前，她不会注意到他，会认为他是个讨厌鬼）。

这可是意义重大的一步：发现另一种男女关系，它不再只建立在情色吸引、对主导权的争夺、社交游戏或性别歧视玩笑的基础上！

我认为这是女权主义革命的最终目标之一。这也是为什么我认为虽然两者间存在明显转变，但《五至七时的克莱奥》和《女人的回答》之间并不存在断裂。

《女人的回答》最初是为法国电视二台一档名为《F代表女人》的节目写的大纲。他们向一些社会学家、律师和历史学家提出"作为一个女人意味着什么？"的问题，也把同样的问题抛给了三位女性电影制作人：柯琳娜·塞罗（Coline Serreau）、尼娜·康萍兹（Nina Companeez）和我。我们有七分钟左右的时间来回答。我给出的回答是，"我们总是在谈论女性的状况和女性的角色，但我想谈谈女性的身体，谈论我们的身体"。

因此，我的目的是能够谈论身体，并以我们自己的方式去呈现它，作为一种肯定，而不是作为展示。我们与节目导演反复讨论了是否可以放入女性性器官的特写。"可以，但是……"最终这个特写镜头在节目播出前被剪掉了。但我还是得到了许可，在节目结束后重新把它加进来，完成这部电影并进行商业发行。

　　我很希望有一天《女人的回答》能够在影院播放，在一部贝尔蒙多（Jean-Paul Belmondo）或阿兰·德隆（Alain Delon）的电影，抑或任何一部男性电影之前放映，在这些电影中，女性总是被塑造成没有骨气的样子（哪怕不是妓女或逢迎类的角色）。

我们必须夺回欲望！

　　对我来说，作为一个女人，首先意味着拥有女性的身体，一个没有被分割成一系列令人兴奋的部位、一个不局限于所谓的性感地带（从男性视角所做的分类）的身体，一个有着更为精细的地带区分的身体。

　　你只需要想象：一个女人，她想要腋下部位得到爱抚，她这样说了之后，爱人却向她抱怨自己又不是她的理疗师！我们必须坦然地宣告我们的女性渴求，**我们的**欲望！

　　此外还有许多其他权利，例如，选择是否怀孕的权利。我致力于保护这项权利，并希望看到它被赋予真正的价值，在任何家庭问题或国家问题之外的价值。怀孕是一件奇妙而可怕的事情。自然分娩技术的进步有其局限性，甚至可能使分娩变成一种冰冷的无感体验。他们告诉你，"吸气！用力！呼气！这很容易！让自己平静下来，服用一些安定剂，睡觉，吃点镇静药"等。孕期最后一个月医生的处方更是完全违反常理!（我把我的处方扔进了废纸篓。我想按自己的意志生活，如果这个阶段我睡不好，那我也欣然接受。就算我经历了十五个或二十个不眠之夜，感受到孩子在肚子里踢我，那又怎么样呢，至少我有了可以讲述的奇妙经历!）

总之，我已经在之前的一部短片里展现了社会上对怀孕的一些误解。《穆府歌剧》是一份孕妇笔记，她毫无惧意地展示了怀孕的真实模样。

1958年，我已经开始关注矛盾（我最喜欢的主题），一个孕妇感受到的希望和穆府塔街的绝望图景之间的矛盾。

固有看法与图像之间的矛盾

在我看来，这种辩证关系和模糊性，以及头脑中的固有看法和现实生活图景之间的矛盾，确实是我所有电影的主题。《五至七时的克莱奥》中是主观时间与客观时间的矛盾。《幸福》中是对幸福的温和认知与它的残酷现实之间的矛盾，这个残酷结构主导了每个人物的活动。在这部影片里，让很多女性甚至某些女权主义者真正感到不安的是，在代表幸福的柔和色彩和美好画面（和媒体、广告公司创造的形象以及我们习惯欣赏的美丽图画一样）背后，我们发现了一个非常残酷的事实：女人/妻子可以如此轻易地被另一个女人/妻子取代，只要她履行与前任相同的职能，做饭、照顾孩子、浇花、亲吻丈夫、满足他的性欲等。因此，尽管拍摄这部影片给我带来了快乐，让我得以享受野餐、享受有孩子和树木在旁，享受着以大胆的方式展示这一切的乐趣，但我并没有忽略我的主题。

《幸福》不是对徘徊于两个金发女郎之间的一个自负男人的心理刻画。它是对某种幸福图景和幸福认知的细致甚至近乎狂热的揭示。它聚焦于姿态和姿态的作用，锲而不舍地阐发它们的意义，使之最大化。

这部电影激怒了很多女性，我理解她们。正如我理解她们有关电影中性别歧视和职业歧视的讨论一样。

但我想说，我并没有因为自己是女人而遇到什么特别的阻碍，我的问题并不比罗齐耶（Jacques Rozier）、里维特（Jacques Rivette）、雷乃或侯麦（只是列几个名字以 R 开头的男人）更多或更少。但我不接受人们因此对我叫喊，把我看成缓解男人们良心不安的例证（alibi）——即使这有一点真实成分。只要我一直都是"小瓦尔达""小阿涅斯"，是"新浪潮"那一代人中的例外，我就不会成为任何人的阻碍，甚至得到"同行"和同伴们的帮助、支持和赞赏。

赌上你的男人

然而时代在变。越来越多的女性投身电影制作，我自己也有了一些更为激进的女权主义题材，一切都不一样了。我发现，以前受到官方机构和自由制片厂优待的宠儿如今不再受宠。情况已经与 1954 年我拍第一部电影时不同了。我意识到自己需要创造一种新的电影语言，而不仅仅是调整风格。即使我足够幸运，"自然而然地"成为女权主义者（从我拒绝的东西和为对抗限制而做的坚定选择中可以看出这一点），即使我足够幸运，在 60 年代的社会运动到来之前，我的电影作品就获得了认可，但我的想法和作品仍然属于这场"运动"。对我来说，这一切始于 1967 年的好莱坞，在那里，教我加州俚语的朋友丹尼丝跟我谈起她正在教授的一门社会学课程："女人和她的形象"。我由此开始阅读相关人士的理论：舒拉密斯·费尔斯通（Shulamith Firestone）、凯特·米利特（Kate Millett）和杰曼·格里尔（Germaine Greer）。

我还记得这一时期流传的一些更有力的观点：美国人说，只有当一个女人与她的男人处于岌岌可危的关系中，她才开始成为女权主义者。不论男人或两人一起的生活多么令人兴奋、有趣、奇妙和丰富，都必须受到质疑。

如果不让自身的亲密关系承担受损的风险，就不可能有女权主义运动。

1966—1972 年的总结

当我在 1969 年夏天回到法国时，左派女性开始在斗争中反省自身的依赖性，"妇女运动"由此诞生并慢慢发展起来。我以自己的方式参与了斗争。当他们需要人手时，我就去街头游行。当他们需要发声时，我就去博比尼喊口号。我参加过一些会议，但并没有把大量的时间投入运动中。我有太多的事情要做，在职业和私人的双重生活之间蹒跚前行。

1966 年之后，我写了一堆没有机会拍摄的剧本：《圣诞颂歌》(Christmas Carole)、《镜中的埃莱娜》(Hélène in the Mirror)、《维韦卡》(Viveca) 和《聪明女人》(the Wise Woman)。

没有一条路走得通。我通过演说和写作来反对我们时代的成见。我还与几位女性合作，为创作《我的身体属于我》(My Body is Mine) 进行了大量阅读和研究。

国家资助部门的人依然拒绝为这个项目投资，跟其他拍摄计划一样，我的申请遭到了拒绝，无法达成合作。那是1972 年。

幸而我 1969 年在美国拍摄了《狮之爱》与两部短片——《扬科叔叔》和《黑豹党》，还写了另一个剧本《和平与爱》(Peace and Love)。

回到法国之后，我在 1970 年为法国电视台拍了《娜西卡》，该片因为政治问题被禁播。所以我在 1966 年到 1975 年之间没有什么作品。

我承认那时我很低落，也感觉到了自己的女性处境所带来的矛盾。

我期盼已久的马修·德米在 1972 年出生，尽管我欣喜万分，但也因不能继续工作和外出而有些不满。哪怕我有了一个小孩，也会因不能继续拍"我的"电影而感到沮丧。

《一个唱，一个不唱》

一位电影制作人的女性境况是具体而直接的，这也是我拍摄《达盖尔街风情》的原因：连在"脐带"上拍电影的经历，全职妈妈拍的一部电影……我们在前面谈到过这些。

我开始筹备《一个唱，一个不唱》（终于有一个剧本获得了政府资助），拍摄和制作将在 1976 年春天开始。

这是两个十五岁女孩的故事，有关她们的生活和想法。她们必须面对一个重要问题：到底要不要生孩子。她们各自坠入爱河，遇到了工作、形象、观念、爱情等方面的矛盾。这是两个了不起的角色，两个截然不同的女孩，差别首先就在于一个会唱歌，另一个不会。是的，影片中有歌曲。这是一部女权主义音乐片。

故事中的三位男主人公都很不错。然而，仍然有一位制片人给我写信，表明他不会为一部愚弄男人的电影投资一分钱。当我问他是什么意思时，他说，影片中的男人还过得去，但他们没有足够的出场时间。这倒是真的。在一个女人的生活中，男人（即使是一个被爱着的男人，无论他多么不凡）只占 5.1% 的时间。她还有工作、孩子、其他朋友和社交生活。颠倒一下，男性电影这么做就不成问题：有多少西部片中女性的出场时间超过 5%？在多少警匪片中能经常看到女人的身影？又有多少部心理剧做到了？显然，男人们还没有准备好接受形势的变化。是的，《一个唱，一个不唱》将女性作为主体，而且不存在客体！所以我们能看到一些有趣的故事，但不一定是**他的**故事。

"Agnès Varda Talks about the Cinema", from *Cinéma* 75, no.204 (December 1975). Translated by T. Jefferson Kline.

阿涅斯·瓦尔达：要清晰简单

杰拉尔德·皮尔里（Gerald Peary）/1977

阿涅斯·瓦尔达令人振奋的作品《一个唱，一个不唱》被选为1977年纽约电影节的开幕影片，她身材娇小，性格却很强势，言辞尖刻，固执己见，近乎无礼。她不穿鞋子光脚坐在纽约酒店房间的沙发上，这位身高五英尺的"左岸百合"穿着一条紫色田园风格的裙子，为一场争论做好了准备。瓦尔达无法理解，眼前这位影评人怎么会对她最喜欢的女导演——匈牙利导演马尔塔·梅萨罗什（Márta Mészáros）的作品知之甚少。"她已经拍了六部电影，其中三部非常出色。所以说，我很奇怪您怎么能够以'专业人士'的身份自居。"她还对我最喜欢的导演多萝西·阿兹纳（Dorothy Arzner）的两部电影进行了奚落。"我讨厌它们。我以为她是个男人！我不会因为一部电影是女人拍的就对它感兴趣，除非她在探索新的影像。"

　　对于我提出的关于《幸福》的相当不得体又浅显的问题，瓦尔达反应激烈。"我们不要再回到那个话题了，"她略带怒气地说，"那已经是十多年前的事了。"上千个人问过瓦尔达，她怎么能拍摄一部妻子投湖自尽，好让丈夫与情妇逍遥快活的电影。

　　她略显倨傲地回答："有些人看懂了《幸福》。""女观众们恼怒地问：'您怎么能用一个女人取代另一个女人？'生活就是这样。在战争中，一个男人被另一个男人取代。在生活中，一个女人会被另一个女人取代。"另一个分歧在于，瓦尔达不能容忍对《幸福》结尾（丈夫高兴地娶了情妇）清教徒式的反应。"如果他的妻子自杀了，而他想和另一个女人愉快地在一起，他有这个权利！您觉得他应该哭上二十年吗？"

　　《一个唱，一个不唱》让瓦尔达重新回到有着公开立场的女权主义导演前列。但她对一些导演近年来将目光投向其他地方无法释怀，比如英格玛·伯格曼。"您知道的，他在医院里待了有十年。每部电影之间，伯格曼都像一具尸体一样倒下，然后他就会拍出一部美丽的电影，里面的女人充满了焦虑。"罗贝尔·布列松（Robert Bresson）也是。"布列松是个天才，但他电影中的女人们要背负一切。"

　　瓦尔达是风格独特、备受赞誉的法国"新浪潮"导演中的佼佼者，她 1962 年的作品《五至七时的克莱奥》经常被拿来与特吕弗、戈达尔、雷乃等人的作品相提并论。然而，近年来瓦尔达的电影在美国的观众越来越少，评论界也对她越来越缺乏兴趣。

由凯瑟琳·德纳芙和米歇尔·皮科利主演的《创造物》几乎没有在影院上映。《狮之爱》则是一部以洛杉矶为背景的地下电影，作为 cult 片获得了些微声誉。这部电影是瓦尔达最"超前"的作品，包含了沃霍尔式的对性关系的幻想：打扮得像嘉宝（Greta Garbo）的维瓦与《头发》的两位男主角在床上翻滚。在《达盖尔街风情》里，瓦尔达为她居住的巴黎达盖尔街拍摄了一部充满敬意的纪录片，但该片尚未在美国发行。

瓦尔达十分坚定且向来如此，《一个唱，一个不唱》与她早期作品的不同之处更多在于手法而非思想意识，这是她自十八岁以来在女性问题上不懈斗争的最新表现。她在法国长期参与支持堕胎的活动。（《一个唱，一个不唱》中再现了法国最著名的女权示威活动。在博比尼审判中，强奸少女的罪犯告发了受害者堕胎的行为。）女性电影？瓦尔达对我说："听着，我从 1958 年就开始拍摄女性电影了。《穆府歌剧》是一部关于怀孕过程中的矛盾感受的短片。当时我怀孕了，人们告诉我应该保持愉悦，像鸟儿一样自由。但我在拍摄的街道上环顾四周，只看到那些曾经带着期望降生的人们，如今生活在贫穷病痛之中，充满绝望。"

瓦尔达还谈到了她的实时剧情片《五至七时的克莱奥》，该片讲述了一位美丽的女歌手以为自己得了癌症的故事。"这部电影讲述了一个消极的女人变得积极的故事。她摘下假发，开始观察人群。有时候，女人需要死亡这样巨大的冲击。"是的，艺术家的特权就是自相矛盾。突然间，瓦尔达回头指责《幸福》中的妻子，因为她对丈夫在外面有情人保持缄默。"那个女人想成为天使。没有人是天使。她应该对他说：'见鬼去吧！你只能和我在一起。'"

在拍摄非女权主义题材的左派电影时，瓦尔达也在逐渐完善自己的女权主义艺术理论。在《向古巴人致敬》中，她把自己在古巴拍摄的数千张照片串联起来，使之成为有生命的作品，这部作品"表达了对社会主义和恰恰舞的看法，不管是坚持社会主义还是女权主义，我们都不必过于沉重。女权主义也可以很有趣"。《远离越南》以反面例子证实了瓦尔达的理论。她与多位法国知识分子导演（戈达尔、克里斯·马克、阿伦·雷乃等）合作，拍摄了一部沉重的、说教式的反战长片，"这对任何人都没有助益。我们不够简明。这是左岸派知识分子的一次时髦文化艺术之旅。您认为我们成功地让农民和工人对越南产生了'哇，这不就是阿尔及利亚战争'的想法吗？"

对瓦尔达的女权主义教育之旅而言，最重要的事件是她前往加州奥克兰，为拍摄《黑豹党》而跟进休伊·牛顿的案件。"黑豹党是第一个说'我们要制定规则和理论'的群体。这让我意识到女性的处境。很多杰出男性一直在为我们考虑。马克思这样做了，恩格斯也是如此。这些人取得了瞩目的成果。然而也许我们需要超越马克思，因为他并没有为我们女性提供钥匙和答案。"如果女性必须独立地寻找自己的形象，那么对女权主义者友好的男性呢？"如果男性想加入，我们会敞开大门。他们可以旁听。"瓦尔达说。

采访到这里，我们之间的敌意似乎已经消失了。瓦尔达主动提起了她在《一个唱，一个不唱》中使用的策略。"要清晰简单，不要太复杂。如果我以一种非常自然和女权主义的方式把自己搬上银幕，也许会有十个观众。然而，我把两个漂亮的年轻女性搬上银幕，不掺入太多我自己的左派良知。通过这种不太激进但很真实的女权主义，我的电影在法国拥有了三十五万观众。如果这些观众都能领会其中一半的信息，那要比让五千人看一部大胆的十六毫米胶片电影有用多了。"

我注意到："您说您并不激进，但您的电影比许多自称激进的人拍出来的作品要激进得多。"瓦尔达耸耸肩，但她看起来很受用。采访就这样结束了。

"Agnès Varda", from the *Real Paper* (Boston), October 15, 1977.

《一个唱，一个不唱》：
阿涅斯·瓦尔达访谈

鲁斯·麦考密克（Ruth McCormick）/1978

我很遗憾在妇女运动中没有更多的理解。作为女权主义者，我们必须宽容，对彼此宽容，甚至对男人也要宽容。

——阿涅斯·瓦尔达

阿涅斯·瓦尔达的名字总是与女权斗争和政治联系在一起。在二十年的电影导演生涯中，她的作品涉及多种题材，如年轻美丽的女性在得知自己可能即将死去后才发现自己的力量和人的属性（《五至七时的克莱奥》），古巴革命（《向古巴人致敬》），一个人的幸福也许会导致另一个人的痛苦（《幸福》），创作过程（《创造物》），美国在越南的殖民主义（《远离越南》），美国黑人的斗争（《黑豹党》），文化产业、青年运动和罗伯特·肯尼迪遇刺（《狮之爱》），希腊人反对军政府的斗争（《娜西卡》），一条街道上普通人的日常生活（《达盖尔街风情》），以及不同女性对工作、爱情、婚姻和家庭的看法（《女人的回答》）。

在这位好斗又充满活力的导演的作品中，始终贯穿着一种人文主义和乐观主义精神，这在她的最新作品《一个唱，一个不唱》中得到了淋漓尽致的体现。这部影片因其对两位截然不同的女性跨越十五年的友谊进行了温暖积极的描绘，而受到了众多女权主义者的欢迎，也因其对激进政治的回避而遭到了另一些人的攻击。影片上映后在法国取得了巨大成功，并有望在美国获得广泛且友好的支持。瓦尔达女士最近在纽约参加纽约电影节——以她的电影为开幕影片，接受了《影痴》（*Cineaste*）杂志编辑鲁斯·麦考密克的采访。

麦考密克：许多女权主义者，尤其是激进的女权主义者，都对《一个唱，一个不唱》有所指摘。他们说您塑造的角色与男性的关联太强，您对男性太仁慈了。还有人认为影片过于正面，批判性不够，太像童话故事。

瓦尔达：也许人们想要的太多了，但我理解您的意思。在法国，同样有激进的女权主义者对我说："您对男人的憎恨还不够！"当然，我们需要激进分子，他们很重要，但我不认为女权主义电影必须贬低男性，或者必须表明，我们之所以被压迫是因为**他们**。真正的问题在于社会制度。即使社会机制是由男性建立的，但这些男性往往只是在传承他们被灌输的意识形态，它历经了数百年文明，其间，一直由男性担任领导者。

麦考密克：没错！而且男人们常常被自己的母亲和女老师教导事情本应如此。

瓦尔达：我很遗憾在妇女运动中没有更多的理解。作为女权主义者，我们必须宽容，对彼此宽容，甚至对男人也要宽容。我认为我们的运动需要不同类型的女性参与，不应该只有一条路径或一种方式。那又将回到我们长久以来的状态。

麦考密克：您试图拍摄一部大众化的女性电影，一部所有女性都能产生共鸣的电影，而不仅仅是具备这方面意识的女权主义者，这样说对吗？

瓦尔达：是的。在政治上，或者作为女权主义者，人们有不同的着手方式。如果你想拍摄一部女权主义电影，你可以在体系外、在地下发力，那么你就能进行非常激进的表达，但即使传达的内容非常好，你可能只能影响五千多名观众。你永远无法触及最广大的女性群体。

麦考密克：我想到了玛格丽特·杜拉斯和尚塔尔·阿克曼（Chantal Akerman）。您可能是对的。您在《一个唱，一个不唱》中做到了吗？

瓦尔达：在体系内工作，在常规的电影院发行，你就不再属于地下了。在法国，已经有三十五万人观看了我们的影片，许多其他国家也已经购买了版权，所以我想说，即使这部影片的含义和它的女权主义观点的强度只有那些激进影片的一半或三分之二，至少我们已经引起了许多人的**思考**，而且方向没有出错。我不认为我们是在为了拥有更多观众或挣更多钱而妥协，因为我本可以用大明星拍一部更轻松的电影。但我想拍一部诚实的电影，即便是为了发行这部电影，我也进行了很多斗争！

麦考密克：可以想象，发行商会对《一个唱，一个不唱》有所顾虑。毕竟，这不完全是一部常规的电影。

瓦尔达：我努力争取，因为我希望成千上万的观众有机会看到展现女性世界的电影，哪怕就这么一次。正如莫莉·哈斯克尔（Molly Haskell）所说的"阳光下的女性"。我很喜欢这个说法！那才是女人应该在的地方，而不是总躲在阴影里。波姆和苏珊并不是逃避现实的女人，她们并不愚笨！也许她们不算激进，不会烧掉自己的胸衣，她们也没有很强的政治性，不会因为自己的感受而破坏周围的世界。正如我所说，女性有很多种，我们应该与所有女性对话。有些女性不想把男人赶出去。有些女性仍然想拥有孩子和家庭。

麦考密克：也许大多数女性仍是这样想的！

　　瓦尔达：重要的是，不要贬低这些女性，不要说"你真蠢，离开你的厨房，摆脱这一切！"我们真的想要一个仅仅由女性构成的社会吗？如果有些女性觉得她们必须远离男人，用一段时间甚至用一生去寻找自己的身份——她们实际上可能是女同性恋者，我觉得也完全没有问题。我可以容纳她们，她们也应该容纳我。我了解这些女性，我与她们共事过，我尊重她们，但我并不觉得一定要遵循她们的规则。每个女人都应该找到自己的路。如果只是进入一个新的规则体系，那么我们只是在走同样的路，就像几个世纪以来一直在做的那样。

　　麦考密克：那么，革命性社会的要点就在于真正摆脱所有旧的规章制度？

　　瓦尔达：是的。这是我的首要观点。我不希望有人利用我的电影或者我的立场，把我和其他女性对立起来，然后说："我们终于找到了一个友好的女权主义者，她仍然爱我们，并且认为这个体系是好的。"

　　麦考密克：反对派喜欢使其分裂后再将其战胜。他们总是会利用任何没有套用正统修辞的艺术家来反对妇女运动、激进运动或其他。

　　瓦尔达：我绝对不允许自己被这样利用。这一点非常重要，必须重申，我不会利用运动来反对运动本身。那令人反感。我希望自己阐明了这一点。

麦考密克：您是如何想到拍摄这部电影的？

瓦尔达：这是一部女权主义电影，但它首先是一部**电影**。我处理的是图像，女性的图像，我把这部电影想象成一幅有背景和前景的画。前景是两位女性的形象，而背景则是一部非常特殊和具体的纪录片，与 1962 年至 1976 年间法国妇女权利方面的法律和制度有关。大家都知道，在 1962 年，堕胎是非常困难的，是非法的，但如果你有钱，你可以去瑞士堕胎，否则就会很危险。如果一个男人和孩子的母亲没有结婚，他就不能承认那个孩子。经过一段我也参与其中的漫长努力——堕胎宣言、示威游行、审判，终于，在 1972 年，一个女孩在因堕胎被捕后被无罪释放。如今法律规定得到了修改，堕胎合法化了，也能获取避孕药，诸如此类。

麦考密克：从这个意义上说，这是一部历史电影。

瓦尔达：这是属于法国的一段特殊历史，在法国，甚至计划生育团体都与天主教会反对堕胎的立场作斗争，变得非常开明。我在影片中展现了这一点。我想说明的是，如果有人号召"要是你不喜欢，那就改变它！"，继而女性开始一起讨论和开展斗争，事情就真的会改变。法律和制度的演变构成了影片的背景。前景是这两位女性。同样，我并不想用太多修辞上的手法。我认为，这样两个不同气质、不同背景的人物将有助于表明，我们能够以不同的方式团结起来，找到自己的身份。我带着宽容表达自己的关切，所以如果激进的女性不喜欢这部电影，没关系，但请不要误解它！她们也有权选择自己的路。

麦考密克：您非常强调母性，这可能会让一些女权主义者感到不舒服。激进女权主义者最有可能认同的角色是波姆，她在决定离开大流士时，坚持要为自己生一个孩子。她把他们已经有的孩子留给了他，这是非常通达的做法，但为什么孩子对她如此重要？有些女人因为不想要孩子而感到内疚和自责。当然，您在影片中也尝试回答了这个问题，一位女性在观看该团体有关怀孕的表演时提出异议，指出他们似乎认为女人必须成为圣母（the Blessed Virgin）[1]。

瓦尔达：这就是我把这个情节放进去的原因。这个女人是对的，他们也是这么告诉她的，她不应该感到内疚，但如果你真的有了孩子，或者你想要孩子，那就享受这份快乐吧！

麦考密克：换句话说，女性在怀孕时应该欣赏自己的身体。这不是胖，不是丑，也不是生病。您想说的是，如果一个女人想要一个孩子，那么怀孕本身就是一件美好的事情。怀孕的女人不用成为圣母。

瓦尔达：对！如果我把怀孕当作与性有关的事情来享受，

---

[1]   此处指涉基督教中圣母玛利亚以"贞洁"之身生子。

那么它就是我的生活，牵涉我的身体！但许多反女权主义的女性并不这样认为。如果你选择要孩子，怀孕就是一件自然的事，你应该享受它。我不是在建议按照教会所说的方式去享受它，即把它当作一种责任，或者是为了巩固国家或家庭。人们从未谈论过这一点，但实际上大多数女性在怀孕时更享受性生活，虽然我们并不了解真正的原因。我想这和很多因素有关。但我应该否认它吗？否认它会让我成为一个更好的女权主义者吗？一个女人理应在因怀孕而变胖时仍然欣赏自己的身体，这是她的特权。模特身材并不意味着所有，如果你想要这种身材，你可以之后再去追求。

我们不要把女性推向母性，让我们重塑母性！但我们要争取堕胎权和完备的避孕措施，这样我们才有选择的权利。这才是最重要的。这才是女性应该团结起来的地方。在影片中，当波姆去阿姆斯特丹堕胎时，那么多不同的女性和她同行，我试图借此呈现的就是这一点。

麦考密克： 西蒙娜·德·波伏瓦在她的自传中告诉我们，她曾一度决定不要孩子，因为它带来的责任太重，无法与她的其他责任共存。我和我认识的一些其他女性都很认同这种观点。这并不是说我们不爱孩子，而是因为社会的现状如此，如果没有大量的金钱，做母亲的责任就过于沉重，尤其是没有一个善解人意的男人时，以至于不可能同时成为一个好母亲和一个活跃于家庭之外的有创造力的人。

瓦尔达：正如西蒙娜所说，"女人不是天生的，而是被塑造的"。我们不再是自身生理的奴隶。我们一直在为此奋斗。没有人会问，一个没有孩子的男人还算是真正的男人吗？爱因斯坦没有孩子，列宁和莫里斯·希瓦利埃（Maurice Chevalier）也没有孩子，但我们不会质疑他们的男子气概。女人也应该如此。我们都是人。

麦考密克：关于您的影片，人们（包括女性和男性）不认同的另一点是，您让两位女性成功地找到自我，让她们的人生有所成就，这个过程有点太容易了。像苏珊这样受压迫的女性如何成为独立的女权主义组织者？生活条件稍好但也不算富裕的波姆似乎不费吹灰之力就能养活自己，成为一名女权主义歌手。您好像使得女性的生活和难题看上去比实际简单了。

瓦尔达：99% 的电影都是这么反女性的，以至于当女性跟我说"您没有让她们处在水深火热之中"时，我不得不说："您看，终于有了这么一部电影，里面的女性没有感到内疚或羞愧，不依赖外界，也不糊涂，她们与法律和制度抗争，实现价值并为女性的事业创造价值。您不觉得已经从中获得了很多吗？"

麦考密克：当然。

瓦尔达：那为什么有人来对我说："女性的失业问题呢？

女同性恋呢？那些长得不好看的女性呢？上了年纪的女人呢？"一部电影不是一个可以装下一切的篮子。它是一种娱乐，也是一种交流，如果你想与许多男人和女人交流，就必须找到一种流畅的交流方式。我试图展现女性从阴影中走向光明的过程。

麦考密克：这部影片的确充满了光。

瓦尔达：我试图表现这一点。影片从开始的黑暗、明暗对比、阴影和画廊中女性照片的黑白影像，再过渡到清晰。最后的场景是明亮且充满阳光的，但这并不是一个圆满的结局。

麦考密克：您认为这是一个模棱两可的结局吗？

瓦尔达：完全不是！只不过每个人都可以在湖边和朋友们享受两周的平静。这并不意味着斗争结束了，不意味着他们不会再回到计划生育、演出、示威游行，以及她们的角色和希望中去。这是一个美学问题，就像音乐中的赋格曲，有主题和对题，以一个尾声结束——一个唱，一个不唱。你能感觉到它没有真的结束，但你获得了某种平静。

有人说我拍了一个愚蠢的大团圆结局，我不同意这一点。波姆孤身一人，没有丈夫，她必须抚养女儿。其他两位歌手也是孤身一人，还有一位有了男人。苏珊现在身边有一个男人，但她仍要承担自己的责任。她的女儿刚刚开始成长为一个女人。这不是愚蠢的幸福，抗争仍在继续！作为一名艺术家——不管这意味着什么，我关注的是画面，是文字，是梦想。如果说我有点理想化，那这就是我的风格！我不认为应该悲观，或者只是口头上说着事情正朝着糟糕的方向发展。我们要抗争，但也要有梦想。我们需要梦想！我认为女性需要知道生活可以变得更好。生活可以很美好。

麦考密克：嗯，虽然没有发生革命，但我同意，即使一个公正的社会如今尚未实现，但对女性、黑人和第三世界来说，情况都比 1962 年要好。

瓦尔达：是的，当然，以您的年龄足以看到这一点。我已经为之奋斗了二十五年！我开始为避孕而斗争的时候，现在那些为之发声的孩子还没出生呢。当时我们的人数很少，所有人都出来反对——右翼、教会，甚至是左翼，因为他们需要人们生孩子来为左翼投票！我们是属于左翼阵营的女性，但也不得不与法国共产党抗争，因为他们不希望自己的议员投票支持避孕！

麦考密克：我猜他们也是为了拉拢天主教徒的选票，不想把任何人拒之门外。

瓦尔达：当时，我仍然作为严格意义上的政治活动家进行抗争。后来，我开始意识到自己应该在文化领域进行斗争。通过阅读西蒙娜·德·波伏瓦等人的作品，通过与女性交谈，我开始理解这一点。他们会把亨利·米勒（Henry Miller）的作品奉为文学杰作，但当时没有人提及他是如何贬低女性，如何践踏她们尊严的。有哪个文学评论家提起过这一点？看看奥森·威尔斯（Orson Welles），大家都喜爱的电影制作人，他是个厌女者！二十年前，谁会提到这个？他们只会说："多好的电影啊！"有谁曾注意到他处理女性角色的方式是多么糟糕？

麦考密克：您很早就开始拍摄关于女性的电影，比如《五至七时的克莱奥》。有很多影片讲述了男人面对死亡的故事，但显然女人的生命并不重要——除了《黑暗的胜利》（Dark Victory）和《一朝春尽红颜老》（No Sad Songs for Me），它们认为垂死女人主要担心的就是她们所爱的男人，还没有任何影片讲述过女人必须重新评判自己的人生。

瓦尔达：是的，由于对死亡的恐惧，克莱奥意识到自己一直是一个玩偶、一个物件，于是她脱下华丽的衣服，摘下假发，换上朴素的衣服，走出去观察人。她不再在乎被人注视，而是想要与人产生联结，成为一个人。那是在1961年，当时还没有人考虑过女人感受的源头。1958年，当我怀孕时，我拍摄了一部名为《穆府歌剧》的短片，它有关一个女人在怀孕期间的感受。这是一部强有力的影片。

麦考密克：存在少数由男性拍摄的关于女性的优秀电影，但我认为女性必须重新思考我们想要如何谈论自己。

瓦尔达：是的。我听到这些男性女权主义者说："作为女人而言，她做得不错。"这是一种居高临下的家长作风，就像"作为黑人而言还算不错"一样。我们，包括黑人和女性，最近才经历了去殖民化，我们必须找到自己的路径，必须自己决定喜欢什么样的女性形象。我们不应该去附和众多男性艺术家的焦虑，他们试图把自己的问题推给女性，像莫迪利亚尼（Amedeo Modigliani）、贾科梅蒂（Alberto Giacometti），尤其是伯格曼那样。

麦考密克：我刚好想到他。

瓦尔达：当然，我们爱他。但他把自己身为一个男人的焦虑放在了我们肩上。一个男人可以将他的恐惧、内疚和痛苦融入艺术，但作为一个女艺术家，我不会想着将我的焦虑投射到男人身上。我们必须打破常规，创造自己的形象。我不是要争什么，也不想要获得男人的力量！我甚至不为没赚到更多钱而感到可惜。我赚的已经够多了！比那些在工厂里工作的人挣得多，而且和他们不同，我喜欢我的工作。有些导演挣了那么多钱，演员们甚至更多，我觉得这令人不齿。

麦考密克：最著名的演员和导演都是千万富翁！当然，您也知道，比起艺术家，他们更像是商人。

瓦尔达：随他们去吧，这是他们的游戏。我不在这场游戏之中。它的规则是由我并不信任的人制定的。这是场竞争游戏，女人们必须明白这一点。我不参与任何类型的男人的游戏，比如我比你强壮，比你聪明，比你富有。我不在乎这些。我很强大，且以自己的方式发挥聪明才智。我的价值观不同，所以如果影评人喜欢我的电影，也许他们能够在其中发现什么，可能是一些新的东西。

麦考密克：波姆的丈夫大流士呢？他看起来很不错，我们也理解在欧洲时波姆为什么会爱上他，但当他们到了伊朗，他又变成一个真正的"家长"。把他设定为伊朗人似乎为评论那里的政治状况创造了合适的机会，但您并没有这样做。

瓦尔达：当大流士远离家乡身在法国时，他的思想是开放的。

麦考密克：他甚至挑了一个女权主义者谈恋爱！

瓦尔达：是的，他参加示威游行，支持女性，但当他回归伊朗的家庭时，他必须扮演好自己的角色。我并没有那么喜欢这个角色，但这就是他所处的环境，在这样一个地方，几乎没有办法摆脱这种环境。我想表现的是，人是如何随着所处的环境和交往的人而改变的。起初波姆陷入了困境，受到爱情的束缚，而爱情在《一千零一夜》般迷人的设定中会更加动人。想想建筑中包含的性意象，比如乳房和阴茎，您就能体会到波姆当时的感受。

麦考密克：她刚到伊朗的时候，感觉很不真实，像做梦一样。后来，当她开始觉醒时，我们看到了戴面纱的女人，看到了贫穷。

瓦尔达：这就是所谓的旅途。当你安定下来时，它就不再是旅途了。波姆走出了自己的世界，坠入了爱河，但她的世界不是为一个伊朗男人做炖菜！波姆必须摆脱困境！在这里，我起初想让它更政治化，指出她离开是因为伊朗这个地方和它的政治状态。但面对现实吧，几乎每个国家都有令人不快的地方。你去不了智利，去不了黎巴嫩。有那么些年，你去不了西班牙或葡萄牙。我有一半希腊血统，二十年来我都不愿意去那里。我发现蒙着面纱的女性形象对我来说意味着一些东西，随着波姆在性方面越来越开明，她发现自己身边这些女人在现实中根本没有性自由。因此，我想揭示对比之下的这种扭曲，她在谈论自己的身体和自由时，周围这些不自由的女性却被迫否认自己的身体。

这是一个政治观点。我认为没必要围绕伊朗的政治状况进行争辩。女权主义也是政治性的，因为它涉及制度和权力，女权主义展现了妇女是如何不需要这些制度，也不想要那种权力的。家庭精神、爱和交流并不是坏事——我喜欢与男人和孩子生活在一起，一起吃晚饭，一起欢笑，守护彼此，但婚姻制度、家庭制度正是国家用来压制我们的工具。影片中妇女们唱的一首歌里借用了恩格斯的观点：在家庭中，男人是资产阶级，女人是无产阶级。这是事实，我们必须与之斗争。

麦考密克：影片中的"兰花"（Orchidée）组合，她们真的去小镇演唱了与恩格斯和妇女解放有关的歌曲吗？

瓦尔达：是的。片中的歌词是我填的，曲子也非常好，以一种与传统情歌大相径庭的方式演唱出来。菲利普斯公司正在发行影片的原声带，专辑中的歌曲更具政治性，因为它们不像电影里那么碎片化。

麦考密克：这些歌曲在法国受欢迎吗？电影呢？我猜想在法国，小市镇是保守主义的大本营。

瓦尔达：是的，她们结交了很多朋友，表现得很棒。我的这部影片在法国的小城镇也取得了很好的成绩，在那里，人们通常只能看到经典的美国电影和大明星的作品。它在乡下的表现也不错。即使在乡下，我也在观众中遇到过一个激进的女人，她对我说，"我不喜欢您的电影，因为您太关注男人了"，还有个男人说，"我不喜欢您的电影，因为您对男人关注得不够"。就是这样，两种观点都有。男人们觉得遭到了背弃，因为尽管片中的男人并不算坏，但对他们的刻画真的不多，但故事本身就是这样。在女人的一生中，长期来看，男人并没有**那么**重要！

"*One Sings, the Other Doesn't*: An Interview with Agnès Varda", from *Cineaste* 3, no.3 (1978).

阿涅斯·瓦尔达在美国

菲利普·卡尔卡索纳（Philippe Carcasonne）

雅克·菲耶斯基（Jacques Fieschi）/1981

远离贝弗利山庄，远离好莱坞的喧嚣，阿涅斯·瓦尔达搬到了威尼斯的一栋房子里，威尼斯是洛杉矶附近的一个海滨小镇，以前建在众多运河上。这位电影导演说："大海无处不在。"她对一个被忽视的群体——奇卡诺人（the Chicanos）[1] 的流行艺术非常着迷。

C & F：您为什么决定在这里定居？

瓦尔达：哦，我还没有真正在这里"定居"……我现在住在这儿，但并不觉得自己已经搬过来了。我只是偶然来到这里，为 ENI（一家综合能源公司）完成一个项目（也由我

---

[1]　指出生于美国的墨西哥裔美国人。

来创作）。他们要求我根据洛杉矶的一则新闻编写一个剧本。我1979年写成，应该会在今年拍摄，除非他们取消这个计划。在此之前，我和所有其他法国导演一样，经常来这里介绍电影，《五至七时的克莱奥》《幸福》……1967年，雅克·德米想在好莱坞拍电影（1967年法国的情况确实非常艰难），我们就这样来到了这里。他拍摄了《模特儿商店》，而我只是四处闲逛，并开始写点东西。起初，我对来到这里这件事并没有那么兴奋，但后来我拍了一部关于我一个希腊叔叔的短片，他住在旧金山附近；之后，又拍了一部关于黑豹党的纪录片……这部影片本应在法国一档名为《五则头条新闻》的电视节目中播出，但在最后一刻被删掉了：当时是1968年10月，我们不能"重新唤起学生的愤怒"。与此同时，我为哥伦比亚公司写了一个名为《和平与爱》的剧本。他们不让我承担最终剪辑工作，我非常生气。我后来拍了《狮之爱》，它是我非常喜欢的一部作品。十年后的今天，我又开始着手完成上面提及的项目，创作了《玛丽亚与裸男》（*Maria and the Naked Man*），它改编自我认为非常重要的一则新闻：一天早上，一个男人赤身裸体跑出门，警察在没有目击者的情况下开枪打死了他。很难援引任何合法的辩护依据。我去见了和他住在一起的女人，然后就写了关于她的故事，还有这次近乎谋杀的事件带来的影响。1980年，我拍摄了一部关于当地壁画的纪录片。这其实是洛杉矶的一幅城市肖像，这些画作凸显了当地墨西哥社群的问题，而媒体总是对此绝口不

提。黑人的问题已经基本得到解决，但奇卡诺人的问题还没
有。黑人市长汤姆·布拉德利（Tom Bradley）只去过东洛杉
矶的墨西哥裔社区一次。他们甚至没有自己的代表，东洛杉
矶的国会议员是一个爱尔兰人，而来自墨西哥的墨西哥裔人
憎恨爱尔兰人。因此，他们在壁画中用大量暴力和奇幻元素
来表达这一切。我的电影叫《墙的呢喃》；您知道那句话吧
（我想是维克多·雨果写的）："环绕巴黎的城墙让巴黎低声埋
怨。"[1] 这就是此地的情况，对吧？

　　C & F：那您是怎么发现这些壁画的？

　　瓦尔达：我经常散步，喜欢走动。我认识很多住在这里
的法国人，他们只知道四家餐馆、十户人家，而流连于派对
之间。但洛杉矶是一个异彩纷呈的城市，我想没有哪个城市
比它更丰富多彩了。在市中心之外，有很多连美国人都不知
道的街区，比如城市的整个东区。人们很担心："什么？您一
个人去那里！"好像我去的是祖鲁人（the Zulus）的领地。但
您知道，我住的威尼斯比洛杉矶东区更危险……毫无疑问，
洛杉矶是一座令人不安的城市：处于绝望的边缘，也处于许
多不同领域的研究前沿——科学、电影、毒品……这是一个
过载的城市。许多人向西部进发，到了这里，他们意识到不

---

[1]　法语原文为 "Le mur murant Paris rend Paris murmurant"，与片名 "Mur
　　 Murs" 一样，包含了mur的双关。这一表达出现在了《巴黎圣母院》中。

能再往前走了；这里是美国的世界尽头。我选择威尼斯是因为这里有大海，大海无处不在，能够很好地适应（至少在对手面前这算是一个优势……），我在这里感觉非常安稳。我不能说自己经受着背井离乡、远离法国的痛苦，因为我并没有真正地身处美国。我在这里，在海滩上。我很喜欢这种在地理、经济或社会关系上都没有固定下来的感觉。

C&F：您与好莱坞电影界有什么联系？

瓦尔达：我认识他们所有人，但实际上我谁也没见。除了少数几个导演〔卡萨维茨（John Cassavetes）、奇米诺（Michael Cimino）——尽管我不赞同他的政治倾向〕，我真的不太喜欢好莱坞。我觉得美国电影挺令人惋惜的。之所以提到奇米诺，是因为撇开他的才华不谈，他拍的电影真正表达了美国人的想法，比在这里看到的任何一部"激进先锋的左翼电影"都要好；从这个意义上说，《猎鹿人》（The Deer Hunter）比《荣归》（Coming Home）要诚实得多。在我看来，美国人对奇米诺帝国主义政治倾向的批评尤为虚伪。此外我还发现，《猎鹿人》在很大程度上展现了"沉默的大多数"——大多数愚蠢的右翼——是如何受到"越战"的影响，甚至被"越战"摧毁的，这一点很有意思。这比科波拉（Francis Coppola）的抒情更能打动我。我不太确定为什么要谈这些，因为说实话，我从未真正被好莱坞电影吸引过。雅克·德米一直梦想来这里拍摄电影（这也是我们来这里的原因），因为他非常喜欢美国电影。我和其他人一样，喜欢优秀的音乐喜剧电影，也喜欢好莱坞大片，但我没有被真正俘获。眼下我在这里，但也可能在其他任何地方。诚然，这里有令我着迷的东西。我四处游走，从一个地方到另一个地方。有时我去参加募捐派对，就是那些为电影募捐的鸡尾酒会，"我出两千美元⋯⋯""我出五千美元⋯⋯"来自电影公司的代表们都在扮演金主的角色。芭芭拉·科普尔（Barbara Kopple）就是这样为《美国哈兰县》（*Harlan County USA*）解决一部分资金问题的（顺便说一句，这是一部很好看的电影）。你得看看这些极其富有的权贵们是如何在贝弗利山庄的豪宅里，一边吃着烘焙点心，一边向左翼电影扔面包屑的。他们站起来抬高价格："嘿，如果你能出五千美元，我也出五千！"他们都能做到问心无愧，真是让人赏心悦目。然而，好莱坞电影依然极度保守和愚蠢，而且常常让人经受折磨。每十部电影中大约有一部还不错，也就是说比平均水平稍微好一点。

C＆F：人们如何看待您和您的作品？

瓦尔达：他们把我看作一个拍摄"如此迷人、如此真实、如此廉价"的欧洲小成本电影的人。他们分不清《表兄妹》（*Cousin Cousine*）是勒卢什的还是我的 [1]。戈达尔的《男性，女性》（*Masculin Féminin*）、德米的《瑟堡的雨伞》（*Les*

---

[1]　这部电影的导演实际上是让-夏尔·塔凯拉（Jean-Charles Tacchella）。

Parapluies de Cherbourg)、马勒（Louis Malle）的《好奇心》
(*Le Souffle au cœur* ）和我的电影《幸福》对他们来说没有分
别，都是些迷人的小成本电影。不过，他们真的很喜欢我；
我认识一些圈内人，疯狂地推崇《幸福》，为我举办晚宴，想
把我介绍给他们所有的朋友。但说到底，法国人真的不重要：
对"新浪潮"的迷恋已经成为历史。只有马勒还没有停下来，
他某种程度上在这里取得了成功，但他是唯一的一个。目前，
在"文化电影"方面，德国人似乎占了上风。

C & F：您是否感觉到美国人对外国文化越来越缺乏
兴趣？

瓦尔达：一直都是这样。他们把我们看成一些欠发达的
小国家。现在新的情况是，试图在这里工作的法国人过去几
年里变得尤其不受欢迎，似乎没有人能在这儿立足。尽管雅
克不乏资金支持，《模特儿商店》在这里还是一败涂地。在
我看来，《洛城少女》是他真正的美国作品，比任何一部美
国音乐片都更吸引人。我们一直备受误解，他们无法想象，
怎么会有人像德米在《模特儿商店》里那样，以批判的眼
光看待他们的国家。当美国人遇到情感问题时，他们会直接
去找心理分析师。他们热衷于效率，结果就是一切。如果你
要拍摄一个成本为一万美元的场景，它必须看起来像是花了
一万二千美元制作的。做不到这一点的人根本不受待见，没
人听他们的。地下电影完全处于地下。在好莱坞电影和实验

电影之间有一个死亡地带。虽然说了这么多，我还是得承认我喜欢这里。好莱坞让我从巴黎沉重的、自以为是的高品位文化中解脱出来。我在这里感觉自己焕然一新。在法国，我们也没有太多选择：必须排队等候政府的小额拨款或制片人的资助。你要么必须展示一些高雅的东西，要么就是"一屁股坐在便盆上"。要我说的话，在这里作为边缘人让我感到非常轻松。我初来乍到就已经有了一点声望作为保障，我可以在没有任何限制的情况下拍摄两部电影，实际上没有任何资金，跟我拍《达盖尔街风情》时的情形如出一辙，带来的乐趣也相当。在这里除了能学到东西，我还有机会花时间了解东洛杉矶；或许换到欧贝维利耶（Aubervilliers），我无法拥有如此有趣的时光。毫无疑问，旅行唤醒了我们的感知。在巴黎，我会变得懒惰，总是在同一个圈子里活动，而且那里的整个生产流程也让我感到厌倦。

C&F：那么，这里电影制作的情况如何？

瓦尔达：它非常具有实操性。我们用很小的团队就能完成制作、统筹、摄影、录音、剪辑和最终拷贝。这里有很多优秀的非工会技术人员，敢于进行全新的尝试，比如在没有布光的情况下手持摄影，而不是借助十分复杂的灯光技术营造高质量画面效果。我最近两部电影的摄影师都不是美国人：《墙的呢喃》的摄影师是贝尔纳·奥鲁（Bernard Auroux），《纪录说谎家》的摄影师是纳丽丝·阿维夫。《纪录说谎家》

是在《墙的呢喃》之后拍摄的。我们竟然能在一部电影中，将非常简陋的手段与复杂的技术结合起来，让这里的人大吃一惊。有一天，我们在阳台上拍摄，遇到了一位住在楼上的摄影师，他告诉我："看你们只用这么简单的两盏灯拍摄，我还以为是拍色情片呢！"在这里，两盏灯就意味着色情片……至于美国技术人员，我总是坦率地提醒他们："听着，我们在拍一部法国电影，所以价格也是法国的，干不干随你……"因为这里的工会非常棘手，一切都是他们说了算。为了拍摄《模特儿商店》，雅克组建了一个八十人的团队；然后把他们扔在停车场，带着必要的人手自己去拍电影了，他只需要不到十五人的团队。至于剩下的人，只要能拿到钱，他们根本不在乎；他们在拖车里打牌……所以好莱坞对我来说不是个问题……

C & F：《狮之爱》中描述的世界和人物还剩下些什么呢？

瓦尔达：哦，几乎什么也不剩了。他们中的大多数已经自我回炉重造，剩下的那些信念犹在的人，正在被"轻武器"逐个击破，就像我跟您说的那个裸体男人一样。照他们说的，理想主义在这里已经过时了。美国人适应事物的方式很健康……今天是"和平与爱"；明天是污染、戒烟；后天就是慢跑，于是每个人都开始跑步，直到有五六个人死于心脏病。他们不断改变着自己的说法，也不断改变着自己的生活和习惯。这本质上没错。这里的人没那么固执，他们没有根。一个姐妹在俄亥俄州，一个兄弟在波士顿。他们换工作，搬到数千千米以外的地方住上几年。我在法国认识的大多数人都一直住在同一个城市，他们定居下来，再也不会搬离。美国人天生好奇心不强，但生活方式迫使他们不得不保持一定的好奇心。他们在日常生活中体会到社会融合，体验到一种自然而然的民主。至少这里的年轻人是这样的；当他们年老时，情况就不再如此了。

C＆F：您打算留在这里、回法国还是继续旅行？

瓦尔达：人们常说，"旅途在召唤"。我是偶然之中来到这里的，继而完成了一些工作。我之前想拍一部关于壁画的电影，我达成了。我想再拍一部作品，也拍成了。

C＆F：能介绍一下另一部影片《纪录说谎家》吗？

瓦尔达：这是前一部电影《墙的呢喃》的影子。我一直有一个想法：围绕同一主题拍摄一系列影片，就像画家画素描和水彩画那样。《纪录说谎家》讲的是叙述者聆听《墙的呢喃》中的声音的故事，一个生活漂泊的女人的故事，她无以为家。我还计划拍摄第三部，一部"常规"的有关心理的电影，需要准备剧本和其他事项。我一直试图制作一部——怎么说来着？——我们过去常说的"艺术与实验"电影，但我不怎么相信艺术或是实验了……那这应该叫什么电影？不显老态的电影？存在这种说法吗？我不想一味喋喋不休，您知道的。我仍然认为有一些东西值得探索，一种"cinémature"〔我还没有找到与"cinécriture"（电影写作）相对应的词〕，一种结合了电影和文字的东西：图像和文字一样，每一个都有自己的意义，不是通过句法、情节或推进过程联系在一起，而是像诗歌那样，把文字作为文字来使用，而不是用句子整合文字。但要做到这一点，我需要宁静和孤独，需要远离法国文化的喧嚣。我在法国不太自在，对那些知识分子而言我不够聪明，而对一些蠢货来说我又太过清醒。我总觉得自己处于中间位置：例如，《一个唱，一个不唱》对女权主义者来说不够"女权"，对其他人来说又太"女权"。所以，如果在这里都不能做想做的事，我还能去哪里呢？

"Agnès Varda", from *Cinématographe*, March-April 1981. Translated by T. Jefferson Kline.

"没人想要我"：阿涅斯·瓦尔达访谈

弗朗索瓦·奥德（Françoise Aude）

让-皮埃尔·让科拉（Jean-Pierre Jeancolas）/1982

A ＆ J：自从《短岬村》之后，您似乎就有了自己制作电影的意愿或愿望。

瓦尔达：这是出于意愿或愿望吗？不，这是一种必然需要。当"他们"不想制作我的作品，或者当项目看起来很难完成时，我就成了制片人。毕竟谁会愿意制作、投资或努力完成一部——比如《墙的呢喃》，关于洛杉矶的墙的电影？或者《纪录说谎家》，关于文字、放逐和痛苦的电影？这些项目本身都困难重重。因此，我自己动手，制作自己的作品。我想起曾经在一家中餐馆吃过的幸运饼干，上面写着："当你需要帮助的时候，你可以求助于自己的双手。"这就是我成为制片人的原因，这样才不用放弃我的项目。

1954 年拍《短岬村》时，没有谁对我有信心。我还自己掏钱拍了《穆府歌剧》。之后，我的作品开始有制片人了，如《五至七时的克莱奥》的乔治·博勒加尔，《幸福》和《创造物》的玛格·博达尔（Mag Bodard）。这就像一场梦，我所要做的工作就是导演。与《狮之爱》的联合制片人马克斯·拉布合作时，情况就没那么顺利了；他筹集到了资金，而我则负责管理……那是在 1969 年。在那之后，除了我自己，我再也没有请过其他任何制片人，不论男女。但我不想继续这样下去了。自己制作电影太累了。我浪费了太多精力，本来可以把这些精力更好地用在电影上。此外，制片人是一个糟糕的角色。你最终会成为一个糟糕的老板——并不总是如此，但毕竟……我在制作《达盖尔街风情》《一个唱，一个不唱》《墙的呢喃》和《纪录说谎家》时感到精疲力竭，更别提为雅克和日本人制作《凡尔赛玫瑰》（Lady Oscar）了。够了，我不准备再做电影制片人了。或许不如彻底放弃拍电影。

A＆J：真的吗？您不准备再拍电影了？

瓦尔达：我不知道，但我需要帮助。我想拿钱做我最擅长的事，那就是编剧和导演。我借着同时成为片场的雇主和（无偿）雇员来掩盖我失业的事实。经历了十年或十二年这种拙劣伪装的赋闲状况后，我已经受够了！我并不是说自己拍不了电影……我想说的是，所有这些为制片工作投入的精力都掩盖了一个事实，那就是没有人以法国电影产业的常规方式对我的作品表示过信任。如果必须在如此困难的条件下制作实验性电影，那么我们最终将失去这个"文化标签"，它曾在其他国家取得了巨大的成功。有意思的是，我想到了克莱奥，美丽的克莱奥，她说"人人都想要我，但没有人爱我"。作为电影制作人，我也可以说"人人都爱我，但没人想要我"！

我不介意像往常一样表演特技似的完成电影制作，想办法让十五个临时演员看起来像有二十个，但我不想再去筹钱来支付这十五个临时演员的工资；筹钱支付拍摄这十五个临时演员的技术人员的工资；筹钱请会计，让他给这十五个临时演员和十五个技术人员开工资条；找车把这三十个人运到片场，最后再想办法让这十五个临时演员看起来像是二十个或二十五个。这已经不只是走钢丝了，这是在上面跳八三拍的帽子舞！

记得拍《一个唱，一个不唱》时，我在两个镜头之间跑到梧桐树下的电话亭给法国国家电影中心打电话，询问预付费用能不能批准和支付……我很庆幸能拿到预付款，没有这笔"嫁妆"，我简直无法想象这部电影能等到在电影院大厅里放映的一天。

《墙的呢喃》起初还算顺利。文化部预付了一部分款项；电视二台和克莱斯·黑尔维希（Klais Hellwig）也提供了一些资金……但电影从短片变成了长片，预算却没有增加。差额只能由我来补足。

至于长片《纪录说谎家》，情况完全不同。我只能从法国国家电影中心那里得到一小笔资助，这部电影几乎没有赚到钱。因此，我最终欠下了一些债务。不过并没有拖欠技术人员，没有迟发或削减他们的工资，每个人都领到了酬劳。我仍然需要偿还电影工业和其他组织借给我的所有款项，好在可以分期偿还。

电影工业……您知道，在洛杉矶，人们会问："您也是业内人士吗？"好像工业指的就是电影业这一点不言而喻。我总是回答："不完全是，我是艺术家型的电影制作人。"我试图恢复"艺术家"和"工匠"这两个词的含义，在"第七艺术"中，他们制作的并不是大型电影（major motion pictures），而是影片（films），它也是电影的一部分。"我拍电影，不做生意。"

我最受不了听商人们说"电影无非就是和刺激或者恐惧等相关"。他们通常还会说："电影不是某些可悲的精英分子的思想理论……"他们大言不惭地定义电影是什么……他们怎么就是弄不明白电影包括各种类型、各种风格呢？我只是在重申人人都知道的事实，但怎么重申都没有用。正是因为这些荒唐的言论，我才不与常规的制片人合作拍摄"常规"电影。

我梦想与马塞尔·贝尔贝（Marcel Berbert）这样的人合作，他为特吕弗竭尽全力。作为回馈，特吕弗让他出现在自己所有的电影中。贝尔贝的客串就像希区柯克在他自己电影中的客串一样隐秘而低调。我很乐意在我所有的电影中为一位认真可靠的制片经理提供客串机会！

　　A＆J：在职业生涯当前的阶段，您处于什么状态？

　　瓦尔达：无力运转了。不是没有灵感，而是没有勇气，哪怕我觉得自己最近拍了一些好作品，取得了进步。不过《墙的呢喃》不算，它还是以相当典型的手法拍摄的……对我自己而言典型的手法——记录式、个人化。我花时间真正倾听人们的心声，思考问题，享受其中的乐趣。我所谈论的不是别人眼中的"好作品"。现在有很多电影艺术家以各种不同的方式制作出了还算不错的作品。对我来说，"好作品"有其他的含义，指的是凭借想象力重塑固有的东西和刻板印象。当思维真正打开，自由发挥联想时，当我开始用纯粹的电影词汇写作时，这就是"好作品"。电影写作，可以这么说吗？图像和声音之间新的关系，让我们能够呈现之前被压抑或隐藏在内心深处的画面和声音……用所有这些再加上情感来制作电影，这就是我所说的"好作品"。

　　在创作《纪录说谎家》的过程中，我感觉自己随着作品在进步。我一直把自己的生活想象成一项未完成的作品，而不太在意事业的发展。我拍过一些电影，也喜欢拍电影，但我的电影并没有像其他电影那样取得那么大的进展。

　　A＆J：您有没有哪部尚未拍摄的电影尚有机会成为令人兴奋的作品？

瓦尔达：当然！我写了几个剧本，至今仍未拍摄，或者说不会拍了，包括 1960 年的《混杂》和 1980 年的《玛丽亚与裸男》。我希望能与特蕾莎·拉塞尔（Theresa Russel）合作拍摄前者，我觉得她非常出色。她曾出演尼古拉斯·罗格（Nicolas Roeg）的《坏时机》（*Bad Timing*），法文名为《激情调查》（*Enquête sur une Passion*）。还有西蒙娜·西尼奥雷（Simone Signoret），我非常欣赏她的才华，还有她的嗓音。我还得找一个美国人扮演被警察打死的裸体男子……不管怎么说，拍摄计划还在，我还没有放弃这个项目。

A & J：《圣诞颂歌》呢？

瓦尔达：我在 1966 年还是 1967 年拍摄了十分钟的素材，当时也是热拉尔·德帕迪约（Gérard Depardieu）首次亮相……那本来是一部有关 1968 年之前的年轻人的影片，但我没有从新艺国际电影公司（CIC）拿到预付款，发行商放弃了，我也放弃了，然后就去了美国。该放手时就得放手。

我记得有一次我和雅克一起去看普雷韦（Jacques Prévert）。他对我们说了一番话，给我留下深刻印象：他每一个被选中、付费并拍摄的剧本，背后至少都有两部有着完整对白的作品，在完成后无人问津……想想写一个剧本需要花的时间吧！我花了五个月的时间来写《玛丽亚与裸男》。我和一位美国编剧合作，自己先写了三十页左右的手稿。我需要别人帮我用英语写作，用创造性的语言……我们每天都不间断地工作，周六上午也不休息。幸好最后拿到了报酬。

此外，我也喜欢一有想法就付诸拍摄，尤其是纪录片。《达盖尔街风情》和《扬科叔叔》都是如此。受到冲击、激发情感、构思结构，然后就开始拍摄。我也喜欢这样。至于《扬科叔叔》，我在一个周四见到了他，扬科叔叔真是个了不起的人！我们周六、周日和周一连着拍了三天。就这样结束了！整个拍摄过程中我情感上都很投入，也很开心。我在创作的阵痛中拍摄了这部电影。

A & J：这让我们想到您与天气和时间（均为 le temps）的联结。您能谈谈吗？

瓦尔达：我很愿意聊聊，当然，我更喜欢在阴天拍摄彩色画面，在晴朗天气中生活……不过，您的问题也涉及"temps"的另一层含义，即不断流逝的时间，我喜欢生活中那些感觉不到时间流逝的时刻。时间是流动的。孩子会长大，树会长高，这让我感到惊奇。有一天，戈达尔来到我们在达盖尔街的住处，来看罗莎莉，她正在用真的羽毛做一些巨大的天使翅膀，准备将它们用在戈达尔的电影《激情》（Passion）当中。当看到戈达尔和罗莎莉时，我笑了。二十年前，戈达尔和我在同一栋房子里相识，当时罗莎莉只有三岁，总在我脚下打转。

我发现很难在电影中捕捉这样的时光，虽然已经过去了二十年，但我们并不觉得现在的自己与当时有多大的不同。

在电影中，为了真实可信，我们必须使用化妆等手段来体现时间的流逝……在内心深处，我们并不觉得自己在衰老。我们不是生活在镜子前，也无法从外部感知我们的现实。我们知道这一点，却很少真正意识到它。在电影中，让我着迷的是电影本身的时间，电影拍摄的时间，有关时间本身和它突如其来的密度。我在《五至七时的克莱奥》中表现了这一点：时间在何时突然凝固，又在何时重新开始自由流动。时间就像血液循环，或者像在《纪录说谎家》中，时间被抽空，脱离实质，变成了纯粹的空间：海滩，或是两栋迷宫式建筑之间的过道。

　　我最近在南锡看到了一个非常有趣的实验，是雪莉的女儿温迪·克拉克（Windy Clarke）做的。她在南锡戏剧节主帐篷里搭了一个小屋，在这里制作和放映她的"爱的录像带"。大约五年前，她开始制作一部有关集体治疗小组的影片。参与者拍摄自己，也拍摄对方，影像通过房间四周的屏幕播放出来，这样他们就能看到自己的作品，然后描述自己和对方。简单地说，整个过程有些沉重。但是在这之后，她有了一个新的方案：请每位参与者用三分钟时间谈谈爱。她已经收集了大约七百分钟这样的证言。小屋的四周安装了屏幕，上面用法语和英语播放着这七百分钟的"爱的录像带"。如果有人想试试，就可以进入小屋。温迪向他们解释视频的工作原理，让他们选择框架和背景音乐，然后把他们独自留在小屋里。拍摄者锁上门，面对摄影机拍一段三分钟的视频。三分钟后，摄影机关闭。温迪再进来，重放录像带。如果对方同意保存，温迪就会把它加入影片集；不同意的话就删除它。

这些"爱的录像带"非常迷人，它们揭示了拍摄者和观看者的一切，还有拍摄的时间。一位五六十岁的女性给我留下了深刻的印象，她梳着发髻，戴着眼镜，看起来像一位奶奶。她热爱一切：鲜花、生活、工作、同事……这真的很感人，一个看上去如此温和平静的人，内心有着如此强烈的对生活的热爱，这也让我感到吃惊。到了第四十秒钟，她重复了一遍"我喜欢鲜花和生活"，又突然说"还有我的孩子和我的丈夫"，然后就不说话了；接下来她说，"哦，三分钟太长了"。因此，在最后两分钟里，她只是不时地说，"我想不到三分钟会这么长"，或者换种说法，"太长了，用三分钟来聊什么是爱太长了"。真是不可思议。我有一种感觉，我真正触碰到了这个女人被困于其中的这段时间的肌理，它也是我观看和聆听这盘"爱的录像带"时所处的时间。

在《纪录说谎家》中，我进行了一些新的尝试，在强烈的情感时刻之间引入一段静默的时空，让观众有时间抵达那里，感受自己内心情感的余震、话语的回声和被遗忘的记忆。这就像把他们自己经历的时间用在电影的时间里。我安排了充满情感的时刻，然后是将这些情感投射其中的画面，最后让两者产生寂静的回响。

A & J：所以这是一种情感储备？

瓦尔达：是的，情感储备，还有对情感的操纵，通过从一个镜头运动到下一个镜头来实现。一种情感的"滑动"（这个词让我着迷）：词语和词语所引出的画面。文字—图像对我们来说是标记或信号，但并不总是以期望的方式呈现。在《纪录说谎家》中，我拍摄了埃米莉和情人之间的爱情场景（写实的、具体的、做爱的）。这是一个图示，也是在彼此的怀抱中尽享身体爱欲的标志。在纳丽丝·阿维夫拍摄的另一个场景中，我们看到一个女人在自助洗衣店里背对着我们抚摸自己的头发。她心不在焉地在油腻的头发上编织着孩童般的辫子。这是一个令人不安的画面，毫无感官享受性，却带着明显的性意味。当我和埃米莉的扮演者萨比娜·马穆（Sabine Mamou）一起看这部影片时，我注意到了萨比娜在表演做爱场景时的一个动作，她会将手肘举过头顶。我还记得，当意识到可以将自助洗衣店里女人的镜头与做爱时抬起的手肘并置在一起时，我简直喜出望外。通过这种方式，在代表爱情的镜头语言和下一个镜头中化为欲望符号的纯粹官能之间，我可以实现"滑动"。

A & J：在《穆府歌剧》中已经可以看到这种事实和符号间的分离。

瓦尔达：没错。但在此之前我很少这样做。它出现在《穆府歌剧》中，《五至七时的克莱奥》里也有——多萝泰（Dorothée Blanck）担任裸体模特时的姿势和保温箱中的婴儿。

A & J：那两个裸露的身体呢？您有时让他们彼此分开，似乎是为了象征他们的分离。但有时这两个身体又在一起……

瓦尔达：这个解释不错，我没这样想过。你只有在做爱的场景中才能看到这两个身体在一起，这无疑来自过往的记忆，而不是什么新的韵事或性体验。另外，裸体男子独自睡觉的镜头，还有赤裸的埃米莉独自一人度过整个下午的镜头，都不象征着欲望，而象征着不包含感官欲望的时间，是只有身体的时间。

A & J：但因为这种缺失感，这两个镜头也充满了感官欲望。

瓦尔达：是的……那种空的感觉……缺失会带来一种非常强大的存在感。在电影中表现欲望是一件困难的事情。我说的不是欲望和欲望得到满足时的迹象，而是无法描述的欲望，那种难以言喻的张力，除了通过具备形式的空来表现之外，没有其他方法。就像在亨利·摩尔（Henry Moore）的雕塑作品中，空与满这两种形式一样强大，前者甚至更为强大。在陶艺中，我们也必须将空视为一种形式：在那里，陶器环绕着空的形态。

A & J：《纪录说谎家》是一部关于孩子渴望拥有父亲的电影，还是一部关于身体欲望的电影？

瓦尔达:毫无疑问都是。孩子想念父亲,需要母亲。对于母亲来说,这是充实与空虚的混淆,文字变成了一种痛苦的情色,且文字是欲望的替代品。在第二部分中,孩子简短却精准的话语取代了母亲的话语,它总体地表达了母亲的欲望,也是每个人都有的欲望,例如,"我不想一个人睡"或"没有你,就没有爱"。当男孩说"我想见爸爸"时——随口说出的话语——我确立了孩子这一主体,同时将主体分散了。第三部分则是关于其他人。所有那些表现出困惑的男人和女人,他们在场景中(无论是多么不起眼的场景)没有特定身份,却构成了影片的身份:一个打烊了的咖啡馆的女服务员,一个睡在长椅上的瘾君子,还有那个趴在沙地上一边哭一边用手抓沙子的女人。纳丽丝·阿维夫事后告诉我,她认为这是伏都教的某种仪式……我不知道,我只是很受触动——这个痛苦的女人来到此地并出现在我的电影里。

A＆J:另一个场景中,有两个人似乎在为一个死去的人守灵,这似乎更具仪式感。

瓦尔达:这是我某天看到的一个场景,但不明白是怎么回事。于是我重新组合了一下,一个女人像死去了一样躺着,腹部放着一本《圣经》,两个男人跪在她身边。

A＆J:《纪录说谎家》似乎偏离了您喜欢的光明与黑暗、乐观与悲观的对立。

瓦尔达：影片之中的确如此。这部电影充斥着阴影。但是，当将《墙的呢喃》和《纪录说谎家》这两部影片放在一起看时，我们就从阳光转向阴影，从外部转向内部……这两部影片共同表达了对矛盾的偏爱。

A＆J：这种对立并不总是那么严密或对等。我个人觉得，《穆府歌剧》包含了 90% 的痛苦和 10% 的希望。

瓦尔达：也许是吧。两部影片确实有共同点，包括德勒吕（Georges Delerue）的音乐。它们都是彩色的，带有强烈的个人情感。这两部影片拍起来也都很难，就好像我一直在抗拒，不想拍一样。我写《纪录说谎家》的剧本写得很艰难。我不断推迟开拍日期，当一切都定下来后，开拍的前一天，我在两个不同地方丢失了我所有的身份证件，还有没来得及复印的唯一一份剧本手稿。萨比娜设法找到了剧本。如果没有她和纳丽丝的耐心，没有她们将这个项目付诸实施的坚持，我可能就不会开始、更不会完成这部电影。

后来，我一直被各种障碍所阻挠。我坚持要租下以前住过的公寓，但房东不同意。我坚持着、等待着，耽误了很多时间。拍摄开始前三天，我终于放弃了这个地方，半小时后，我发现了许多 20 世纪 30 年代的贫民房屋，它们内部宛如迷宫。这个场地有种诡异的平静又令人不安，对于埃米莉和马丁来说，没有比这更好的选择了。这比我坚持许久的那所公寓要好上十倍。这就是我所说的作品：遮蔽与揭露、痴迷与现实、超现实主义、魔幻、拍摄不可拍摄之物的欲望。

A & J：为什么您要在《纪录说谎家》中使用"说谎"（menteur）这个词？这部影片中似乎不包含任何谎言。

瓦尔达：恰恰相反。整部影片反对的就是"真实电影"原则。它是"电影—梦想—寓言"，是阿拉贡会称之为"真实的谎言"的东西。不是我，我现在所说的一切都像是后记，电影已经脱离了我的控制，别人可以看到它们。我谈论电影，阐释电影，梦见电影，我试图理解电影，谈论电影计划和它的结构，讨论细节。当我拍电影时，我是影片有机现实的一部分。拍完《墙的呢喃》后，我与萨比娜·马穆一起进行了长达六个月的剪辑工作，处理图像和文字，观察它们，倾听它们。等待影像变得清晰，并释放其他信息。只有到那时，我才能开始写别的东西，也只有到那时，我们才能回来继续剪辑。至于《纪录说谎家》，从声音、面孔到身体都是"真实的谎言"。谁在说话？以谁的名义？当从萨比娜手中剪辑出屏幕里萨比娜的影像时，我们真的感到迷惑，我说"是你……还是她……"，我们笑自己建立的这座迷宫——现实、虚拟形象、真实形象或想象中的形象最终都彼此相似。

A & J：最后我们想问一个历史问题……您如何看待如今自己与"新浪潮"的关系？

瓦尔达：套用雷诺（Renaud Séchan）那首歌，我感觉我们就像是一群孩子[1]……但我从来不是某个团体的成员。他们说我是早于"新浪潮"的先行者，但我完全是自己摸索的，不是电影文化的一部分。我当时身处"新浪潮"的浪潮之中。多亏了戈达尔，乔治·博勒加尔能担任雅克《萝拉》一片的制片人。托雅克的福，我拍了《五至七时的克莱奥》。接力棒就这样传递下来，促成了一些共同倾向，比如拍摄低成本电影，人物穿行于巴黎街头。从这个角度看，当我们看《北方的桥》(*Le Pont du Nord*) 时，会发现里维特从未老去！但我从未真正属于某个团体，因此人们习惯于遗漏我，将我排除在外。1976 年，穆西多拉（Musidora）团体出版了一本关于女性的书《话语，她们在旋转》(*Paroles, Elles Tournent*)，里面没有提到我。去年，也就是 1980 年，《电影手册》杂志出版了两期专门介绍法国电影的特刊。这两期都没有提到我，也没有提及我的任何一部作品。天知道里面谈到了多少人，有趣的人，不同的人，各种类型的法国电影人，男人、女人，奥弗涅人。但没有提到我。是因为我在美国吗？路易·马勒也在美国。是因为厌女症吗？当然不是，卡特琳·布雷亚（Catherine Breillat）、玛格丽特·杜拉斯等人都在其中。是身高不足五英尺的人被忽略了吗？不，尚塔尔·阿克曼也在里面。只有我被遗漏了。没有人联系我，我所有的信件都寄到

---

[1]　雷诺·塞尚生于1952年，是法国著名歌手、词曲创作者，他的歌词通常带有明显的左翼色彩和社会性。此处瓦尔达指的应是其歌曲《听我说，加夫罗什》(*Ecoutez-moi Les Gavroches*)，写的是"巴黎的孩子们"。

了洛杉矶，但从没收到任何意见表。我真的很伤心。如果多年来邀我做过多次长篇访谈的《电影手册》杂志都将我排除在外，那真的感觉像被放逐了。

　　但这并非偶然或疏忽。碰巧我的新电影讲述的就是这个问题，有关分离。这部电影是关于缺乏栖身之所的，缺乏旧日环境或群体带来的温暖，缺乏可以依靠的肩膀。现在，我带着两部作品来到这里（很奇怪，我们在这次采访中几乎没怎么谈到《墙的呢喃》）。我回来后，每个人都在看我的电影，和我聊天，问我问题。我受到了热情洋溢的欢迎。也许我确实存在于法国电影中，尽管没有获得多少热度或庇护，但至少我现在身处其中而非居于其外。

"Interview with Agnès Varda", from *Positif*, April 1982. Translated by T. Jefferson Kline.

过客莫娜：
采访阿涅斯·瓦尔达

弗朗索瓦丝·韦拉（Françoise Wera）/ 1985

"我不在摄影机后面，我在摄影机里面！"

有人曾说她是"新浪潮"最具创新精神的导演之一。三十年过去了，阿涅斯·瓦尔达拍摄了二十五部作品，依然在继续着自己不同寻常的职业生涯，延续着她独具个人风格的手法。在去年的威尼斯电影节上，她凭借新片《天涯沦落女》获得了金狮奖。在这部非凡的作品中，她以近乎冷酷的推演方式，刻画了一位年轻女性极具冲击力和饱含情感的形象，她神秘的面容和孤独的气质将继续萦绕在与她擦肩而过的人们的记忆中。

韦拉：《天涯沦落女》是您的第二十部电影，您还拍摄了不少短片，这也是您创作的特别之处。

　　瓦尔达：是的，差不多是这个数量。在每部长片之间，我都会拍摄一些短片。对许多电影制作人来说，短片是拍摄长片之前的跳板，而我不同，我经常拍摄短片，这是我坚持的一种标记，以便将我的作品与时下的风向区分开来。短片让我在有限的时间内表达情感，呈现自己的发现和幻想的瞬间。这些短片有助于我的作品不断进步，是将我的感知与未来观众的感知结合在一起的过程；也像是在演奏音阶：我的眼睛和耳朵都得到了锻炼！

　　以《尤利西斯》为例，我重新拍摄了我在1954年拍过的一张照片，在照片中，可以看到大海，一个赤身裸体的孩子坐在砾石滩上，旁边是一只死去的山羊，还有一个赤裸的男人站在那里眺望大海。从照片出发，我开始寻找里面的模特，并试图重现拍下这张照片的时刻。我所感兴趣的不仅是拷问记忆和时间，而是质疑图像本身，质疑对记忆的重现，以及记忆和重现之间的关系。这正是电影的真谛所在：重新审视时间、运动，尤其是影像。通过挖掘这幅图像，找到里面的模特（比当年老了二十八岁！），了解拍摄当天的情况并重现它——当天电视上播放了什么，有什么新闻——通过将运动重新引入我所凝固的那一帧图像中，形成了我重新发现和重新审视的这部电影。这样一个画面从我对那天记忆的罅隙中产生，不知何故，这张照片抗拒我对它进行分析和研究的任何尝试。

每一部短片都标志着我的一个成长阶段，例如受委托拍摄的《女雕像物语》，为此我不得不回顾 19 世纪 60 年代及波德莱尔之死。通过将资料、回忆和自由联想相结合，我在每部影片中都探索以往电影里鲜有人涉及的主题。他们总是希望我们用情节和心理起伏来讲述故事，但还有其他非常有趣的方面，我们可以将其纳入时间、空间和记忆之中，比如情感、回忆、惊喜。

韦拉：您在美国拍过一些电影，包括《墙的呢喃》和《纪录说谎家》。后一部影片是否带有一点自传性质？

瓦尔达：嗯，是的，但又不完全是。我认为我的电影都是自传性的。《尤利西斯》完全是自传性的：我甚至有和这个叫尤利西斯的孩子的合照。某种程度上，您甚至可以说《天涯沦落女》是自传式的，但不是在最直观的层面上……回到《纪录说谎家》，会产生是不是自传这个疑问的原因在于，影片中的孩子马丁是由我的儿子马修·德米扮演的，再加上这是一个女人独自带着孩子在洛杉矶生活的故事，跟我的情况也有些类似，因为我当时和马修生活在那里。但我认为更重要的是，这部影片中的情感充满了强烈的自传色彩。《天涯沦落女》也是如此，您明白吗？当然，我不是背着背包在普罗旺斯游荡的十八岁少女，也不是八十五岁的老太太，但这些角色身上都有我的影子。比如之所以那样设定玛莎·梅里（Macha Méril）扮演的角色，是因为我很担心这些梧桐树会死去，而他们似乎找不到治疗真菌感染的方法。

韦拉：您是如何构思《天涯沦落女》的剧本的？

瓦尔达：一旦确定了主题，我就去实地察看，踩点，如果可以这么说的话。我捎上搭便车的人，在火车站闲逛，晚上去一些流浪汉收容所等。有一天，我载了一个搭便车的女孩，她很有个性，我开始意识到，一个女孩搭便车的故事比男人的要有趣得多。那个时候我就决定要把主角设定为一个女孩。这意味着要有更多的勇气、更强的耐力、更大的胆量，以及对他人说"去你的！"的能力等。

这部电影也是在我四处寻找角色的过程中诞生的。我见了很多人，和他们聊天。例如，我喜欢牧羊人，于是就在羊群中游荡。当遇到这位当过老师的牧羊人时，我发现他讲述的人生故事比一个普通的牧羊人角色要有趣得多。于是，我当场询问他是否愿意扮演这个角色，并为他写了一段台词。我与角色之间通常如此，如果他自己写台词，我就会有一种窃取他本来面貌后再把他塞进我电影里的感觉。相反，我通过自己写的文本将角色**虚拟化**。每一次，电影都只会采用人们的提议或建议，但不会由他们直接表达。

因此，我必须承认，这部作品有一种模糊性。我见了各种人，直到找到似乎最能代表我所寻找的角色类别的人，然后根据我与他们的对话，同时利用他们所说的一些话，我再写出他们要扮演的角色的台词。我保留了他们所处的环境、

表达自我和行动的方式。我发现这种虚构与纪实的结合非常
有趣。

韦拉：所以，尽管您给了自己自由发挥的空间，但所有
的东西都是事先写好的？

瓦尔达：是的，一切都是精心编排的。《天涯沦落女》中
的每一句台词都是写好的。一般都是在最后一刻写出来的，
有时是在凌晨四点，有时是在车边，所有的非专业演员都要
背写好的台词。这是一部我用真实人物的生活培育出的真正
的虚构电影：收集素材的方式是纪实性的，但剧本和拍摄是
人为安排的，也就是虚构的。

剧情的特点之一是我创造了一个无法完全控制的人物
（莫娜）。我自己选取了这个角色，但我并不完全了解她，也
无法彻底理解她。这部电影描述的就是这种关系，这种无法
跨越的鸿沟。即使是影片中的目击者，他们靠近莫娜，然后
也会与她保持一定距离，继而寻找她，追踪她，严格评判她，
但他们都是非常好的人……他们最后都对莫娜有种矛盾的看
法，而与她沟通的尝试也一一遭到拒绝。

这种工作方式与之前完全相反，比如在《五至七时的克
莱奥》中，我对克莱奥了如指掌，在拍摄前和拍摄期间我写
了大量关于她的文字，科琳娜都一一读过，我还与所有演员
紧密合作。我说，"为了演好克莱奥生命中的这一刻，你们
必须让它充实起来，让它生动起来（animer）"——我用这

个词是因为，不知道为什么，它包含了"灵魂"（âme）的意味——让克莱奥这个人、她的经历、她的年龄、她的青春、她的人际关系、她提及的事物都生动起来。所有这些都能帮助演员。但在《天涯沦落女》中，我一开始只是偶然捕捉到了一个角色，在她与我擦肩而过的瞬间。拍摄过程中，尽管有那些跟镜头，我还是尽量与她保持距离。我避免使用伯格曼式的大特写镜头，它们直面脸孔，也映照了灵魂。

也许这就是我最引以为豪的地方：开始拍摄之前，我就意识到这部电影将是游牧式的，我作为"作者"的位置必须跟那些目送莫娜离开的目击者一样。也许正因如此，我们才能将自己作为莫娜见证人的角色传递给影片观众和影评人。他们看的不仅仅是一部电影，而是莫娜。

韦拉：其实这也是我喜欢的地方。在目击者的反应和您呈现它们的方式之下，这个女孩始终是个谜，就像一个过路人，打乱了事情的秩序，她进入这些人的生活，并深深地烙印在每个人的记忆中。

瓦尔达：因为她只是个过客，而对我来说，在我自己的剧情设想中，她也一直在行走。克洛德-让·菲利普（Claude-Jean Philippe），一位非常优秀的法国评论家，跟我说起了司汤达的一句名言："小说是沿路旅行的一面镜子。"（原话："小说是携带着上路的一面镜子。"）这句话同样适用于小说中的人物。每部艺术作品都是一次旅行，作品和作品中的人物都是如此。毫无疑问，您应该也能感受到这种镜子／棱镜效应。任何事物经过时，都会化为影像，而这种影像会让我们幻想和反思。这让我们回到本次讨论的开头：《尤利西斯》是对影像的反思，也是对影像施加于我和其他人（包括孩子们）身上的影响的反思。这又让我想到另一部系列电影，每部时长为两分钟，名为《一分钟一影像》，影片中，不同的人谈论着其他人拍下的照片。这种审视——我们的感受、我们的观察方式、我们对别人看我们的方式的感受、其他情绪、其他选择、这种连锁反应——是我前面几部电影的一致主题，现在又把我引向了《天涯沦落女》。

韦拉：桑德里娜·博奈尔以最非凡的方式诠释了莫娜。她是您的第一选择吗？

瓦尔达：是的。我相信她是年轻一代女演员中，唯一能够演绎出这个角色所需要的强烈情感及内心深处那种无法触及的坚韧的人。桑德里娜有着金色的头发，非常漂亮，态度亲切，但她身上有一种坚韧的特质，正是这一点让我觉得她能够扮演莫娜：难以接近且高傲。

韦拉：您是如何与演员们合作的？开拍前是否进行了大量排练？

瓦尔达：开拍前没有。我不会在拍摄之前和（或）之后做心理工作，但每次拍摄时，我们都会尝试不同的东西。比如莫娜独自穿过田野这样一个简单的镜头，我们本可以说，"咱们拍一个跟镜头吧"，然后就这样完成了。但是我们没有，我们讨论的是她应该在什么时刻触摸背包肩带或自嘲地笑。我见过女孩们这样做——突然无缘无故自顾自地笑起来，或者在路上抽烟，违反童子军的所有规定！我们必须捕捉这些人身上不合逻辑、缺乏实际意义的一面，同时为了生存，他们又必须具备一些现实性。因此，我们要让桑德里娜的举止显示出她有在路上生存的技能，又不能让她展现出充分的组织能力，足以计划去攀登喜马拉雅山。她的鞋子太不实用了，几乎可以说她因鞋子而死，睡袋对她而言也很重要，以至于她在睡袋被烧毁后无法生存。这就是我们所说的事物的现实性，那些真实的、实际的一面。我认为，演员的表演必须与各种要素相配合，这些要素的叙事意义不亚于语言和心理。

韦拉：您和非职业演员合作感觉怎么样？

瓦尔达：我喜欢和他们合作，我也很喜欢这些非职业演员！即使有这么多年的电影工作经验，我仍旧能感觉到，要塑造一个角色，为她提供一切可信的细节，是多么困难的一件事。要不然，你就得有很多钱，像美国人那样，他们能达成一些非同寻常的事情，比如《丝克伍事件》（Silkwood）中的梅丽尔·斯特里普（Meryl Streep）。你会觉得要花费大量的时间和金钱才能把事情做得如此到位。我也花了很多时间，实地察看，一个人游荡，也不花什么钱，只是四处走走、见见人、观察事物，花时间挑选合适的人。然后，我就可以利用他们周围的环境、穿着、发型、手、指甲（脏的或干净的）、使用的工具、说话的方式等。当我需要写出一段与他们现实中可能会说的内容相似的对话时，我可以利用所有这些东西——他们身上的现实主义力量，因为他们身处自己熟悉的地方，使用着自己的东西，打开一个原本就属于他 / 她自己的抽屉。

以种葡萄的那个人为例，他跟每天一样坐在一张桌子旁边，拿起一瓶橄榄油，就像一直以来那样。他不必像玛莎或桑德里娜等专业演员一样尝试各种动作，而我必须和那些专业演员们一起排练每一个动作，找到恰当的时刻，为每一个动作寻求合理解释，有时甚至不进行说明。桑德里娜觉得我要求很高，有点强迫症，这也是事实，因为莫娜必须要真实，而她**确实是**真实的。

韦拉：小林正树曾说过，演员只是电影的一个要素，很重要，但并不比其他要素更为重要。您对此有何看法？

瓦尔达：帕特里克·布洛西耶（Patrick Blossier）给了我很大的帮助。这是他拍摄的第一部长片，尽管他还拍过很多其他作品，包括纪录片《围墙》（*Autour du Mur*），他也曾在很多具有挑战性的环境中工作过。他立刻就领悟到了，我们必须拍摄一部"直面观众"的电影，一部天然、粗粝而不是经过修饰的电影。我非常感激他，因为他的布光完全符合我的要求。当我们在较贫困的地区拍摄时，他的灯光会让人联想到微弱的太阳光或天花板上悬着的暴露在外的劣质灯泡。此外，在有钱老太太满是小玩意儿的公寓里，他又能打出非常丰富甚至诱人的灯光，照亮所有这些不同的物件。这真的很棒！

我的要求很严格。我总是说："不，我们现在不能拍，太阳光过强。我们晚上七点再来。"冬天太阳落山早，我们会在傍晚五六点拍摄，捕捉一天结束时暗淡的光线；我们经常利用日落时分的暗淡光线，这是你能意识到自己在独自行走，并强烈感受到自己孤独的时刻。即使莫娜决定一个人上路，一个人生活，说着"我不在乎"，她也不可能感受不到这种压抑的氛围。帕特里克捕捉到了这一切，捕捉到了我想要的东西，因此他成功营造了这种光线效果。

至于取景，我一直很在意这方面。因为我认为人物的位置和距离非常重要。大家都知道我曾把一个场景完全重拍一遍，只因为最初的拍摄距离是五英尺远，而我要再把距离拉近一英尺。不用我说您也知道，电视人是不用担心这些的，而我会根据作品需要严格把控拍摄的精确度。

韦拉：您最喜欢电影制作过程中的哪一部分，拍摄、剪辑还是编剧？

瓦尔达：都喜欢。我甚至开始使用"电影写作"这个词。电影写作不是指剧本的创作，而是探索性的游走、选择、灵感、写下的文字、拍摄、剪辑构成的整体，电影是所有这些不同时刻的产物。我每天花九个小时进行剪辑，因为在剪辑的过程中，影片成为一个整体，可以计算、推敲、更改和修正其中的情感清晰度，直到最后一刻。

我甚至还没提到音效的重要作用。我的音效师曾参与另一部流浪电影《德州巴黎》(*Paris, Texas*) 的制作。他的工作完成得非常出色。我向他提了一些特别要求，比如不仅要听到莫娜的脚步声，还要听到她牛仔裤摩擦的声音，因为这些都是我们独自一人时会听到的声音，拉链被卡住的声音，石头击打帐篷钉的特殊共振，根据田野表面的不同而产生的不同声响。我想听到所有这些声音，因为这帮助我们与莫娜同在，跟她一起生活。需要非常熟练的技术人员来制作这样的电影，这样它们才不会显得刻板虚假，而是真实可信。

当你开始拍摄一部电影，想法开始萌芽时，就会进入一种我称之为蒙受机遇眷顾和恩典的状态。可以说，是我和机遇共同完成了这部电影。您无法想象我中途遇到了什么样的偶发事件。有时，我的团队会捧腹不止：我可能刚说完"我需要这样或那样的东西"，然后这个东西就会出现。这太不可思议了！您知道艺术家们经常谈论灵感和缪斯。缪斯！这很有趣！但实际上不是你的缪斯，而是你与创造力之间的关系，它让事物在你需要的时刻出现。这就是我对电影充满热情的奥秘所在。这种恩典，这种暴烈，我知道它是什么：你的电影将占据这一切，如此令人印象深刻，不可思议。在拍摄现场，我们曾有过五十次这样的经历：一些事、一些人、一些机遇，它们碰撞在一起，当场赐予我们灵感。

例如我们在拍摄莫娜之死时遇到的警察局长。有人告诉我应该去见他，因为他或许会把警察和警车借给我们。虽然我不太喜欢警察，但还是被说服去见了他。我们站在附近的一家咖啡馆前面聊了聊，他解释说，他们已经不再用毯子盖住尸体，而是把尸体放进一个带拉链的塑料袋里。那一刻，我看到了这与莫娜睡袋之间的联系。这是影片中最引人注目的画面，一具冻僵的瘦小尸体被他们放进一个白色塑料袋，袋子上的拉链让我们想起她运动衫上的拉链，这个袋子看起来就像她睡过的睡袋。这一切，这一幕所有的情感都来自一位警察局长对他工作方式的说明。

或者再举个例子，对莫娜身体的所有冒犯中最微不足道的一种——我们还没有讨论过这一点，但电影的一个重要主题就是污垢和我们对污垢的难以容忍。莫娜从海中浮出，随着影片的推进，她变得越来越脏，直到掉进一条焚烧过的肮脏暗沟，身上沾满酒渣。我在塞特附近的地区长大，距离村子大约三十千米的地方有个令人厌恶的习俗，在三个小时的时间里，你有权把酒渣扔到别人身上。影片中的故事发生在一个满是葡萄园的寒冷地区，在那里，酒和醉酒再平常不过了。但是您相信吗？我已经把这个愚蠢的庆祝习俗忘得一干二净了。一个偶然的机会，有人给我看了一些相关照片。当然，这也是我正在创作的重要主题之一！当这些人用早已遍布她全身的东西——污秽——攻击她时，这个原本什么都不怕的女孩害怕了。

因此，你必须以自由联想和想象的方式进行创作，让自己随回忆、偶遇和物件遨游。三十年的电影制作生涯让我养成了严谨的纪律性，我试图在它与众多不可预见的时刻及机遇的征召间取得平衡。如果这部电影让人感觉贴近当下，那并不是因为它描绘了一个处于社会边缘的年轻孩子，而是因为我充分利用了拍摄时所发生的一切。我作品中最当下的东西就是拍摄当天的我。有些人可能会说这是在没有保障的情况下冒险，但这正是这部作品令人兴奋的地方，我相信影片可以传达出这种强烈的兴奋。

"Interview with Agnès Varda", from *Ciné-Bulles* 5, no.3 (1985). Translated by T. Jefferson Kline.

与阿涅斯·瓦尔达对话

芭芭拉·夸尔塔（Barbara Quart）/1986

阿涅斯·瓦尔达至今已有三十多年的从影经验，她刚入行的时候，女性导演凤毛麟角。瓦尔达作为严肃电影创作者的生涯之长及她在行业内存活下来的能力，本身就令人感动，其他杰出人物来了又走，他们都以不同的形式被沉寂或倦怠所消磨。我们不难回忆起，1962年首映的《五至七时的克莱奥》和1965年的《幸福》是多么令人赞叹。瓦尔达也曾受到批评，但她在电影史上的地位是毋庸置疑的。作为"新浪潮"的先驱，她不断努力和成长，每部新片都代表着一个大胆的新方向，也是她必须完成的一项庞大工程，要从无到有苦苦争取资金，尽管她已经如此知名和受人尊敬，尽管评论界对她的最新力作评价极高（《天涯沦落女》被视为她迄今为止最好的一部影片，在法国获得了巨大的商业成功）。

瓦尔达这次讲述的是一个年轻流浪女孩莫娜的故事。这个主题并不简单，且颇需要勇气，在瓦尔达的手中，影片从头至尾都充满了吸引力，不难理解为什么它会在威尼斯电影节上斩获最高荣誉。瓦尔达通过倒叙和莫娜流浪过程中遇到的人的纪实性讲述，展现了主人公悲惨地死在沟渠里的过程。然而，瓦尔达摒弃了心理层面的阐释，没有将莫娜视为受害者，而将她视为一个为了追求独立，彻底拒绝一切的人。莫娜是一个耐人寻味的存在（得益于桑德里娜·博奈尔的出色表演），让人百看不厌，难以捉摸，其坚韧机智和脆弱无助都令人动容。影片的法文片名"Sans Toit ni Loi"（没有屋顶也没有法律），首先暗指寒冷的冬天在户外生活的可怜境况，其次暗指对任何事物和人都不关心的状态——一种彻底的自由，也意味着彻底的孤独，正如影片中一个角色所言，这只能导向自我毁灭。

影片自然而然地提出了一些哲学问题，同时创造出了肃穆但充满美感的画面。影片还通过莫娜创造了一层多棱透镜，借它来观察各种各样的人物，使瓦尔达对"常态"有了一种不同寻常的、多层次的视角。不管是在与瓦尔达交谈，还是观看她的电影时，人们总会惊讶于她拒绝选边站的态度，惊讶于她能完全掌控手中素材，将不同的态度、观点放在一起，从而创造出一种复杂性。这部影片汇集了阿涅斯·瓦尔达最出色的创作，展现了她作为导演一如既往的娴熟技巧和迷人魅力。

《天涯沦落女》的纽约首映似乎是与瓦尔达进行对话的绝

佳机会，我们可以请她谈谈她的作品，聊聊电影和艺术，以及欧洲电影界与我们的差异，谈谈女权主义，还有《天涯沦落女》的创作过程。我们已经习惯了这一点，即电影工业充满了妥协，票房几乎永远是电影的核心问题，而听一位导演讲述她对电影制作的远大理想——这些年来她在一部又一部电影中为之奋斗的理想，则提醒了我们什么才是电影艺术的真谛。

谈话一开始，瓦尔达就问我"最感兴趣的是什么"，这样她才能知道如何调整发言。我告诉她，我对女性导演感兴趣。访谈以英语进行。

瓦尔达：在美国，我还没遇到一位能聊到一起的女导演，能让我像面对欧洲女导演时那样交谈，比如冯·特罗塔（Margarethe von Trotta）和尚塔尔·阿克曼。她们都尽其所能做自己的事，但我接触过的美国女导演里还没有人思考过什么是电影写作——法语称之为 cinécriture——及它的目标是什么。具体来说，它不是指为剧本配上画面，不是改编一部小说，不是找到一个好剧本里的噱头，这些都不算。自从我创作电影以来，自从《短岬村》以来，我一直在为呈现心理情感、视觉情感、声音情感和情感中夹杂的某种东西而奋斗，为之寻找一种形式，一种与电影相关而无关他物的形式。我在这里几乎从未进行过这样的对话。要么谈论某些主题，如女性主题；要么谈论剧本，即故事。它是一个好故事还是糟糕的故事，它是一个**精彩的**故事——总是这样。然后呢？

夸尔塔：您认为问题出在这里的电影工业吗？

瓦尔达：我认为是电影工业的问题。另外，学校的教育方式也让人们认为，好故事就是好电影，好剧本就是好电影。电影要处理的是叙述方式，而不是故事。我们尊敬的茂瑙（F. W. Murnau）、奥森·威尔斯、布列松、戈达尔、卡萨维茨及其他可以进入这一行列的人的伟大之处，就在于他们选择讲述故事或非故事（non-story）的方式。因而，这让此地的情况有时变得十分艰难。当我拍摄《一个唱，一个不唱》这部女权主义影片时，尽管有旁白，但我还是不得不更多地去展现故事，跟进故事的发展，这可能会令人困惑。但我的大部分电影中故事都非常单薄——暂且把上述电影排除在外，因为它的制作方式有些不同。我的工作就在于如何利用它。如果讲述《公民凯恩》（Citizen Kane）的故事，你会发现这并不能真正算是一个故事。一个上了年纪的有钱大亨死了，死前留下一句人们不懂的话。关于他的人生，有太多东西我们不知道，只有一些片段，最后剩下一个雪橇。这算故事吗？很难说。所以，《公民凯恩》的有趣之处就在于它向我们讲述那个人的方式，让我们了解人们对他的看法。而茂瑙可贵的地方就在于几乎没有故事，但影片的张力却逐渐积蓄。

夸尔塔：我不确定导演们能否以这种思路在这里生存下

去。这里少数几个持这种想法的导演都难以为继。您刚才说到视觉想象力，《天涯沦落女》的整个视觉呈现都很美，带有强烈的探索意味。

瓦尔达：我同意用"探索"这个词。我没有把它拍成一部悦目的电影。

夸尔塔：它没有装饰性的美，而是与影片完全融为一体，但您拍摄的画面让人惊叹。

瓦尔达：它们很强烈，比美更为强烈。尤其是被寒冷折磨得奄奄一息的主角，她必须应对流落在外无家可归的问题，还有那里的景观——我很了解它，因为我就是在那里长大的。那片地区冬天的风景很棒，冷冽严酷，只要看看葡萄园里剩下的那些黑色的东西——葡萄树的主干——就能感受到。这里的人酿酒之后会去掉葡萄藤（我们在影片中看到的），剩下黑黑的树干，像盆景一样。在巨大的景观中，这些黑色的小点使整体变得凛然壮观，我非常喜欢。

夸尔塔：不仅仅是景观，还有窗外的人和山羊，甚至还有您对墙的处理。

瓦尔达：世界各地都有山羊，世界各地都有牧羊人。

夸尔塔：您是怎么利用它们的？

瓦尔达：这取决于最终目的。技术和框架只是一种手段，用来传递感受。这部影片包含的感受很强烈。这就是为什么我把她的死亡安排在开头——我们发现她死了。我们讲述那个女孩的故事，不是为了让人们觉得"也许有人能救活她"，很明显她确实死了，一个人冻死在沟里，很悲惨。她的样子一团糟，几乎跟沟成了同一种颜色，就像一支枪的颜色。以这种方式讲述故事不是为了唤起同情，也不是为了让人理解，这些都不是目的。影片要讨论的是一直处于"不"的境地是什么样的——她总是在说"不"，我不知道她为什么会在外面流浪，对一切说"不"。但我想要看她那反抗社会的"不"是如何在不同人身上得到不同回应的。因此，我们的目的不在于捕捉她是谁和她心里在想什么。通过其他人的反应，我们更多地了解这些人，而非那个女孩。

夸尔塔：我喜欢这个故事的开放性和矛盾性，但它并不让人觉得困惑，而似乎完全在掌控之中，却开放且丰富。

瓦尔达：显得丰富是因为影片不是在说"这是好的，那是坏的；这很刻薄，那很友善"。所以很明显，**结构**或**形象**比知道她是否有情人、是不是越狱者或别的什么更重要。

夸尔塔：您并不想把她塑造成病态的。

瓦尔达：不，从心理学或社会心理的角度来看都不是。

夸尔塔：为什么？

瓦尔达：因为我感兴趣的是此时和此地。

夸尔塔：您认为她做出了哲学式的选择吗？

瓦尔达：当然不是。在我看来，她没有哲学式的头脑。牧羊人曾经做出了那样的选择，但那是在 1968 年或 70 年代的时候。

夸尔塔：他确实如自己说的那样吗？您找到了过着这种生活的人？

瓦尔达：是的，但他的台词是我替他写的，因为他不想以自己的身份讲述，就像他也不想拍纪录片一样。当我清楚地说明这是一部虚构电影时，他说："好吧，如果您帮我写台词，那我就来演——那样就有报酬了，我是在演戏。"

夸尔塔：您认为这部电影是关于 20 世纪 60 年代末期的吗？关于 60 年代人们的心态发生了什么变化，就像弗洛拉·刘易斯（Flora Lewis）在《纽约时报》影评中写到的那样？

瓦尔达：当然不是。我觉得那篇文章让人很不解。

夸尔塔：您曾谈到，在 20 世纪 70 年代初，您对女权主义有了新的体验。

瓦尔达：您所说的"新的体验"指什么？我从十九岁起

就是女权主义者，为重要的权利、同工同酬、避孕而斗争。我很早就开始了，真的很早。

夸尔塔：我很惊讶，因为我之前感觉您的想法在20世纪70年代初和整个70年代有了很大改变。

瓦尔达：并没有，当时的情况是，有一大批女权主义者，她们有时利用我，有时把我推开，有时操纵我的作品，让它们具有女权主义色彩或正相反。有些激进的女权主义者讨厌我的作品，另一些女权主义者喜欢我的作品，我就像一个乒乓球。但这是就现实生活中简明的事情而言，而非理论上的，我从来都不擅长理论，也没读过任何关于女权主义者的书，那些人都知道倍倍尔（August Bebel）和恩格斯，而我很晚才知道他们。但我很自然地参与了所有反对歧视女性的抗争。所以那时候——我说的是1948年到1950年，在法国我们开始和其他团体一起去政府请愿，我参与其中，帮助女性，信任女性，和她们一起合作，给她们信心，鼓励她们成为技术人员，这比其他人都要早。

夸尔塔：您是如何鼓起勇气亲身参与的？

瓦尔达：谈不上什么勇气，我真的觉得这是自然而然的。我的兄弟们比我更优秀这种说法对我完全没有说服力。他们是不错，但我不认为我有什么比不上他们的地方。我讨厌战争，可以确信我不会使用武器。我一开始就厌恶暴力，觉得那是再愚蠢不过的事情。我讨厌某种与权力、炫耀权力、展现力量有关的愚蠢行为。我讨厌对他人使用暴力，不仅仅是对妇女，还有对其他所有人，包括非洲人和越南人，针对任何事物的暴力都令我反感。阿尔及利亚战争就是一场巨大的闹剧。但这么说吧，我只是个艺术家。我非常喜欢拍照，执迷于用自己的眼睛发现事物，但不是像游客一样旅行，我从来不那样做。

夸尔塔：作为一名女性，您是否意识到自己在电影制作人群体中的孤独？

瓦尔达：我一开始不是电影制作人，而是一名摄影师。当我开始拍摄第一部电影时，作为女性，我肯定是孤独的，但我并没有把自己看作一名女性、一名勇敢的女性，我把自己看作一位勇敢的艺术家、一位电影制作人，因为当时没有我那个年龄段的人在拍电影，无论男女。年轻的"新浪潮"是后来才出现的。所以，1954年我拍摄第一部长片时，还没有年轻人在拍电影。奥森·威尔斯当时也许在美国拍电影，但在当时的法国，你必须先当第三助理、第二助理，再当个几年第一助理，四十五岁之后才有机会当导演。差不多就是这样。有些人起步较早，比如让·格雷米永（Jean Grémillon），但决定权并不掌握在年轻人手中——写一部电影剧本，然后照着拍摄。我所开创的，并不在于年龄年轻，而是断定一部电影应遵循灵感，而不是故事和剧本。我的第一部电影结构非常奇怪。既然您教文学，您应该知道福克纳的《野棕榈》吧？

夸尔塔：是的。

瓦尔达：这本书在叙事方面给了我很大启发，因为《野棕榈》中的两个故事从未产生交集，这给我留下了深刻印象。一个故事讲的是两个人在洪水中逃出监狱，另一个故事讲的是一对情侣的艰难爱情。书的叙事在两个故事之间来回。

夸尔塔：《天涯沦落女》也采用了这种手法对吧？来回跳跃。

瓦尔达：不，不是的，抱歉。《天涯沦落女》实际上是关于不同的人对莫娜的看法，就像在为莫娜拼凑一幅不可能完成的肖像画。这不是来回跳跃。《野棕榈》非常严格地遵循了一章描述逃亡、下一章描述情侣的节奏。因此，在我的第一部电影中，其中一章——如果能称之为一章的话——是一对夫妇在讨论他们的爱情，历时五年走向了失败的爱情；然后是一个村庄的渔民们试图团结在一起，有些新现实主义风格。故事就在村庄和情侣之间跳转，却永远不会相交。这非常大胆。灵感来自福克纳，倒不是我有多喜欢这本书，这不是重点，而是我试图感受这种叙述方式对我的影响。它的作用就是让你紧张，因为你总是想看看另一个故事的进展。于是我正常读了一遍，先是 A 章，然后是 B 章，再是 A 章、B 章。

结果这让我过于紧张，就把所有有关 A 的章节放在一起读，每次都跳过一章来了解故事进展。然后我又读了所有的 B 章。这时我明白自己这样做很蠢，所以我又回到开头，照着顺序读，其中包含了某种干扰，还有叙述方式带来的懊丧。

　　夸尔塔：您的许多影片都不在这里放映了，我最熟悉的一部是《创造物》，因为最近才看过，您在这部影片中的叙述方式也非常有趣。

　　瓦尔达：这就是电影的真谛。影像、声音，不管是什么，都是我们用来建构电影的方式，它们将产生特定效果，这种效果不仅作用于我们的眼睛和耳朵，还会进入我们的"心灵"电影院，那里充满了图像和声音，就像持续放映的电影，而我们看的电影会进入并与之混合，对所有这些图像和声音的感知就像典型的电影叙事那样，逐渐堆积在我们的记忆之中，与其他图像、图像引发的联想以及其他电影一起，不过其他心理图像在此之前已经存在了。电影中的一个新图像会刺激或激发原有的另一个心理图像或某种情感，当你观看和聆听某种东西时，它就会出现，就会起作用。这就好像我们心中一直埋藏着沉睡的情感，半睡半醒间，一个特定的画面、一个画面和声音的组合，或者把东西组合在一起的方式——比如两个画面的连接，我们称之为"蒙太奇"，也就是剪辑——这些东西都会唤醒我们。就这样从半睡半醒的感觉中醒来，这就是它的意义所在。拍电影不是说"好吧，我们签个合同，

讲个故事，再找个好演员，再见，效果不错"，然后回家吃
饭。我关注的是效果和感知，还有我的作品作为案例、作为
开放场域带来的附加影响，这样才可以从中获得一直想要感
受却不知如何表达、想象、观看或观察的东西等。这与精彩
的剧本、美妙的电影等理念相去甚远，有时我都不知道自己
该对此聊点什么。要明白，这真的是在为"第七艺术"而战，
"第七艺术"就是电影。

夸尔塔：这就是为什么您的作品有一种其他人都没有的
维度。您的作品中有一种宏大的视野。

瓦尔达：这是想法层面的问题。文化的意义并不在于
我们必须学会欣赏所有的意大利绘画或西班牙绘画，这只是
文化信息的堆积。文化意味着我们能够将真实的事物——大
自然、看到的绘画、听到的音乐、读过的一本书、看过的一
部电影——与我们的现实生活和情感生活联系起来，这意义
重大。

夸尔塔：回到女性话题，我发现影片中林木专家和莫娜
的关系相当感人。

瓦尔达：嗯，我对这一部分的感受很复杂，写的时候也
是。它美好而又与众不同。其中一个角色像一位典型的美国
白人（WASP），她有文化，是一名教师，也是一名林业科学
家，她很干净，有浴室，有朋友，涂着指甲油，还有车。另

一个无家可归，浑身脏兮兮，什么都不懂，又笨又固执。她就这样让莫娜上车，毫无缘由。我喜欢这个老师的一点是，她有一种我赋予她的特质，那就是自然。她自然地与年轻的逃亡者交谈，自然地忍受了臭味，自然地克服了臭味。她是唯一一个自然地与之交往，自然地提问且不管回答是什么的人。她为女孩提供食物，两个人一起吃。

夸尔塔：这是您创造的一种良好的亲密关系。

瓦尔达：我不会称之为亲密关系。什么是亲密关系？那个人甚至没有说："您好吗？您的身体健康吗？您有孩子吗？您有工作吗？"年轻的那个女孩从来不问任何问题，她对什么都不感兴趣。而另一个人，因为她的学术背景，习惯于问问题，并试图捕捉对方的思绪。这几乎是职业性的。

夸尔塔：您这么认为？在我看来，这更多包含了一种人情味。

瓦尔达：是包含了人情味，但她也具备提出问题的文化习惯，而且是恰当的问题。她无疑很有人情味。她买了那些小饼干，然后与女孩分享，她说一起喝杯咖啡吧。我喜欢这种方式。她知道自己不会带这个女孩回家，所以她给女孩买吃的，给她钱，然后说再见。这就是我所说的自然，她掌握着局面。她不会收留这个女孩。您会怎么样？您会带她回家吗？

夸尔塔：您在生活中有过类似的经历吗？

瓦尔达：我有过无数次这样的经历，在路上捎上男人或女人，我还把他们带回家。有时我会带他们回家，有时不会。我只是跟着当时的感觉走。对此没有任何既定原则。

夸尔塔：您为什么会对此感兴趣？

瓦尔达：我总是捎上别人。记得有一次在加州，我顺路捎上了一个男人，当时我和女儿在一起，她十一岁左右。他说："您介意我在车后座躺下吗？"我说："躺下睡吧。"然后我们到了目的地，我说："我们要到了，所以得让您下车。"他说："不，我宁愿待在这里。"我们说："我们得走了，不能把您留在车里。"他说："我不想走，我在你们车里感觉很好，我想睡在这里。"我想，我们该怎么办，看着这个大块头流浪汉，我不知道要怎么做，他看起来很强壮，也许生病了，我开始担心他是个嗑了药的瘾君子之类的。遇到这样的情况，你无法再保持微笑和冷静。我总是这样，总是对一无所有的人感兴趣，因为无论你做什么，他们都会接受——我很轻易就发现了这一点。你给他们钱，他们会接受；你给他们食物，他们会接受；你为他们提供食宿，他们也会接受。他们不求你，不跟你说话，不想要你，不喜欢你——他们只是需要。

夸尔塔：您看到了他们的缺点，看到了他们的真实样貌，但您还是愿意慷慨解囊，我觉得这太有意思了。

瓦尔达：我这样做不是为了让他们爱我。他们不会的。他们不需要我的爱，也不需要爱我。最近，我们在路上遇见了一个人，当时我们正在拍电影，于是她和我们还有摄制组待在一起。我们给她提供了一段时间的食宿。她会向我们要大麻、要钱、要食物，但她从来没有问过任何跟某个人有关的问题，无论是我还是其他人。她从我及我们身上得到了所有她能得到的东西，然后就走了。

夸尔塔：您是刻意让那个羡慕莫娜的女仆 [1] 表现得很愚笨吗？那个不停说她羡慕莫娜的自由和她的情人的女人。

瓦尔达：她天真，但天真得愚蠢，在自己的情人那里愚蠢，在雇主那里也愚蠢。莫娜和女仆的雇主（也就是那位老太太）在一起的场面，让我们明白，莫娜能够建立另一种人际关系。没人强迫她对女仆身份如此投入。我们发现，莫娜穿着同样的家居服，最后坐在沙发上喝酒大笑。约兰达为什么做不到这样，然后说句，"您太孤独了，我们来喝酒打牌吧"，我想老太太会喜欢的。

夸尔塔：您对这位女仆有着强烈的同情，但您也非常清楚地看到了她的局限性。我还想问的是，您创作的女性角色之间有没有什么共同点，甚至您所有的电影之间有没有共同

---

[1]　即下文提到的约兰达。

点？我的意思是，有一些女导演，比如冯·特罗塔，很执着地重复同样的主题和同一类人物。

瓦尔达：您是说恐怖分子？

夸尔塔：姐妹，两个女人的结盟，她对此很痴迷。我试着去思考您的女性角色，她们彼此间似乎有很大差别。

瓦尔达：嗯，他们（包括所有女性和男性角色）之间确实有一个共同点。我对矛盾——内在的矛盾——很感兴趣，这种矛盾让每个人同时拥有三重自我，每个人都在不同时刻表现出不同的自我。即使是《五至七时的克莱奥》，在客观时间（5:05、5:10、5:15）和我所说的主观时间之间也存在着矛盾。主观时间给人的感受总会不同，美好时光总是易逝的，而等待总是看不到尽头。因此，这种差异化的主观时间感知方式使这部电影表现出极大的矛盾性。我总是将两个主题合二为一，比如《一个唱，一个不唱》。在我的第一部电影中，村庄和夫妻是两个无法融合的主题——集体生活和个人生活。你能够理解工会问题，也能理解自己的私人生活，要在工会问题中感知自己的私人生活却非常困难。我的两部关于洛杉矶的电影，《墙的呢喃》和《纪录说谎家》：一部是关于城市的，通过街道上的景象、棕榈树、阳光和所有壁画，以及每个人的自我表达来描绘这座城市；第二部电影就像是第一部的阴影，是你在洛杉矶看不到的东西，是城市中不可见的城市。这也是我对于同一座城市的矛盾视角。这是一个华丽的地方，也是西部景观的一个灰暗终点。两部电影本应相辅相成。因此，我可以说，电影所具备的同时感知矛盾的能力一直是我作品中的主要元素。在莫娜身上，我认为社会矛盾非常明显地体现了出来。我们有各种各样的社会理念——应该建立夜间收容所、救世军、福利制度、慈善机构来帮助他人，但当人们不愿意接受帮助时，我们却不知如何是好。我们同时具备的漠然和关怀形成了一种矛盾。所以，回到那位女士身上，她似乎很自然地就拥有这种能力，自然地参与其中，略显慷慨，但又带着精准的社会局限性，不多分毫。她回到家，回到工作岗位，回到浴室，她顺利地逃离了，施舍一些钱、一些食物，再见。但后来她有一种负罪感，觉得自己应该且可以做得更多。说实话，我不知道她还能做些什么。我觉得她没准备好收留那个流浪女孩，那个姑娘也不会乐意被收留。所以有时一部电影会把我们推向一堵墙，让我们不得不面对自身的局限性：模糊的理解、模糊的慷慨和对事物模糊的不理解。所以，我最终把这部电影构建成了一幅不可能完成的肖像画。

　　夸尔塔：您从未想过在电影中加入一个像您自己这样的女人？

　　瓦尔达：什么是像我这样的女人？

　　夸尔塔：我也说不清楚，但不是《创造物》中的妻子，除非她呈现了您自我的一部分，与家庭相关的部分。

瓦尔达：嗯，您看，我可以把自己看作一个矛盾体。我是一位祖母，但我也是一位非常年轻的导演，因为我一直在进行着同样的抗争，即有关电影独立性、电影视野的抗争，这关系到能否在拍摄电影时保持头脑活跃。

夸尔塔：我对您不断开拓创新的精神感到吃惊。

瓦尔达：这正是我要说的，其实我也老了。

夸尔塔：您似乎有充沛的精力。这一定是您能不断创新的秘诀。

瓦尔达：我的精力正在一点一点地衰退。我不久后就会离开人世。但我尊重我的工作。不是说我给予它多高的评价，我的意思是这是值得我为之奋斗的工作，哪怕没有钱，没有权力，不被重视，因人们不想要我而短暂离开。他们不想让我拍这些电影。他们不给我钱，尽管他们认真对待我完成之后的作品。

夸尔塔：《一个唱，一个不唱》一定扭转了这种局面。

瓦尔达：这部电影在法国赚了一大笔钱。它吸引了一百万观众。但它所达成的东西比赚了多少钱更重要，也比是否足以偿还借款更重要——实际上可以。我借了钱，冒了风险，这里没有人会冒这样的风险。

夸尔塔：真的吗？您当时没有别的办法吗？我想《一个唱，一个不唱》的票房会相当好。

瓦尔达：的确如此。但每拍一部电影，我都要像只老虎一样搏斗。他们不想要我。

夸尔塔：以您所有的作品？以您这样的成就？

瓦尔达：哦，我是一个完美的文化产品，所有的收藏和电影资料馆里都有我的作品。我将不会被遗忘，但他们不想让我拍电影。

夸尔塔：为什么？在法国这个伟大的电影中心？

瓦尔达：但在这里他们拍电影还是为了赚钱。很少有人能像画画那样去创作那么多电影作品。我有时拍一些短片，只是为了让自己在探索中保持活力。您知道的，您看过《尤利西斯》，谁会为这样一部电影花钱？短片没有市场，这很奇怪。

夸尔塔：现在法国似乎有很多年轻的女导演在逐步崭露头角，但似乎很商业化。

瓦尔达：哦，世界上到处都是这样，年轻的男人和女人们，他们大多追逐金钱和名利。他们达成交易，成为商业电影的一部分，如果这适合他们，那也无可厚非。如果他们喜欢这样，那好吧。反正我们也需要产品。我们清楚，仅靠这些实验影片或特殊影片是无法满足市场需求的。

　　夸尔塔：特殊影片，您是指艺术片？

　　瓦尔达：但上一部电影《天涯沦落女》让我很惊讶，我完全没有在创作方式上做出妥协。很多人都被这部电影感动和吸引。它向人们发问，但质疑中不带罪责。我不进行评判，并不是说因为你不接济邻居是可耻的，所以应该看这部电影。不是这回事。我明确指出，不仅没有人是完美的，而且没有人是绝对坏的，也没有人是绝对好的，没有人真正慷慨，也没有人真正刻薄。他们都有自己的方式。牧羊人给了莫娜很多，如果她想种土豆，他还准备给她一块地，但他随后成为所有人中最恶劣的评判者，因为他要以他自己的方式身处边缘。他不接受其他人的方式。他是那个严厉指责莫娜的人。

　　夸尔塔：您觉得他很恶劣？

　　瓦尔达：是的，因为他说这种偏离（errancy）是错的。他怎么知道什么是好什么是坏呢？他只知道他的山羊和他的妻子。所以这部电影实际上也是关于宽容的。如何以宽容的态度接纳其他难以忍受——对包括我在内的每个人来说都难以忍受——的存在方式。这部电影的主角是女性，这让它变得更加吸引人。同样的案例中，主角也可以是一个男人。但通过把它拍成一个女人的故事，我们往里面加入了很多问题，比如一种不同的孤独，独自一人的女人也是一种性猎物，而在半数人看来，女人独自一人是因为她没有找到合适的男人。因此，影片表明，莫娜并不是在寻找男人，即使有了男人，她也可以像这样将他们抛弃，甚至是以一种自私的方式，好比城堡里的那个男人，她的离去让他受伤。她很刻薄，也很自私。那个突尼斯人教给她一项工作技能，他并没有嫌莫娜懒惰，即便她在家里什么都不做。他似乎接受了她原本的样子，但你会发现他是群体中的受害者，甚至不能拥有自己的观点。所有这些矛盾，源源不断地出现，让我深受触动。不仅是她因寒冷而死——孤独的冻死是一种可怕的死法，还有所有这些我们都无法承受的矛盾。我试着赋予它一个形状，不是为了让人们哭泣，而是给它一个看起来像电影的外观。

"Agnès Varda: A Conversation", from *Film Quarterly* 40, no.2 (Winter 1986–1987).

与瓦尔达谈《天涯沦落女》

让·德科克（Jean Decock）/1988

在不见游客影踪的普罗旺斯郊外，搭便车的背包客莫娜结束了她的流浪生涯和崎岖人生，冻死在荒野。"冬天会让人感受到极致的孤独。"

也许世上并没有所谓的慷慨，只有正确的请求方式。莫娜的方式就像塔拉乌马拉印第安人一样骄傲，根据阿尔托（Antonin Artaud）的说法，他们在乞讨时只以侧面对人。无论如何，傲慢、冷漠、尖酸刻薄的莫娜是不会乞讨的，"有烟吗？"人们根据自己的心情，天气，对方的长相、年龄或性别决定给还是不给——我们都经历过这种直截了当的方式带来的不适。

瓦尔达的这部作品既不是纪录片也不是宣传片，它传达了我们生活中长期如影随形的一种存在主义隐忧，但也给观影者带来了难得的满足：沐浴在人性中，激荡着情感的暖流，

欣赏丰富的电影语言。这部影片在美国上映时被重新命名为
《流浪者》(The Vagabond)。影片的剪辑可谓杰出，是一个
长短镜头组合成的万花筒。但就像列维 – 斯特劳斯（Claude
Levi-Strauss）的"修补"（bricolage）概念一样，这部影片让
我们感知到故事更深层次的结构。这也是一部影片能够看起
来完全像即兴创作（或者就是即兴的），同时却能展现导演精
湛的掌控力和才华的秘密所在。

　　随着片头字幕的出现，我们看到一片葡萄园景色，远处
山顶上点缀着两棵小松树。我们听到的音乐是早期的意大利
作品，还是乔安娜·布鲁兹多维奇（Joanna Bruzdowicz）四
重奏的改编版本？镜头慢慢推进，我们来到那个"受难地"。

　　接下来，我们看到了影片的开头：一个简短、残酷、令
人不安的镜头，展示了沟渠中的一具尸体，暗示着一种难以
理解的暴力——一个无家可归的年轻女人被冻死了。所谓的
自然死亡。

　　在沙地上小鸟足迹的画面中，我们听到瓦尔达的声音为
影片拉开了序幕，似乎将这具躯体从冰川海洋中唤醒，赤裸
且令人神往。莫娜的游荡和其他人的静止——夏季人群，安
于一隅（大部分时候坐在电视机前）——形成了截然对立，
我们穿梭于两者中。莫娜最后时光的见证者们凝视着瓦尔达
的镜头，讲述他们如何遇见她、她如何消失、她的离去如何
困扰着他们、他们有多么后悔没有和她交谈。其中有些人见
过她两三次，他们以碎片化闪回的方式回忆这些邂逅。

　　有些人话很多：卡车司机、机械工、贫民窟的皮条客、经理的妻子。他们身上透露出一种司空见惯的性别歧视、种族主义、不信任、道德审判和恶意。另一些人的话比较少：务农的人、突尼斯人、献血者、餐馆女招待、日历女郎。这些人都流露出担忧、钦佩、对自由的渴望，而这些渴望长久以来被父母或丈夫粉碎。简短的概述中间被淡入的黑屏分隔，就像垂下的眼帘。有些人表现出了更多的关怀，比如流浪的犹太人大卫，他和莫娜依偎着取暖，还将自己储备的大麻给她。有些人则更加精明，比如牧羊人哲学家，他谈论着自由、孤独和回归大地——如果不是因为他那像羊一样沉默的守在家中的妻子，这一切早已实现。

　　莫娜拒绝了他们的帮助。她质疑我们及那些人的生活方式、仁慈、存在的理由和婚姻。那些人中最良善的几位都在与莫娜的相遇中受到了极大的震撼。靠近、相互吸引、巧合，瓦尔达通过两个有趣而感人的情节，演绎了这些旅行和巧遇的游戏，它们反复交错，最终引出了在尼姆火车站的相遇。约兰达·莫罗（Yolande Moreau）[1]饰演了一位善良的比利时妇女，跟她的情人保罗在一起，玛尔特·雅尔奈（Marthe Jarnais）饰演了不起的莉迪姑妈[2]。瓦尔达非常细致地刻画了年龄悬殊的女性之间这种温暖而充满关爱的友谊，这段友谊

---

[1]　演员名和角色名均为约兰达，即前文提到的女仆约兰达。

[2]　即前文提到的雇主老太太。

结束在无忧无虑的欢笑声中。玛莎·梅里尔娴熟地扮演了一位以拯救梧桐树为己任的植物学教授，她身边的年轻助手是一个狡猾的贪婪之徒，他想摆脱约兰达，赶走莉迪姑妈，霸占她那令人垂涎的公寓。

我们最终爱上了他们所有人，无论贫富、老少、移民还是充满善意的知识分子——因为瓦尔达充满爱意地描绘了他们。然而，正是在与他们所有人的对立中，莫娜选择了一条通向自由和绝对孤独的道路，她骄傲地坚持做一个局外人，直到严寒刺骨的尽头。"对自由的每一次呼唤，都是直接向我们每个人发出的讯息！"拥有哲学硕士学位的牧羊人如是说。

莫娜是谁？西蒙娜·贝热龙（Simone Bergeron），拥有通识教育文凭——所有秘书和行政人员都有的文凭，她对此不屑一顾，她既没有家，也没有家人。这就是我们对她的全部了解。影片名字"Sans Toit ni Loi"来自古语"ni foi, ni loi"（无法无天），暗示无家可归必然导致道德败坏。莫娜的全部财产用一个塑料袋就能装下，最终她也被装在塑料袋中，放在停尸间里。她喜欢孩子、空房子、摇滚乐和俏皮话。动物保护协会（SPCA）？她"该做的都做了"，至于梧桐树，她根本不在乎。她既觉得事不关己，也没有同情心，可能还有点懒惰，或者就是根本没有爱心。她只想活下去。她是个谜，深不可测。但为了什么呢？无因的反叛，没有动机，没有欲望。

当然，莫娜会渴，会饿，会感到冷和害怕，但我们关注的是她那双指甲磨损的脏兮兮的手，手里拿着烟或三明治，但很少用来工作。她表现出对水、面包和温暖的需求。她是通往萨特"自由之路"过程中断掉的鞋跟。她没有选择那个由门窗——木制的或玻璃的，敞开、紧闭或破损的——构成的世界，而是选择了户外、惨白的阳光和长途跋涉。因此，影片通过十五个抒情的跟镜头，在低沉而宁静的音轨伴奏下，让我们感受到莫娜在孤独中的快乐。莫娜行走时的喜悦与瓦尔达拍摄中的喜悦如出一辙。

瓦尔达是谁？比起纳塔莉·萨罗特（Nathalie Sarraute），我觉得她更多让我想起科莱特（Sidonie-Gabrielle Colette），那种对生命的热爱，这份热爱在阳光下和风雨中惠及人、动物及植物等万物。瓦尔达让我们动用所有感官去感受现实。她的影片中总是有动物，还会有几个孩子，总能见到让人忍不住抚摸的狗、山羊、马和鸡。绿树成荫，还有大面积的蓝色，以至于整部影片成了蓝色电影。这位摄影师喜爱明信片，喜爱老旧的家庭相册，喜爱空无一人的镜头中事物的质感，喜爱食物的味道。她借莫娜和林木专家之口传递这种喜悦，但她也让机械工和那位善良的突尼斯人偶尔深沉的静默显得如此动人。

影片接近尾声时，开始显露出丑陋。是因为城市、火车站和无家可归者吗？是因为流浪汉成群结队的场面吗？是因为毒品、酗酒和色情吗？还是有太多肮脏之物？影片最后的恐怖和暴力汇集在盛产葡萄酒的村庄里，装扮成树的男人们追逐着受害者，把酒渣往他们身上抹。莫娜大喊大叫，无法理解这种恶意粗鲁的游戏仪式。她精疲力竭，浑身是泥，回到了她的"萝卜小屋"，这是苦难的最后一站。她跌跌撞撞，摔倒在地，绝望地啜泣着，等待死亡。

我们如何辨别一部杰作？在拍摄过程的满足中，镜头的喜悦战胜了拍摄对象的悲伤。你不禁看了又看，清楚知道拍摄对象的丰富性将不会枯竭。

德科克：您让这部电影在莫娜去世后开始。为什么？

瓦尔达：有两个原因。首先是打破悬疑片的常规。发现一具尸体，警察到场，发现她没有身份证件，然后案件就结束了。我也借此表明，影片中接受询问的目击者并不知道她已经死了。这与悬疑片恰恰相反，在悬疑片中，警察会说："好的，发生了一起谋杀案。你能不能解释一下你右边袖子上少了三粒扣子是怎么回事？"这部影片有意以一种"反刑侦片"的方式来调查一个路过这一带的女孩的死因，甚至不说她已经死了。

德科克：但观众知道这一点。

瓦尔达：是的，观众知道他们不知道她死了。但对我来说更重要的一点在于，不存在什么隐藏伎俩，一切都摊开在明面上，我不希望观众说，"哦，也许他们能救她！哦，也许她能再找到大卫，他会把她解救出来！"这就是所谓的"悬案"或"冬天的故事"——有人被冻死了。

德科克：如果换作我的话，我可能会说："同情一下死去的莫娜吧！"她的死似乎印证了某种决定论：自由驱使她走向了死亡。

瓦尔达：同情？我还真没这么想过，不过这个想法不错。她不是一个很讨人喜欢的角色，我们可以看到她死于孤立无依，所以我们很可能会产生一种同情，这种同情应该与她不时引起的恼怒同在。她有时真的很烦人，但我们知道她为自由和反抗付出了沉重的代价，所以不禁被她的遭遇感动。是的，我之前没有想到这一点，但确实如此。

《天涯沦落女》的优点在于它有一个强大的主题。一个动因不明的女孩在普罗旺斯的寒风中四处流浪，在经历了一些艰难的处境和厄运之后被冻死了。我三句话就能向您讲清楚情节，所以这一定是个好故事。

德科克：那么，我想问您一个与文学相关的问题。为什么要把这部电影献给纳塔莉·萨罗特？

瓦尔达：我读过她的作品并且很喜欢她，过去三十年来我一直仰慕着她。如果说有哪位作家能用对创作的渴望和对风格的笃定打动我，那就是她了。比起《怀疑的时代》（*L'Ère du Soupçon*）[1]，她小说中的微妙内涵更能触动我。在《天象

---

[1] 纳塔莉·萨罗特的一本有关小说的文集，被视为法国"新小说派"的理论宣言。

馆》（*Le Planétarium*）中，有一个侄子盯上了他姑妈的公寓。
在我的电影里，有个角色的设定本来可能是孙子，但因为萨
罗特的小说，我把他改成了侄子。

德科克：也许我们可以从影片里的偶遇、共鸣和这个女
孩造成的影响中看到萨罗特作品的影子。

瓦尔达：是的，《向性》（*Tropismes*）。虽然我从来不敢
妄言"就像纳塔莉·萨罗特小说里一样"——我对她钦佩
万分，不敢说自己创作了与她相当的作品，但在我的电影
和她的作品中，我们可以意识到有时候自己对某些角色的
看法是非常有问题的。例如，在《马尔特罗》（*Martereau*）
中，那个了不起的家伙变成了一个小偷……然后我们会想，
不，他不是小偷，他是个好人，我们对他的看法不断发生
变化。

如果纯粹从电影的角度来看待莫娜，可以说她被置于中
心位置，充当其他角色的镜子。当这些人物谈论她并成为目
击者时，他们就会作为可视化的注解被引入影片，借由我设
计的淡入／淡出效果。我没有使用黑色，而是采用了一种半
淡入／淡出的手法，让他们从阴影中浮现，因此他们的形象
逐渐变得明晰。其证言既让我们了解他们本人，也了解了莫
娜，形成一种双重镜像的效果。我们先看到他们的形象，然
后他们又反射出莫娜的形象。她的形象不断发生变化，逐步
变得更加清晰，同时变得更加模糊。

德科克：倒叙的结构呢？

瓦尔达：在这方面，我想要的效果是，在我构建得非常严密的框架内实现完全的自由。有些证言预告了接下来的行动：机械工说，"三十法郎，把车还有你的手给洗了"，所以接下来她洗了车。还有些证言出现在行动之后，某种程度上有助于对情况进行总结，因为事件已经发生了。在机械工这一部分中，两种情况都有。我在这些证言上花了很多心思，每个人都谈了一些东西：一个人谈到了自由，另一个人谈到了说"不"，还有一个人谈到了肮脏。演员的表演有一个非常精确的框架，这些演员并不都是在开拍前就选好了的。因此，尽管台词是事先写好的，但总有即兴发挥和临时添加的余地。对于约兰达来说，莫娜代表了对爱情的幻想。我真的很喜欢这个想法，莫娜可以代表一个女孩对柔情的幻想，即便那个女孩身边有一个男人，却依然感到孤独。所以您看，影片有时是复杂的，但当人们总是把事情简单化时，复杂也是一种乐趣，恰恰是这种简单化让莫娜变得如此孤立，不管别人怎么说她或怎么看待她。简而言之，这部影片是由虚假的线索构成的，其中最值得注意的是她与嬉皮士大卫的关系，他们一起住在城堡里，在火车站再次相遇。我们想着，也许他会找到莫娜，当他到达城堡时，却没有看到她。很多人都与她错过了。说到底还是运气不好。

德科克：我想谈谈电影写作，您的电影写作理念，以及对跟镜头、正反打镜头的使用，这是个相当技术性的话题。

　　瓦尔达：我的工作完全是技术性的，它在非常实际和技术的层面上进行，而非一些意识形态、理论或隐喻的层面，而后者是采访者通常会问到的。至于电影写作，正如我在其他地方说过的，当你写了一份乐谱，别人也可以演奏它，它是一种符号。当建筑师画出一个详细的平面图，任何人都可以把他设计的这座房子建造出来。但对我来说，我写不出供别人拍摄的剧本，因为剧本并不能代表电影的写作；它并不包含灯光、镜头的选择、跟镜头的速度、演员台词的长度或他们的表情。当然，你可以描述他们的动作，但你无法测量沉默的长度，无论是两秒还是七秒，你也无法预料拍摄时的天气，以及对台词或动作做出的相应调整。电影写作本身并不存在。由于这种不存在，我现在拒绝写剧本。我把所有东西都写在两页纸上，将其视为一种挑战。我之所以这样做，是因为经历过太多次失望，写得很好的剧本因为各种官方原因被拒绝，而且可以买到剧本。我一生中似乎一直在被所有人拒绝。去年，当我的电影制作生涯来到三十周年的纪念性时刻时，我决定要完全自由地去做我想做的事情。我不想再装模作样地事先写好剧本给别人。从现在开始，要么拍，要么不拍。从现在开始，我要按照自己的意愿来制作电影。

　　德科克：电影里的跟镜头：您从莫娜前面开始，追上她，超过她……

瓦尔达：我用跟镜头展现出莫娜的行走过程，她只是那一片存续至今的风景中的一部分。这些镜头极少以她开始，也极少以她结束。例如，先是郊外景观，然后她出现了，她在行走，之后她消失了，我们继续，接着插入一个她所至之处的行动细节，以表明这一切在继续。

德科克：在跟镜头的结尾，明显有一个符号标记。

瓦尔达：每一个跟镜头都以我们在下一个镜头中将看到的某个东西作为结尾。第一个跟镜头从海滩开始：道路上的白线出现，还有音乐，音乐响起，影片在音乐声中开始，我们沿着六十米长的滑道出发，然后叙述者的声音响起。莫娜走着，搭上一辆卡车，我们看不到卡车，只听到发动机的声音，她从画面中消失，我们在一个路标前停下来。然后是一段记录画面和第二个跟镜头：第二个路标提示着"慢行，学校区域"，她再次出现在画面中，买了一块面包，我们停在一棵树下。第三个跟镜头，我们从树林开始。在另一个镜头中，她走过一大片赭红色的田野，田野里有乌鸦，她走着走着，放下了背包，我们看到一台农用机器。稍后，在下一个跟镜头中，又出现了一台农用机器和一堵黑墙，墙壁被烧得漆黑一片，预示着我们将在烧焦的沟渠中发现她的尸体，然后她离开画面，我们继续前进，经过挂在栅栏柱子上的轮胎。

我喜欢别人询问我这样的细节，但这种情况并不常见。我并不像自己希望的那样是个聪明的理论家。电影拍了一半，这时我才意识到，莫娜行走时的跟镜头正是我所缺少的。我想，"这非常有意思，即使她死了，她还在走，即使她停下来，她也还在走"。晚上我经常梦到这部电影，她在走，但我们没有充分感受到这一点，所以我必须让她不停走。我开始拍摄这一系列跟镜头，来表达这种不连续／连续性。我在拍摄中设置了从一个镜头到下一个镜头的视觉连接。在那个有喷泉的小村里有一个非常漂亮的镜头：她从酒吧出来，经过加油站，坐车离开，最后我们看到一个电话亭里有个男人，还有一位老妇人坐在长椅上，那是侄子和他的姑妈。最后一个跟镜头中，她正在把自己拽向死亡，这里包含另一重结构：场景中的音乐是第一个跟镜头中音乐的延续，它不间断地再现了我们在片头听到的音乐。死亡场景是完全无声的，因为它本身承载太多情绪，不适合配乐。

制作一部未经架构的影片是很危险的。当然，我是在拍摄时才发现这一点的，拍摄这些跟镜头多花了两周时间，这也拖慢了我们的进度。不过，证言都是事先写好的。我本以为通过这些第三方证言足以塑造人物形象，但事实并非如此。因此，补拍跟镜头让我们的进度落后了两周半，花了很多钱，还让影片面临亏损，这就是电影业的现状。如果我为高蒙公司这样的制片厂工作，就永远无法享受到这样的创作自由。

德科克：还有定场镜头？

瓦尔达：我不太讲究这类技巧。说清楚点就是，在对话中，经典的镜头语言是正反打。有点像句子里必须包含一个动词。然而，我的影片与众不同，它很少有特写镜头。但人的面孔无处不在，所以能看到一些中近景镜头：莫娜吃沙丁鱼的时候，她哭的时候，她套着睡袋搭便车，惊慌失措地靠近窗户。全片只有四五个这样的镜头，很少出现。第一个镜头里，当卡车司机把她捎上的时候，她说的第一句话就是"我在这儿"（Il y a moi）。她的第一句话就定义了她，她的存在、她的姿态、她的疲惫、她的贫穷、她的反叛……

德科克：回到对影片的理解上，每个人对她都很好！无论社会地位如何，他们似乎都拥有善良的品质……

瓦尔达：是因为我喜欢**他们**，而不是别的什么。他们对莫娜并不好，一点也不和善。不是我偏激，哪怕在面对真正糟糕的人时我也算不上偏激。我只是无法呈现他们不好的一面。我试着告诉自己："嘿，他们身上肯定也有优点！他们不可能完全是坏的！"确实如此。

德科克：影片结尾，在尼姆火车站，毒品和所有其他一切让影片的基调更加阴郁。

瓦尔达：是的。我想表现出城市在某些方面比乡村更肮脏，城里的团伙比路上的流浪汉更可怕。莫娜遇到了这个不怎么样的男人。我认为最后这份证言杀了她。关于一个女人，当你能说的只有她的屁股很漂亮时，你实际上已经击溃了她。

他对莫娜的评价非常坏，这才是最糟糕的。最后一次有人提到她，也彻底毁掉了她。

德科克：大卫被殴打的暴力场景，树林里的强奸场景，您都没有呈现在画面中。

瓦尔达：您看到树林里的跟镜头了吗？六十米，四个小时的布景！您不觉得这很美吗？我们钻进了树林。他是怎么强奸她的？您能意识到这是一场强奸。

德科克：她永远不会说起这件事。

瓦尔达：这倒是个有意思的话题。她毫无反应，什么都没说。事实上，所有的暴力都蕴含在电影之中，所有的色情都在男人看到女孩独自一人时体现出来——"我要占有她"，他心想。画面中已经流露出这一点，能感觉到。我对展示强奸不感兴趣。自身的伦理观告诉我哪些画面要展现，哪些不必展现。在任何对暴力、强奸或战争的冷静刻画中，也总包含某种程度的快感，还有与观众分享的快感，就算他们说这是为了谴责暴力。任何情况下，我都不能宽恕这种行为。我不想这么做，这是我的选择。我，阿涅斯，认为（我不确定我的角色是否这么认为，我不能也不想替莫娜说话），树林里的强奸并不比其他人对待她的方式——让她在零下十度的天气里睡在门廊——包含更多暴力，从他们拒绝她和她拒绝他们的那一刻起。我不确定我对强奸意义的理解是否被其他人所接受。显然，我不是说这无关紧要。至于和帐篷里的那个机械工，我也不确定她是否心甘情愿。她没有说。整个场景在沉默中拍摄。这是我给自己设定的一个挑战，因为我一向喜欢拍摄絮絮叨叨的电影。这一次，我试图减少话语，保留我最喜欢的东西：那个闻她戴过的围巾的突尼斯人，还有吻她的人。片头有一段证言，是我的声音，没有画面，而结尾是突尼斯人的无声证词。我发出的似乎是一种回音：我声称遇见了她，但你看不到我。你看到了他，但他什么也没说。

德科克：还有一个技术问题：您是特意选择富士胶片的吗？

瓦尔达：是刻意的……我在多部影片中用过富士胶片。它的对比度小，但我们用了柯达显影液冲洗。影片是冷色调的，有一个镜头是莫娜去买面包，在一个长的跟镜头中，她来到面包店，那时我注意到店里也卖华夫饼。我突然想起了自己的童年，想到了《小红帽》（影片中很多地方让我产生这种联想）。于是，我让一个身穿红衣的小女孩从面包店里走出来，手里拿着华夫饼，她的红衣服正是我记忆中最完美的红色。甚至影片中实景的颜色也是一个镜头一个镜头控制的，当场景中出现红色调时，我们会涂上别的颜色。火车站有一张橘色长椅，我们把它涂成了灰色（为此我们还被火车站的站长骂了一顿）。电影中的每一秒都是经过控制的。从技术上讲，每一秒都要做出选择。我们不断尝试。我最近用富士负片拍摄了电影，但我不喜欢用富士冲印。我尝试过不同的方法，比如用富士胶片，再用柯达冲印，这样可以获得更好的对比度，还可以对布景中的色彩进行修饰。

德科克：接下来是一个非常美国式的问题，关于您电影的资金来源。

瓦尔达：资金来自文化部长，他根据一份只有两页纸的提案就直接给我们批了一笔款项，而没有经过通常会拒绝我的官僚渠道——由文化部长任命的那些委员会往往拒绝我的申请。这种情况在一年前就发生过。我并不能算作一个不受欢迎的文化人（persona non grata culturala）。我只是比较边缘化，这让他们不太满意。但这一次，部长说"可以"，法国电视二台也说了"可以"，同样基于这两页纸的提案。这两笔资金约占影片总预算的三分之一（实际上还要多一点），在此基础上，我们开始了影片的制作，剩下的资金一部分是借来的，我们评估了其中的风险。与此同时，我们找到了一些对这个项目感兴趣的人。没有哪个成名的导演会在手头只有一半预算的情况下拍摄一部电影。我创办了 Ciné-Tamaris 公司。既然是我制作的作品，我就要对风险负责……

德科克：您的秘诀是什么？您的拍摄理念是什么？

瓦尔达：年龄的增长会带来一些优势。我希望（如果可以这样说的话），我还能保有一种特质，那就是我身上的某些东西无人可以触碰，无人可以摧毁。即使在威尼斯电影节上，每个人都紧绷着，但今天早上八点我还是去海里游泳了。海滩上除了我之外一个人都没有。我并不是想来度假。岁月带给我的，是面对必须做的事情时的平静。当然，拍摄电影的时候，我会非常兴奋，朝目标前进。

毫无疑问，这与那些活得非常紧张的人相反。按他们说的，在所有与工作相关的事情上，我都有点"急"。我做事的速度极快，对团队成员的要求也是如此，这往往会让他们疲惫不堪。我早上五点起床写台词，比其他人早一个小时到片场确认所有事项。我可能会临时冒出一些想法，并希望立即付诸拍摄。我会提出令人难以置信的要求，却丝毫不担心它们是否可行。您知道我喜欢您的整个访谈，但究竟谁会读它呢？

"Interview with Varda on *The Vagabond* ", from *French Review* 61, no.3 (February 1988).

阿涅斯·瓦尔达：塔罗牌游戏

让·达里戈尔（Jean Darrigol）/1994

我们见面当天有拍照环节，还有"巴黎首映"电视台（Paris-Première）的一群工作人员在进行电视拍摄，而瓦尔达正忙于新作《雅克·德米的世界》和《一百零一夜》在电影资料馆首映之前最后的剪辑……好吧，干脆玩一局奇幻塔罗牌占卜游戏好了——每张牌都有象征意义，讨论爱——来听听瓦尔达的解读吧。

瓦尔达：这就像《五至七时的克莱奥》的开头……卡牌。那就开始吧。一般我是用左手选牌，但无所谓。我要抽三张牌，卡在那儿的那张，再从另一边抽一张……还有那张似乎很想被选中的牌。六张。我们来试着解读。

"恋人"：当然会有带箭的丘比特。这里还有个女人，她很严厉。她似乎是这位年轻人的母亲，用手按住他的肩膀。

她是爱情的阻碍者。

达里戈尔：这张牌似乎也与选择有关。1965年，您将《穆府歌剧》选为您最喜欢的作品，这是一部您在1958年拍摄的讲述街道与恋人的电影。[1]

瓦尔达：1965年时，我非常喜欢《五至七时的克莱奥》，但在我看来，《穆府歌剧》这部配上德勒吕优美音乐的默片，给人的感觉更加直观，几乎源自本能。那些在街上擦肩而过的面孔是如此鲜活生动，而我就是那个伫立一旁看着他们的孕妇。我把这种注视称为主观纪录片，出自一个孕妇的主观视角。这种观察让我意识到，这些人在变成老人、流浪汉和盲人之前，都曾是新生儿，当他们还是婴儿时，人们是如何看他们的？一个怀孕的人在其间该如何自处：一边是对新生命的期待——我们将会亲吻这个娇嫩的小家伙；另一边是这些曾经的婴儿在当下现实生活中的处境。我被深深地打动了，在穆府塔街拍摄也唤起了我自身的情感。但自那之后又过了许久，如今，《天涯沦落女》成了我最喜爱的自己的作品。它将我想做的和我能做的完美结合在一起，包括我喜爱的季节、叙事技法、完美的布景、真实的人物，还有桑德里娜·博奈尔这位优秀的女演员，她的表演和强大的感染力简直令人惊叹。

---

[1]　见 *Les Cahiers du Cinéma*，1965年4月刊。——原书注

"愚者"或"杖人"：一根光滑的杆子，一根旗杆，也许是流浪的吟游诗人的棍子。头上系着东西，棍子末端挂着一个小袋子，就像流浪者或朝圣者一样。

达里戈尔：这张卡片代表着疯狂、天才和冒险。您经常提到努瓦尔穆捷岛的磨坊，那里可以看到大海，是您和雅克·德米的住所。您喜欢堂吉诃德的疯狂吗？

瓦尔达：当我还是一名摄影师时，曾就堂吉诃德和他传奇故事中的地点做过一个专题。[1] 这个与风车决斗的人物……我喜欢能带来成果的战斗，一本书、一首诗或一部电影；或者在政治方面，能促成法律变革、改善生活，或是得到回应、拯救生命……

"教皇"：这是一张没有上下翻转的牌。这是教皇！让我想起了自己为《一个唱，一个不唱》和女权斗争写的一首歌。歌词是这样的："**我**的主人不是爸爸、教皇、国王、法官或立法者！"教皇统治教会，立法者制定国家法律，我的爸爸、丈夫或者兄弟可能掌控着家庭。但是，需要将女性从这些"立法者"手中解放出来。教皇仍然认为人们不应该采取避孕措施，并且对艾滋病迅速蔓延的现实视而不见。无论解放与否，我们对性的全新理解都更多取决于意识，而不是教皇的指令。

---

[1] "Si Dulcinée m'était contée"，刊于 *Marie-France* 第 18 期（1957 年 9 月）。——原书注

与其在教皇到来时亲吻地面，我们不如互相亲吻……

　　达里戈尔：这是一张与和解有关的牌……

　　瓦尔达：哦不！别是跟教皇！

　　达里戈尔：您身上有一种乐观和活力，仿佛您已经与这段时期达成和解，并且接着往前走了。[1]

　　瓦尔达：《幸福》有些不同寻常，《纪录说谎家》带点伤感，《天涯沦落女》则是悲观的，但在这些电影当中——就算是最黑暗的部分——我都试图保留一种能量。这不同于悲观主义或乐观主义。在这些影片中，心理活动和拍摄的乐趣共同激发了一种能量，最终取代了快乐或悲伤的感觉。一种生命活力……

　　"战车"：一匹蓝色的马，一匹红色的马，这两种颜色代表了雅克·德米 1970 年创作的《驴皮公主》（ Peau d'âne ）中两个神奇的王国。在马雷（ Jean Marais ）[2] 的领地，一切都是蓝色的，小仆人和马都是。在王子的领地，雅克·佩兰（ Jacques Perrin ）[3] 驰马穿越森林，一切都是红色的，马匹、紧身上衣，甚至他的房间。只有在雅克的作品中，我才看到过这样的色彩。

---

[1]　见 Visuelles 第 2 期（ 1980 ）。——原书注

[2]　在《驴皮公主》中饰演国王一角，是凯瑟琳·德纳芙所扮演的公主的父亲。

[3]　在《驴皮公主》中饰演另一个王国里年轻的王子。

达里戈尔：这张牌与前行、前进以及"纪实梦境"有关，是您具有魔力的一面。

瓦尔达：要我说的话，是在真实中找到虚幻的表达；是幻想；是日常生活中的某种超现实主义，最终唤起偶然汇集的魔力；是生活的拼贴。对我来说，这更多的不是魔力，而是超现实。

"上帝之屋"[1]：这张牌让人联想到中世纪。有一座塔，还有杂技演员一样的角色。这个用手走路的人看起来很聪明，动作也很优美。

达里戈尔：罗马艺术、宗教艺术似乎在《季节，城堡》中具有重要地位，这是《短岬村》之后您受委托拍摄的作品。

瓦尔达：受委托拍摄的影片总是要很精准地呈现特定主题，有固定的长度，最终还要体现教育意图。所以这部电影参照了中世纪的画家，他们总是只能围绕少数几个标志性宗教主题进行创作，例如"圣母领报"。于是，他们姿态谦卑，回应诉求，但又根据自己的特殊才能和宗教情感进行创作，成功地为每幅画打上了个人印记。范德魏登（Rogier van der Weyden）的"耶稣受难"作品和罗伯特·康平（Robert Campin）的看上去完全不同，讲的却是同一个故事。最重要的不是主题，而是他们如何表达这个主题，带着何种暴

---

[1] 也叫作"塔"（The Tower）。

烈或特定的个人情感。这就是为什么当我看到一幅耶稣受
难图时，我对作者的思考和对画本身的一样多。这就是为
什么我在自己的书[1]中谈到了受委托创作的电影和受委托创
作的绘画作品，例如那些"圣母领报"和"天使"主题的
作品。

达里戈尔：他们的画作记录了大量日常生活。我们在您
的作品中也发现了这些主题。

瓦尔达：有各行各业、工作和日常。我觉得在绘画的过
程、讲述自己所了解的事物的过程，以及观察周围邻居的过
程中蕴含一种谦卑的态度。创作《达盖尔街风情》时，我对
研究不同的行当很感兴趣，在《天涯沦落女》中，我观察了
不同类型的乡村工作：葡萄树修剪工、高速公路工人、冬季
建筑工地上的泥瓦匠等。

达里戈尔：您的书也是按照这种传统匠人的模式创作出
来的。

瓦尔达：这是我长期以来习惯的工作方式——在这所
我住了很久的房子里。这是我的书，这些是我的选择，但我
也和其他人合作，包括纪录片专家兼电影作品年表的作者
贝尔纳·巴斯蒂德（Bernard Bastide）、《电影手册》编辑克

---

[1] *Varda par Agnès*, Paris: Cahiers du Cinéma, 1994.——原书注

洛迪娜·帕科（Claudine Paquot）、布景设计师埃里克·帕特里（Eric Patrix）以及我的朋友安奈特·雷诺（Annette Raynaud），一部分工作是集体完成的。例如，克洛迪娜知道我想遵循时间线索，于是整理了一份我刚入行时所有无所适从、尴尬羞怯的记录。她对我说："放开自己，写作会自然流淌出来。"我明白了，似乎我在投入一件事之前总会犹豫不决，跌跌撞撞。当你把四十年的电影从业经历写成一本书时，你必须往后靠，同时小心不要摔倒。比起"阿涅斯论瓦尔达"（"Varda par Agnès"），"阿涅斯与其他人"（"Agnès and The Others"）作为书名会更好。这本书就像是个有机体，有特定节奏和它自己的生命。书中既有电影画面，也有数百张生活照片，这些图像既是"证据"，也有有趣的花絮。例如，在题为"G as in Godard"（G 代表戈达尔）的部分，我们放入了尼古拉葡萄酒广告中的一幅画面，"G like glug glug！"（G 代表咕咚咕咚），里面的人手里拿着八瓶酒。

"世界"：这张牌展示了一个裸体女孩在像是小麦编织成的绿色圆环里舞蹈或跳跃的场景。所以……嗯，这幅图里有很多我喜欢的东西。它让我想起了超现实主义者制作的一幅宣传海报，我把它放在《阿涅斯论瓦尔达》的书里。超现实主义是我的青春期记忆。那幅海报是一幅拼贴画，一个裸体女人独自站立，周围是二十几个男人闭着眼睛的证件照，苏波（Philippe Soupault）、阿拉贡、德斯诺斯（Robert Pierre Desnos）、艾吕雅（Paul Éluard）、雅各布（Max Jacob）、克勒韦尔（René Crevel）[1]……说明文字写道："我看不见藏在森林里的女人。"

　　达里戈尔：在《天涯沦落女》中，我们在开头的镜头里第一次看到莫娜在行走，就像神话里的画面一样。您的电影浸润着海洋的精神，您有一半希腊血统。

　　瓦尔达：是的，这是一个神话般的画面，如维纳斯从海中浮现，一个女人站在大自然中——他们习惯称之为"人物风景"。莫娜独自一人，她在行走，她搭上便车，卡车司机说道，"每年这个时候都没什么人了"，而她对卡车司机说的第一句话是，"我在这儿"。她渴望做自己。说"不"是她自我确认的一种方式。就像塔罗牌一样，莫娜身上有一种"世界之初"的特质，她赤身裸体地从海水中浮现。我们的想法是，让她每天都变得比前一天更脏一点，然后，在当地的"帕亚塞斯节"（Fête des Pailhasses）上，疯狂的人们用酒渣涂抹她，直到她一身脏污地独自掉进沟里。不过，大海确实是美丽的。

　　达里戈尔：这张牌还与宇宙世界和异国情调有关。您是那种对外面的世界充满好奇、充满欣喜的人。

　　瓦尔达：这就是我既不怀旧也不感到遗憾的原因——好

---

[1]　以上人物均为 20 世纪法国超现实主义运动中的重要作家。

吧，也许会有**某些**遗憾，但仅此而已。我拍电影是为了交流和分享，让人们能够接收到影片的内容——不是信息，影片中没有信息。在电影《狮之爱》中，一个角色说："没有信息，只有错误。"

达里戈尔：从《创造物》到《达盖尔街风情》，以及叫停的《西玛科》(*Simak*)，那种科幻小说一般的想象力一直延续着。

瓦尔达：《西玛科》的副标题是"外面的院子"。住在普通房子里的人，通过一扇门与另一个世界相连。我认为我们是一种媒介，联系着那些我们知道但不知如何讲述的事物和它们在电影中的表现形式——在电影里，你能重新发现那些你了解但不知如何表达的东西。但是，我们在创造其他世界时必须小心谨慎，不能贸然行事。创造是万万随便不得的！

达里戈尔：最后，让我们来谈谈您即将上映的作品的预告片吧。

瓦尔达：我们正在对《雅克·德米的世界》进行最后的剪辑。这将是一部纪录长片，带有一定的教诲意味，但不是纯客观式的，它非常详尽地记录了德米的所有电影作品，包括长片和短片。这将是一部参考作品，可以从中了解更多关于雅克·德米的信息。为了完成混音和最后润色，我不得不推迟上映的日期。《一百零一夜》是一部虚构电影、一部幻想电影，一部关于我喜欢且公众也喜欢的电影的有趣作品。我应该抓紧时间把它写完！

"Agnès Varda: Playing with Tarot Cards",
from *Mensuel du cinéma*, May 1994. Translated
by T. Jefferson Kline.

阿涅斯·瓦尔达：
一位可敬的年轻女子

马里奥·克卢捷（Mario Cloutier）/1995

从影四十年以来，阿涅斯·瓦尔达，这位被称为"新浪潮祖母"的女性，已经拍摄了十七部长片和许多短片，包括实验电影、纪录片和剧情片……她带着智慧和狡黠的笑容不断尝试新的领域。在新作《一百零一夜》中，她也以同样的方式讲述了死亡、记忆和电影等主题。

克卢捷：在拍摄了两部有关雅克·德米的纪录片和两部有关简·伯金的剧情片之后，您带着一部轻松的作品来到蒙特利尔，这多少让人有些意外。

瓦尔达：是的，您说得对。我想拍一部更具娱乐性的电影，比起"喜剧"，我更喜欢"娱乐"这个词。我希望我的观众能从一个老人的故事中获得乐趣，我也从拍摄影片的过程中获得了乐趣。这部电影戏说了所有电影巨匠。我想通过拍摄一部真正的电影来赞美电影，而不单纯是再拍一部致敬片。我同意布努埃尔（Luis Buñuel）的观点，他说纪念性的姿态是危险的。

克卢捷：某些法国影评人并没有真正理解您在这部影片中的尝试。法国公众对这部影片评价如何？

瓦尔达：法国的电影批评非常自命不凡，"迷影情结"很重。我觉得这很有趣，他们比我还要严肃得多。当拍摄一部娱乐片时，你必须认清它的本质。我们并不指望拿一段轻松愉快的回旋舞作为存在主义论文。影片一开始，我们就看到一个仆人像马戏团杂技演员一样跳跃着，另一个仆人在转盘子，而管家则打扮成小丑。这部影片并不严肃，也不应被看成严肃作品。另外，我也不指望这种幽默能吸引所有人。

克卢捷：这些影评人指责您在这部充满谐趣的影片中遗漏了某些电影类型，您怎么看？

瓦尔达：当你开派对时，你不会邀请电话簿上的所有人。他们的反应在我看来是同样的性质。这是一个电影派对，我邀请了某些电影、某些明星和某些作曲家来参加，主角西蒙·希内玛（Simon Cinéma）、他的意大利朋友马塞洛·马斯楚安尼（Marcello Mastroianni）、他的仆人亨利·加尔桑

（Henri Garcin），以及舞台另一边的一群孩子，他们代表了电影的第二个世纪，代表了对电影创作的真正渴望。这种渴望依然存在，对吧……

克卢捷：然而，他们创作的电影并不具有原创性，都是类型片，都是模仿。

瓦尔达：就像他们自己说的，这是在练习。这就是学校教他们的，用安东尼奥尼（Michelangelo Antonioni）或塔伦蒂诺（Quentin Tarantino）的手法营造惊悚氛围。我认为这很正常。他们模仿"新浪潮"、文德斯（Wim Wenders）和其他人。这并不意味着这些年轻电影人缺乏个性，而只是因为他们才二十岁。他们才刚告别童年没多久。

克卢捷：像所有老家伙一样，西蒙·希内玛，即"电影先生"，也退回到童年。作为一个百岁高龄的人，他能真正算得上幸福、有活力和健康吗？

瓦尔达：不必把这部影片仅仅局限在电影隐喻上。您在里面看到的是对一位老人的描绘。当有访客、有消遣、有朋友到来时，老人总是快乐的。晚上睡不着的时候，他也会有些悲伤。即使有时会落泪，但西蒙·希内玛的晚年是幸福的，而且他相当富有。还有比他更惨的老人呢。西蒙的记忆不太灵光了，他把热拉尔·德帕迪约错当成了热拉尔·菲利普。但他不想死，这是肯定的。

克卢捷：我们应该把它理解成对电影是一门垂死艺术的忧虑吗？

瓦尔达：我并没有赋予它如此深的象征意义。我们只知道主角是个臆想狂。他指控马斯楚安尼抢劫了他，并梦想着登上戛纳电影节的大阶梯。我觉得他是个很寻常的老人。他的幻想就像女人的鞋子一样多。他是个快乐的臆想狂，但他也有点小气。电影与金钱有关。我想让故事停留在表面，同时探讨死亡、记忆、真假、金钱等问题。德纳芙和德尼罗（Robert De Niro）饰演一对夫妻……

克卢捷：我们可以玩笑式地回敬某些评论家，说："瓦尔达女士，这可不太严肃！"

瓦尔达：没错！但有些法国人看懂之后会说："真是奇妙，太有趣了！"有人写信告诉我，我的电影"确实让所有敌视享乐的人、自命不凡的人和愤世嫉俗的人大跌眼镜。这部电影在几年后会成为经典"。这部电影的灵感来源和参照是布努埃尔和他的短片《黄金时代》。在这部影片中，我设计了一个有趣的纪念碑，里面有一只眼睛和一台拍摄我们内心世界的摄影机。第二天，我们摧毁了这座纪念碑。当纪念碑旁的人们看到有人在泥泞中亲热的画面而开始吵嚷时，我认为是时候认识到生活和情感比纪念碑更重要了。

克卢捷：您的影片让我想起了勒内·克莱尔（René

Clair）很久以前拍过的一个短片《幕间休息》(*Entr'acte*)。

瓦尔达：是的，这两部影片的共同目标都是娱乐，而不必屈从于"逻辑女士"(Madame Logique)。而且，请记住，法国人都是笛卡尔主义者……好在我还有希腊血统。我父亲是希腊人。我认为文化融合会产生非常有趣的结果。希腊人也算不上很有趣的一群人……我小时候经常搬家，这给了我一种自由感……我没有根。

克卢捷：既没有屋顶，也没有法律，就像您的片名所说的那样……

瓦尔达：您可以这么理解，但转念一想，其实也不尽然。我们无法勾勒出这个女孩的轮廓，尽管有无数人在讲述她的故事……而且我也不能说完整地塑造了这个形象。尽管是这部电影的作者，但我承认我并不觉得自己是这个角色的创造者。我说过："我创造了莫娜这个人，但并不认为自己了解她的一切。"就像戈达尔的片名，"我略知她一二"。而电影观众则是另一位见证者，有自己的理解。在《一百零一夜》中，我也采用了同样的方式。当然，这部作品代表了我对电影的理解，但我也谦卑地认识到，每个观众都在创造自己的电影。我只是让自己的思考从布努埃尔开始，接着想起几部电影，再想到两个人物，一个老人和一个年轻人。我从中获得了不少乐趣。

克卢捷：另外，将所有这些明星聚集在一起拍电影一定很困难吧？

瓦尔达：是的，我们必须想办法配合每个演员的时间表来拍摄。想想看！前一分钟他们还有空，下一分钟他们就没空了。我们得动用直升机或协和式客机把他们接来。哦，天哪！从每部电影和电影配乐中挑选八秒到十秒的片段也非常困难。我们有一整个团队专门负责获得这些片段的版权。剪辑也很难。我希望影片能充满活力，快速推进。从某种意义上说，这就像是一个长达两小时的电影剪辑片段。

克卢捷：回头看看没被放进去的片段也很有意思，不是吗？

瓦尔达：电影不想死，所以它必须重新发现不同的生存技巧。电影工业发展得不错，我更担心的是**作者电影**。影片中的歌曲很好地表达了这一点："电影很好。电影不好！电影让我沉浸在梦想中！"**作者电影**的日子并不好过。现在，我们正处于工业化电影生产的时代，有众多编剧和宣传人员作为电影生产价值的保证。感谢上帝，还有少数电影**作者**健在，每个国家都还有几个有话要说并能以独创方式表达的电影人。但他们正面临着消亡的危险，因为公众对他们的作品似乎越来越不感兴趣。今天的观众去看电影的原因与当年去看夏布洛尔、特吕弗或瓦尔达的观众截然不同。声誉不再是衡量成功的标准。

克卢捷：年轻的电影**作者**们是否越来越倾向于录像作品，因为录像可以即时观看？

瓦尔达：在法国，我们确实开始看到一些非常优秀的录像制作人。在电影界，一些年轻女性也为之注入了新的活力。这很振奋人心。至于这些群体能否找到一种语言，吸引更多公众，我们拭目以待。至少，他们得到了政府的资助和评论界的支持，尽管分量比以前轻了……我在制作这部新电影的过程中，从年轻一代身上发现了很多积极能量，它帮助我完成了这一作品。这才是值得坚持的。《一百零一夜》将会是一部充满娱乐性的电影。

"Agnès Varda: A Very Worthy Young Woman", from *Séquences*, no.177 (March/April 1995). Translated by T. Jefferson Kline.

"新浪潮祖母"

卡萝尔·艾伦（Carol Allen）/1996

艾伦：请向我们介绍一下这次回顾展放映的影片。

瓦尔达：其中有一些老片子，比如我的第一部电影《短岬村》，它拍摄于1954年，我也因此成了"新浪潮祖母"。多年来，这部影片一直没有英文字幕，它更像一部电影化的作品，而不是一部公开发行的影片。但现在，电影相关的外事部门已经为它配上了字幕。这次回顾展中的其他影片更为人熟知，如《五至七时的克莱奥》、《天涯沦落女》（我想在这里它被叫作《流浪者》）、《南特的雅科》和《一个唱，一个不唱》。还有一部我在美国拍摄的电影。

我最近的一部作品是三年前拍摄的，是有关雅克·德米拍摄《洛城少女》的纪录片。片名叫《洛城少女二十五岁》（*Les Demoiselles ont eu 25 Ans*），我这周一向大家介绍了这部作品。如果雅克还活着，我就不会拍这些关于他和他作品的电影了。我想，事情发生自有它的道理。我拍了一部关于他和他所有电影的纪录片，名为《雅克·德米的世界》。

艾伦：我想特别提一下《瑟堡的雨伞》，因为影展在伦敦开幕时会放映这部影片。我还没有看过《南特的雅科》，我之前以为这是一部纪录片，可刚刚我路过法国文化中心，看到电影海报上写着"出演"，所以它是虚构的吗？

瓦尔达：它是部剧情片，我很希望您能看看这部片子。它讲述的是20世纪40年代战争时期，法国南特一家汽车修理厂里一个男孩从八岁成长到十八岁的故事。他很喜欢放映，会自己做人偶，然后独自一人在阁楼上拍电影，他拼命想拍成一部小短片，试图以此说服母亲让自己去巴黎的电影学校学习。很明显，这是雅克·德米的真实故事，但这是一部剧情片，就好比你不会说《我杀了安迪·沃霍尔》(*I Shot Andy Warhol*) 是部纪录片，那也是一部剧情片。因此可以有不同程度的虚构。这部影片与真实的雅克有很大的关系，他在影片中出现就是在告诉我们：是的，这是真的，这是我的故事。影片中还有他此后拍摄的一些电影片段。这部影片是由三个不同年龄段的孩子共同出演的，因为八岁和十八岁的雅克不能由同一个人来扮演，还有一个假母亲和一个假父亲。这是一部虚构的电影，但在很大程度上，它直接来源于雅克的回忆，他同意让我使用这些记忆，我写了对白和场景。比起由他本人来完成，也许我做得过多，抑或不够，但他给了我拍一部剧情片的权利。我知道我尽可能地在挖掘记忆，仿佛把自己当成他，所以我采用了一种非常奇怪的"中介"手段，来呈现我的想法，尽管拍摄时他还活着，他也来了拍摄现场，并且看到了大部分内容。

艾伦：但《雅克·德米的世界》和纪念《洛城少女》二十五周年的电影都是纪录片对吧？

瓦尔达：当然。开始拍摄《南特的雅科》时，我的计划非常明确，就是拍摄关于一个想成为电影制作人的男孩的剧情片，然后再拍摄一部男孩成年后制作了这些电影的纪录片，但就在《南特的雅科》拍摄完成时，雅克去世了。因此，我只能用在不同地方找到的他的电视访谈片段来制作这部纪录片，我还采访了所有人，那些与他合作过的演员——凯瑟琳·德纳芙、让娜·莫罗、阿努克·艾梅（Anouk Aimée）、皮科利，所有人，这些人对他的评价与他本人的片段穿插在一起。这是一部典型的关于电影制作人的纪录片。在我看来，这就像一幅双联画——他是个孩子，这是部剧情片，他梦想着拍电影；他长大了，这是部纪录片，他拍成了电影。这就是我的计划。

而有关《洛城少女》的影片出现在两者之间，它令我最初的想法发生了些许改变，但你必须遵从当下发生的事情，我不能像那些圈内人一样做个情况说明。我们中有些人依然是艺术家。

艾伦：阿涅斯，你们结婚多久了？

瓦尔达：三十二年，不，我们没有马上结婚。我们在一起三十二年，结婚二十八年，争吵和相爱的二十八年。

艾伦：和一个人相识并共同生活三十多年是一段漫长的时光。当您拍摄这些关于您丈夫的电影时，有没有什么惊喜？有没有发现什么此前不知道的关于他的事情？

瓦尔达：有的，当他写下自己的童年回忆时——尽管都是他已经讲过的事情，但他想通过写的形式讲述出来——就像泵一样，其他名字和故事会自动出现，我是从他的文字里读到这些的。在写作中，人们发现自己。我的目标是拍摄一部关于电影制作人的影片，所以在纪录片中，每个人都会讲点什么。在采访时，受访者有时会说出我意料之外的话，比如"您面对世界时如此狂躁"，但我知道这一点，我并不惊讶。

艾伦：您知道他有时有点狂躁？

瓦尔达：他对自己写的台词很偏执。让娜·莫罗说："我连一个逗号都不能改，我必须严格按照他想要的速度说。"其他人也说过类似的事，但……我认为把作品展示出来就可以了，从他拍摄的第一部纪录片开始回顾他创作的演变，当时他并不太想拍摄纪录片，但就么开始了，然后进入了他自己的理想世界。您懂法语吗？因为《瑟堡的雨伞》是我修复的，所以我可以对它进行一定的阐释，但我并不喜欢这么做。您应该能明白，我可以承担这项工作，但我不能代表雅克说话，我讨厌这样，我认为——对，没错，我是一个电影制作人，我可以谈论我自己的电影，我可以谈论我拍的关于他的纪录片，这也是我的电影，我在谈论的仍然是自己的作品。

《瑟堡的雨伞》在巴黎上映时，Ciné-Tamaris 做了一个小小的"Cekadidemy"——这是谐音，意思是"雅克·德米说的话"[1]，听上去就像孩子们牙牙学语时的有趣发音。这是他自己对这部电影的评价："我宁愿把真实理想化，不然为什么要去看电影呢？"他还说："《瑟堡的雨伞》是一部反对战争、反对缺席、反对我们所憎恨的任何破坏幸福的东西的电影。"采访者说："您赋予了凯瑟琳·德纳芙一副纯真青春的面孔。"雅克回答说："凯瑟琳就是纯真和青春本身。""如果不拍电影，您会做什么？"他说："我会成为一名画家或音乐家。"我觉得这两者并不冲突。"您拍电影之前在做什么？""也与电影有关。"他解释了他是如何开始电影创作的，说了些很妙的词，他说，"我觉得这是一部'迷人的'（enchanté）电影／'歌唱的'电影[2]，好比它也是'彩色的'（en couleurs）电影一样"，但这句话不太好翻译……

---

[1] 法语为"Ce qu'a dit Demy"。
[2] 法语中"Chant"有"歌唱"的意思。

艾伦：法语中的"enchanté"既可以指"迷人的"，也可以是"以歌唱形式"（in singing）……

瓦尔达：对的，而"en couleurs"就是"彩色的"（in colors），所以这是一部歌唱的和彩色的电影。他用法语开了一个玩笑。（后来在文章中）他讲述了自己如何与米歇尔·勒格朗合作，还讲了他是如何发现瑟堡的。如果有人懂法语的话不妨找来读读，这是他在戛纳的采访。有人问他："拍摄《瑟堡的雨伞》给您带来了什么样的乐趣？"他回答："一种极致的快乐，高雅，不带一丝野蛮！"对方问："您的妻子阿涅斯·瓦尔达很有名。她的作品曾入围戛纳电影节（我此前因为《五至七时的克莱奥》入围戛纳），她的才华中最打动您的是哪一点？"他回答："诗意，奇异的诗意。"对方问："您最想在电影节上见到谁？"他回答："多莱亚克姐妹，凯瑟琳·德纳芙[1]和弗朗索瓦丝·多莱亚克（Françoise Dorléac）。"他后来与她们合作过。他当时就有这个愿望了。

艾伦：我能问一下《瑟堡的雨伞》的修复工作吗？

瓦尔达：当然可以。《瑟堡的雨伞》是跟随着心的行迹创作出来的。它是存在的碎片，是一段生活，音乐就是其中的记忆。他们使用音乐的方式非常有趣。你必须用耳朵

---

[1] 凯瑟琳·德纳芙本名为凯瑟琳·多莱亚克，与弗朗索瓦丝·多莱亚克是姐妹。

聆听，仿佛那是一个梦境，你还必须用眼睛看着画面，紧紧盯着现实的镜子。非常有意思，他真的在这方面做到了极致。

这是他的一页手稿。以前的剧本完全像普通的手稿，现在剧本写得像歌剧，文字在乐谱下面。这确实是剧本手稿里的一页。而修复这部影片是我想要做的一件事。

艾伦：据我所知，这是您和您丈夫很早之前就想做的事。

瓦尔达：他想，但制片人还没有这个打算，因为这需要一大笔钱。大约要花费八万英镑那么多，所以制片人不愿意，觉得不值得。但制片人还是做了一件非常重要的事，雅克当时（1964 年）让她付了这笔钱。这部影片是用彩色负片拍摄的，雅克知道色彩会褪掉，所以他要求制片人将负片拷贝到两份黑白正片上。

艾伦：两份还是三份？

瓦尔达：三份。一份正片保留了红色部分，一份保留蓝色，一份保留绿色。这不是三色工艺，但也跟它类似。就像纸上印刷的三色套印——一台机器印红色，一台机器印黄色，就像这样。因此，他用黑白正片保存了各项色值，但制片人不愿意承担费用。当制片人意识到雅克是对的之后，和雅克重新达成了协议，雅克把这些素材拿回了家，然后我们就进行了修复。

艾伦：中间这段时间里，这些拷贝去了哪里？容易找到吗？

瓦尔达：还好，法国有一个国家电影档案馆，雅克之前坚持要把它们保存在那里。虽然手续流程很复杂，雅克还是想把它们放进去。因为技术上达不到要求，修复计划一直没有开始，但这件事一直在他的构想中。之后，我忙于照顾他，还要完成《南特的雅科》。等到作品完成后，我就开始了修复工作，包括将三份黑白正片重叠，得到一张很厚的黑白胶片，必须调整得非常精确。然后再重新用彩色拍摄。最后你会得到一份全新的负片，它和1964年的一模一样，色彩也同样丰富。

艾伦：一旦拿到了这三份拷贝，听上去就没那么复杂了，但我想，要做的肯定不止这些……

瓦尔达：我们不得不重新制作音效，找到那三条音轨，混音，然后请米歇尔·勒格朗再次混音。当时我们用了杜比立体声，尽管它拍摄的时候没有用杜比立体声，好比是杜比立体声家族的最后一个穷亲戚。真正的立体声下声音来自四面八方——汽车从这里开过来，又从那里开走。我们用了一种半立体声，使声音更加饱满。它不是从一个扬声器发出的，而是从前面三个不同点发出。它让声音更增添了一种意味，不是真正的杜比声，但也好了很多，然后我们又不得不重新为负片配光，因为新的负片没有配光。我大概花了四个月的时间，反反复复，四个月。

艾伦：所以当您给拷贝调色时，必须回想之前的颜色是什么样的？

瓦尔达：是的，这就是要由我来进行的原因。因为摄影指导退休以后去了法国南部，我请他来，但他不想来，当时没有别人，除了我和雅克以及电影的美术指导，他应该记得那些色彩，我本想请他来工作室，但他那年心脏病发作，中风了，所以不能动。好吧，我记得很清楚，我能做到。所以我日复一日地工作，就像绣花一样，你会觉得"哦，我永远也弄不完，我还要做这个，还要重做背景，还有那片灰色"，但当你完成了并且效果很漂亮时，你会说："哇！"你会忘记花的这些时间。

艾伦：总共花了多长时间？

瓦尔达：前前后后一共四个月。

艾伦：可能因为这个项目很早就开始了，或者说你们很早就有了这个想法，我以为它花了很多年。

瓦尔达：不，不。这是我四个月的工作，这可不是小事情。调研工作在此之前就完成了，不是去工作室就够了，它还需要我们打电话、写信、准备资料、找资金。首先，我先后去了伦敦和罗马的特艺公司（Technicolor）询问情况。我尽可能去了解我能做些什么。然后机器来了，我们不得不尝试不同的原片，以获得最佳、最持久的色彩。看，我们克服困难，成功了。现在，影片美极了。您看过放映了吗？您会看到它有多美，修复后的影片还原了雅克想要的东西。没有重新着色，没有调整或修正，也没有让它的画面更短或更宽，这就是他拍摄的那部电影，这就是他拍摄的方式，这就是影片中的色彩。

艾伦：影片在法国和美国都上映了吗？

瓦尔达：巴黎最先上映这部电影的影院与雅克1964年举办首映的是同一家，这非常感人。太不可思议了，就像时间不存在。它在法国上映了很长时间，遍及所有城市，然后又在电视上播放了两次，呈现了包括数字化在内的所有修复元素，一帧一帧地更好地保持了原片的对比度和色彩。修复工作对电视和录影带放映同样重要。他们在 Canal+ 频道播放了我的纪录片《雅克·德米的世界》，那是一个美好的夜晚。然后，他们放映了《天使湾》(*La Baie des Anges*)，接着又放了《瑟堡的雨伞》，随后，纽约现代艺术博物馆举行了预先点映，之后又在一家电影院放映了十四周。现在该片将在全美六十家影院上映，美国媒体说他们第一次看懂了这部电影。他们原以为这只是一部伤感的电影，但现在他们看到了资产阶级这样的行为中蕴含的暴力。资产阶级母亲毁掉了女儿的生活，而阿尔及利亚战争又打破了他们的幸福。

艾伦：我认为这部影片 20 世纪 60 年代在英国首次公映时，也发生了类似的情况。很多影评人都认为它太伤感了。

瓦尔达：我讨厌那些说"这意味着这个或那个"的人。你想怎么理解就怎么理解吧。如果现在看的话，能更好地理解这部影片，我认为也许是色彩方面的原因，鲜艳的色彩有助于你看到暴力。这是我的看法。我不确定。

艾伦：因为它看起来很美，所以人们的视线只停留在表面？

瓦尔达：它看起来很美，并且依旧非常悲伤和充满情感，但有些问题现在看起来更清晰了。这是一个故事，但它背后有雅克的思考，你必须去发现它，不管你认为它究竟是什么。

艾伦：其中有反战的元素……

瓦尔达：你能听到他唱歌，反对战争，反对打破他生活的一切，比如战争爆发了，那位母亲也把一切都打散了。这部影片是关于反抗的，却是以一种非常温和的方式。

艾伦：它包含某种相当讽刺和现实的东西。我经常想，如果是好莱坞式的重聚，他们要么重新在一起，要么悲剧收场。现在的结局更符合欧洲电影……

瓦尔达：我告诉您，这个结局我已经看过五六十遍了，对我来说仍像个谜一样，非常吸引人。有一些有趣的小细节，比如结尾处他们再次相遇，小孩（他们爱的结晶）在车里。
她带着小女孩，问"你想见她吗？"他说"不"。那个小女孩
就是罗莎莉，我们的女儿（现在她长大了）。加油站那场戏，
尼诺的儿子由米歇尔·勒格朗的儿子扮演，所以我们的家人
都在里面。

艾伦：罗莎莉扮演了弗朗索瓦丝？

瓦尔达：米歇尔·勒格朗的儿子也扮演了男孩弗朗索瓦。
除了修复影片带来的愉悦，当看到孩子们，想到这一点时，
我也会很开心。昨天我去了爱丁堡的法国电影节，介绍《一
个唱，一个不唱》，发了言，还进行了一场精彩的讨论。我不
知道您是否记得这部电影。它是一部女权主义电影，有一场
戏，她们在路上，女人在唱歌，她们捎上了一个带着孩子搭
便车的男人，扮演这个角色的小男孩就是马修·德米。现场
介绍的主持人对观众说："你们一定要注意看这个小男孩，他
就是马修·德米，去年他以演员和嘉宾的身份参加了电影节，
并在电影节上介绍了另一部作品。"这太有趣了。他是带着
德罗西埃（Antoine Desrosières）的作品《美丽星空》（À La
Belle Étoile）来参加电影节的，他是男主角，当时十九岁还
是二十岁，那个人说"他去年是以演员身份来的"，这种说法
真是有趣。孩子们都长大了。

艾伦：我一直认为《瑟堡的雨伞》是第一部全部采用演

唱的音乐电影。是这样吗？

　　瓦尔达：就音乐电影而言，是的。在这之前，梅诺蒂（Gian Carlo Menotti）创作过一部名为《灵媒》（Le Medium）的歌剧，这是一部先锋歌剧，雅克也看过，但它有所不同。它属于舞台歌剧，音乐难度很大，声音十分复杂，作曲家自己把它拍成了电影，但几乎没人看过，这是一部很难理解的作品，但它确实采用了歌唱的形式，所以严格来说《瑟堡的雨伞》并不是第一部。我听说《贝隆夫人》（Evita）完全是演唱的。这是真的吗？

　　艾伦：可能是，我不记得舞台版中是否有对白。现在很多音乐片全部是唱的。在我的记忆中，《瑟堡的雨伞》事实上开了先河——他们不仅歌唱爱情，还歌唱汽车引擎。

　　瓦尔达：当他们说"您要加油吗？超级汽油还是普通汽油？""车龄多少年了？二十年？"或者有人进来，他们说"不行，去隔壁"时，所有台词都是唱出来的。就像我刚刚跟您说的，梅诺蒂的那部电影没有人看过，而且它就像是对歌剧的复刻存储。我看过，它完全是唱出来的。雅克也看过，我记得他看了两遍。那是第一部想要触及更多观众的此类电影作品，雅克说，"我想拍一部通俗歌剧"，这是他的原话。像歌剧一样，但又要像电影般通俗，而不是由那些奇异的声音和歌曲组成。他想保留歌唱的形式，并且与米歇尔·勒格朗讨论了这个问题，希望演唱尽可能接近说话——尽管旋律优美，但听起来要像对话一样。他说得没错，听了一会儿之后，你就会习惯。你不会觉得把一切都唱出来很奇怪。七八分钟后，你就会接受这种方式。

艾伦：您丈夫对音乐电影的热爱来自哪里？

瓦尔达：亲爱的，您得去看看《南特的雅科》，他年轻的时候经常去看轻歌剧。您知道什么是轻歌剧吧，就是那种早期的音乐剧，有的很好看，有的不太好看，他母亲会带他去剧院——有时是去听奥芬巴赫（Jacques Offenbach）的歌剧，所以我在《南特的雅科》中重现了一部轻歌剧，他去看了，非常开心，因为他一直很喜欢轻歌剧。

艾伦：好莱坞音乐片呢？在《洛城少女》中，他从好莱坞请来了吉恩·凯利（Gene Kelly）和乔治·查基里斯（George Chakiris）。

瓦尔达：《洛城少女》更传统，是一部法国布景下的经典美国音乐片，传统的建筑风格让它与众不同。在我看来，它不太好莱坞。尽管看起来很典型，尤其是他们说话、唱歌、说话、唱歌的形式。他想要的就是这个效果。他请来吉恩·凯利是因为他喜欢吉恩。他还想要一个好的舞者，所以邀请了查基里斯。

艾伦：《洛城少女》里有对白吗？

瓦尔达：您没看过吗？

艾伦：没有，事实上现在很多人都在问这部电影能否修复。

瓦尔达：能，我正在做。必须得说，我真是厌倦了修复工作。我受够了，但有时当你迷失在沙漠中，你的车出现状况了，只有机械师才能修好它。某些时候，我是那个唯一能做到的人，所以就承担了下来。

艾伦：您认为《瑟堡的雨伞》为什么特别令人们喜爱和怀念，占据如此重要的地位？

瓦尔达：有很多原因。首先，它是一部很美的电影。其次，它在戛纳获得了金棕榈奖，接着又获得了奥斯卡提名，五项提名，最佳配乐……我记不清了，所以它深受喜爱。他们甚至还创作了三部舞台音乐剧。我谈不上喜欢，但东京、纽约和巴黎都有舞台版。舞台剧版本比电影晚了四年，大概是在20世纪60年代末，东京稍晚，巴黎的是在70年代。在我看来它们完全没有延续电影的魔力。

艾伦：那么这就是这部电影的重要之处，这种特殊的魔力？

瓦尔达：这是一部制作精良的电影，雅克对动作、摄影、音乐和情感的结合非常棒，还有他对演员的指导和演员们自身的美。没有人会觉得看二十岁的凯瑟琳·德纳芙是在遭罪！

艾伦：三十年来，她似乎没什么变化。我们再来谈谈您自己吧……

瓦尔达：在这项痛苦修复工作的同时，我也在修复《幸福》，反正我忙于修复，所以也顺便修复了我自己的一部作品，因为是同一个制片人（玛格·博达尔），她同样拷贝了这一部的胶片。当时是雅克让她这么做的。可惜她没有拷贝《洛城少女》，所以修复工作要困难得多，很难解释清楚，太复杂了。

艾伦：所以您正在修复《洛城少女》和《幸福》？

瓦尔达：快完工了。今年年底之前，我将完成这些技术工作。我每天或者几乎每天都去工作室，办公室早上会打电话来问："您周五上午去工作室？周一下午、周二上午也去吗？"去工作室来回要一个半小时的车程。现在我的车里有音乐，我甚至还装了部电话，因为我要花这么长时间开车前往位于巴黎北部的工作室。我会努力在1997年回归自己的创作。

艾伦：您此前提到自己被称为"新浪潮祖母"。您把这视作一种称赞还是冒犯？

瓦尔达：是称赞！做第一个总比做最后一个好。我是一个先行者，而先行者总是寻求冒险的人，我在电影方面冒了很多次险。我在好莱坞拍过一部叫《狮之爱》的电影，我还拍过其他电影，或多或少有些名气，也有一些作品很少有人知道。我还陆续拍过一些不同寻常的作品，我仍然认为自己有探究精神（une tête chercheuse），是一个探索者，在这个行业里，他们得要让人们征得同意："我们可以这样做吗？"尽量不重复自己，我没有自我重复，而我当时的想法成了所谓"新浪潮"的理念——一个年轻的电影制作人，用较少的钱开始电影制作，影片中大部分时间里都有人在不停地行走，这就是"新浪潮"的标志。我很幸运，我的电影没有被遗忘。距 1962 年《五至七时的克莱奥》上映过了这么多年后，人们仍在谈论这部影片。

艾伦：您为电影筹集资金的过程并不算容易？

瓦尔达：一直很困难，现在也是。我的上一部电影《一百零一夜》入围了柏林电影节，表现还不错。它很快就要在日本上映了，我刚结束日本的首映式回来，但法国电影很少在英国上映。

艾伦：有些会上映。《幸福》和《五至七时的克莱奥》就上映了。

瓦尔达：但那是三十年前的事了。当时它们反响不错。

《天涯沦落女》也还可以，但也已经是十年前的事了。近五年来，在英国发行的法国电影并不多。

艾伦：与制作的数量不成正比。

瓦尔达：现在就连英国电视台也不那么热衷于购买法国电影了。经济形势发生了很大变化。我很感谢法国电影办公室，感谢法国外交部长，为我的六部电影制作了全新的拷贝，每部六份，所以我的系列电影能在这里上映，爱丁堡的放映刚刚结束，还会在印度和其他许多国家上映，在墨西哥，在好莱坞电影资料馆、在纽约现代艺术博物馆都会放映，很高兴知道他们有一定文化意识。

艾伦：那么，您的这六部电影有了六份新的精良拷贝……

瓦尔达：三十六份，六乘以六，它们将在世界各地放映，制作精良，并附有整理好的片单。这很好，即使某部电影当前没有在上映，这也是一个机会，能够让人们看到它们，讨论它们，不忘记我……我们宁愿在死前知道这一点，而不是死之后。

艾伦：所以这是外交部电影办公室的一个项目？他们出资为您的六部影片制作一套精良的拷贝，进行世界巡回展映？

瓦尔达：是的，我也会在力所能及的范围内去到现场。我无法参加世界巡回放映，但各地都向我发出了邀请，我可以去印度、爱沙尼亚和丹麦哥本哈根，他们都邀请我了。但我也要工作，我不是推销员。我来这里是因为可以把爱丁堡、格拉斯哥和此地连在一起，这三个城市都放映了我的电影，有些观众很喜欢。有一次，一对夫妇说他们喜欢我的电影，他们在格拉斯哥看了全系列展映，又来爱丁堡重看了一遍。这两个城市距离不远，一个小时的车程，但因为是连续排片，所以几乎每隔一天就要开车往返，把所有电影再看一遍。

艾伦：现在您的电影有了全新拷贝，您认为有人会再次将它们用于商业发行吗？

瓦尔达：我们希望如此。最近有这样的需求，它们重新开始引人关注了。又有人提出想要翻拍《五至七时的克莱奥》。第一次是麦当娜提出了这个想法，我爱这个女人。十年前，她本来是最合适的人选，但后来因为母亲死于癌症，她很难过，所以没能出演。现在又有人想要获得这部电影在美国的翻拍权。我可能会重新发行。八年前，《五至七时的克莱奥》在法国重新发行，反响很好。当《幸福》定档时——我不知道那是不是它重新上映的最佳时机，我不确定，需要考虑观众的取向。有时候时机不对。

艾伦：我想到了《天涯沦落女》，它非常成功。

瓦尔达：成功——因为对人们而言有意义，所以它成功了。影片还获得了威尼斯金狮奖，这也有一些帮助，桑德里娜的表演同样引人注目。

艾伦：这部剧情片中运用了纪录片的手法。

瓦尔达：嗯，是有一种纪录片的质感，它让影片可信。

艾伦：它和您的前一部作品相隔了九年，而我们又等了五六年才等到《南特的雅科》？

瓦尔达：但我在这期间拍了一些你们没看过的电影。我拍了《千面珍宝金》和《功夫大师》，然后是《南特的雅科》，之后，我又拍了《洛城少女二十五岁》和《一百零一夜》，后者阵容非常强大——德尼罗、德隆、德纳芙，所有的"德"，德帕迪约，吉娜·洛洛布里吉达（Gina Lollobrigida）。

艾伦：庆祝电影百年之作？

瓦尔达：是围绕这一切的虚构作品。因为我现在拍的是纪录片，大家都以为我只拍纪录片。这是一部剧情片，里面有非常出色的演员。故事是这样的，电影先生已经一百岁了，他的名字就叫电影先生，由米歇尔·皮科利饰演，他记忆失常，所以雇了一个非常年轻的女孩帮他恢复关于电影的记忆，他还有访客，那些访客接下来就登场了，比如德帕迪约来拜访了他，我们请阿兰·德隆也短暂到访，他的访客都很有名，而他把所有事情都搞混了，所以这就成了一部关于记忆的喜剧。但这部电影没有在英国上映，我们甚至没有被邀请参加伦敦电影节。

艾伦：您还有其他电影计划吗？

瓦尔达：还没有，但我会在1997年回归自己的创作。我可能会有一些灵感，可能会拍摄另一部电影。

艾伦：我听说您和杰里米·托马斯（Jeremy Thomas）共进了午餐。

瓦尔达：他是《一百零一夜》的联合制片人，虽然后来因为要拍摄贝托鲁奇的电影而退出了，但一开始他是联合制片人，我们一直是朋友。他还有一个制作统筹，我们认识很多年了。不，我不是去跟他谈生意，如果您是这个意思的话。没签任何合约。我总是在等待，确保我的想法、我的意愿和我的精力都已齐备。我靠灵感工作，不进行交易，也不做生意。我甚至不以此为事业，我只拍电影。

艾伦：您刚刚出版了自传《阿涅斯论瓦尔达》。

瓦尔达：这本自传讲述了我作为一名电影制作人的生活，因为我还是一名女性，它也展现了女性的生活方式，书中还包括其他一些事情，但我主要讲述的是一部电影是如何开始的，因为我认为这就是奥秘所在。里面讲了我为什么要拍这部电影而非另一部，还有关于拍摄和影像的故事。这是一本很大的书，是在拍了四十年电影之后的 1994 年才写的，我 1954 年拍摄了自己的第一部剧情片。

艾伦：有可能翻译成英文吗？

瓦尔达：我希望它能翻译成英文，在纽约讨论过这个想法。但目前还没有，我很希望有人能付诸实施，但他们会出版吗？您知道的，钱永远是问题之一，甚至可以说是最大的问题。

"The Grandmother of the New Wave", from *Talking Pictures*, www.talkingpix.co.uk, January 6, 2011.

电影人的谦卑姿态：
采访阿涅斯·瓦尔达

梅丽莎·安德森（Melissa Anderson）/2001

阿涅斯·瓦尔达经常被称为法国"新浪潮祖母"，从影至今近五十年。她的新作《拾穗者与我》获得梅里爱奖，被法国影评人协会评为 2000 年最佳法国电影，该片记录了那些在法国农村和城市地区以拾荒和回收废弃物为生的人们。瓦尔达花了几个月的时间穿越法国，寻访这些当代的拾穗者，并用数码摄像机记录下她的所见所闻。《拾穗者与我》中处处都能听到瓦尔达温馨、诙谐的画外音，使片名中的"我"在影片中成为一个重要的、突出的存在。有时，在不经意间，瓦尔达也捕捉到了她自己衰老的痕迹——花白的头发和手上的老年斑。与片名相呼应，在谈到自己作为电影制作人的角色时，瓦尔达称自己是一个捡拾影像和想法的人。瓦尔达充分认识到，她的拍摄对象能在拾荒这一主题上指导她，因此她从不对受访者摆出居高临下的姿态或进行情感上的引导。影片中的拾荒者——尤其是弗朗索瓦，一个仅靠在垃圾中捡拾食物生存的可敬年轻男子——都是令人信服的人物，他们坦率地讲述了自己的生活和经济状况。瓦尔达的创作之路充满偶然性，她先是拍摄一位在巴黎市场翻垃圾的男子；后来，瓦尔达发现这名男子已经从事扫盲教育工作六年，于是在他的教室里对他进行了采访。

在《拾穗者与我》这部被瓦尔达称为"公路纪录片"的作品中，她通过旅行中的观察，揭示了法国的阶级差异。在拍摄一群用回收废弃物制作艺术作品的学童时，她不禁问道："这些孩子中有多少人曾与捡垃圾的人握过手？"

《拾穗者与我》标志着瓦尔达在 1995 年的电影《一百零一夜》之后，再次回归纪录片的创作形式。《一百零一夜》展示了电影百年历史中丰富的电影片段，有一众国际巨星和名人客串，由米歇尔·皮科利和瓦尔达的儿子马修·德米主演。在庆祝电影百年诞辰之前，90 年代初，瓦尔达拍了两部电影来纪念她丈夫——于 1990 年去世的雅克·德米——的生平和作品。《南特的雅科》是一部讲述德米童年生活的叙事电影，其中穿插了他的作品片段和对德米本人的简短采访。

纪录片《雅克·德米的世界》收录了对德米及其电影合作者的采访。同样拍摄于 1993 年的《洛城少女二十五岁》重访了法国港口城市罗什福尔，1967 年德米曾在那里拍摄了音乐电影《洛城少女》，该片由弗朗索瓦丝·多莱亚克和凯瑟琳·德纳芙主演。与《拾穗者与我》一样，《洛城少女二十五岁》中也有瓦尔达对记忆的流失和地点的意义的思考。去年10月，梅丽莎·安德森与阿涅斯·瓦尔达就《拾穗者与我》、纪录片制作以及她90年代的电影作品进行了交流。

　　安德森：您是如何产生拍摄拾荒者的想法的？

　　瓦尔达：有三个原因。第一个原因是我注意到这些人在露天集市弯腰的动作。第二个原因是一档电视节目。第三个原因是数码摄像机的发明，它也是促使我开始并继续拍摄这部影片的重要因素。我选了业余型号里比较先进的一款（索尼DVCAM DSR 300）。我感觉这台机器让我回到了1957年和1958年我拍摄早期短片的时代。那时我感觉很自由。有了新的数码摄像机，我觉得我自己就能拍摄，以电影制作人的身份参与其中。结果，我真的自己动手拍了更多作品，它也让我更多地参与到影片中。后来，我觉得我对这些人要求太多了，让他们展示自我、与我交谈、对我坦诚，我也应该多展现一些自己。我觉得，虽然我不是一个拾荒者——我不穷，我有足够的食物——但还有另一种拾荒，那就是艺术拾荒。你拾取想法，拾取图像，你从别人那里拾取情感，然后把它们拍成电影。因为我的年龄也到了一个节点（1998年瓦尔达年满七十岁），我认为应该以某种方式提及这一点，所以我拨动着自己的头发、露出双手，以此作为一个标志，作为一种外部迹象。就像我常说的：它既是客观的，又是主观的——如同我在《五至七时的克莱奥》里对时间的利用——然后在这段时间内部进行感知，我们可以用一种非常主观的方式**看到**时间。在这部影片中，我也是这样想的，我可以展示我的手、我的头发，但这是我对衰老的主观感受。其中充满趣味，在影片中可以感受得到。让卡车成为我游戏的一部分时，我感觉像回到了孩童时期。我可以利用我的手，我可以看到东西，我喜欢这样，所以，这既是非常客观又是很主观的。

安德森：您是如何与农村和城市的拾荒者建立融洽关系的？影片中很少表现出情绪化的一面，这通常是制作者有能力与拍摄对象建立信任的表现。

瓦尔达：如您所知，有不同方法可以表达"哦，天哪，这些穷人"这句话。一开始，这种情绪促使我拍摄这部影片。我为他们感到难过。我看到一位老妇人艰难地弯下腰，这个画面深深印刻在我脑海中。我觉得她是没有办法——如果她不需要弯腰，能买得起，她就会选择买。有一种……不是感伤，而是怜悯的感觉。当我慢慢接近这些拾荒者时，有些人不想让我跟他们说话，不想让我拍摄。有一个人说："您会坏了我们的事。如果您告诉所有人，他们就会来摘果子了。"这很有意思。有些人其实并没有恶意，只是在陈述事实。我尊重他们。如果有人不想被拍，我也不会偷拍。只有集市的一个场景，是我从很远的地方或后方拍摄的。我想表现那种卑微的姿态，那种从地上捡拾东西的姿态。在法国，我们有个说法："播种者的庄严姿态。"（Le geste auguste du semeur）[1]这就是我在影片中提到"拾穗者的谦卑姿态"（Le geste modeste du glaneur）的原因。

　　安德森：有关这一点，咖啡馆老板说得很好，"俯首弓身的姿态并没有从我们的社会中消失"。

　　瓦尔达：是的，但它已经完全改变了，不仅是因为人们捡拾的东西完全不同了——不再是散落各处的谷物——而且如今的捡拾动作也是偶然的。拾荒也不再是女性独有的"谦卑姿态"，男性也会拾荒。这种社会行为已经完全改变了。当我发现拾荒者的形象，也就是米勒（Jean-François Millet）油画中的形象发生了怎样的变化时，我感到非常兴奋。我想到街上的人们，并发现这与米勒画中的姿态十分相似。然而，米勒描绘的是一个集体拾荒的时代，妇女们在一起，以某种方式享受着拾荒的乐趣。我能感觉到，今天的拾荒与以往完全不同：人们独自拾荒，而且有成吨的食物、成吨的垃圾，比以前多得多。然后，我在街上和城市里也发现了同样的情况。我认为纪录片意味着"真实"，你必须与这些真实的人见面，让他们表达自己对主题的感受。我与他们接触得越多，

---

[1]　出自维克多·雨果的诗《播种的季节——傍晚》（Saison des semailles. Le soir）。

就越发现自己对此没有发言权。是**他们**进行着表达，他们比任何人都能更好地阐释这个主题。

所以，这不是选定好主题，产生一个相关的想法，然后"让我们来诠释它"。它需要与真实的人见面，与他们一起探究他们有关主题的表达，通过真实的人来建立主题。因此，它是一部纪录片，但我赋予它的形式——包括原创配乐和剪辑——使其成为我眼中的一部叙事电影。这并不是说纪录片"不好"，叙事电影"好"。但作为一名电影制作人，我想说的是，我真正的工作是赋予这一主题特定的形态。到目前为止，它还算奏效，因为无论是不是影迷，人们都喜欢这部电影。他们喜欢在影片中认识的这些人物。

安德森：您是如何认识弗朗索瓦的？他一直自豪地宣称自己在过去十年中"百分之百靠捡垃圾为生"。

瓦尔达：我是通过我在《一百零一夜》摄制组里的一个助手认识他的，我请这位助手来《拾穗者与我》帮忙。他家在普罗旺斯地区艾克斯附近有一栋房子。我们跟所有认识的人打招呼，让他们跟所有人——农民、农场主、农场工人、果农——谈论起我们的电影，我们就是这么来拍《拾穗者与我》的。

我对助手说："给认识的所有人打电话。"他给他父母家所在村子里的所有人都打了电话，有人告诉他在普罗旺斯地区的艾克斯有这么一个人。我们去找过他，但没找到。于是，当我的助手得到消息，称弗朗索瓦在一家比萨店里洗盘子时，他就像侦探一样跑遍了所有比萨店去找他。

　　有一天他终于找到了弗朗索瓦，对他说："我们想要拍……您愿意跟我们谈谈吗？"弗朗索瓦说："可以，只要我能表达我的想法，那就是浪费与不知道如何处理废弃物或废弃物处理不当有关，它也与埃里卡（Erika）油轮泄漏事件有关。"您可能没听说过，但那次事件毁掉了法国一半的海岸线。弗朗索瓦是第一个意识到这种联系的人。于是我们约好在一家咖啡馆见面。我们坐在咖啡馆里，他来了，穿着他那双靴子。我们如实拍下了整个过程。他说，"我要一杯咖啡"，然后我们就开始聊了起来。我觉得我们应该走着继续采访。这是你必须立即抓住的东西：受访者的动作是什么样的，受访者的反应如何，受访者在什么状态下能最好地表达自己。走路的状态最适合弗朗索瓦，您觉得呢？

　　安德森：是的，他走起路来一副不服输的样子。

　　瓦尔达：桀骜不驯，充满活力。我对摄影师说："您为什么不跟他一起走呢？"那场戏是用一名摄影师、一个录音吊杆还有我的小摄影机拍的。我在问他问题。弗朗索瓦真的每天吃的都是垃圾。他说他从不购物。他的东西都来自街头，包括衣服。他说，由于存在这么多浪费，他不想买任何东西。我得知他曾在艾克斯的大学学习经济学。我们花了一下午的时间拍摄他。他非常有主见。他谈到了两个月前发生的"黑潮"。我也拍摄了"黑潮"相关的影像，因为我为之震惊。但我不认为这与我的主题"拾荒"有关。我去海边看了，太可怕了，海滩都变成了黑色。感谢上帝，我拍下了这一切，这样当他谈到这个话题时，我就可以把我以前拍的镜头剪辑进去。我发现——我在拍纪录片时总能发现这一点——人总会带来意料之外的东西。

　　这是个一无所有的人。那天结束时，助手对他说，"我们可以给您一些钱"。"哦，我不要钱！"他非常生气地回答。但他说想要一本书。拍摄结束后，我们去了一家大书店。他翻着关于艺术的书。我在想他会喜欢什么样的画，就对他说，"随便挑吧"。知道他选了什么吗？他选了非常精致繁复的18世纪达官贵人的画像。他对我说，"我喜欢那个时代"。于是我买下了这本又大又贵的书，里面画的都是有钱人在城堡里举行舞会的场景。我很惊讶。我想说的是，电影剧本——我的剧情片都是由自己写剧本——往往没有现实生活中那种独特的想象力。我买下这本书，然后告诉他，"电影上映时我会告诉您"。于是电影在普罗旺斯地区的艾克斯上映的时候，我写信给他说："请您到场，我希望您能和我一起向观众致辞，并回答一些问题。"问答环节开始，有人问我们是如何找到这些人的。我讲了弗朗索瓦的故事，然后说"他来了"。他穿着靴子走上台，非常高兴地向观众致辞。他讲了一件有趣的事情，他说对他而言最好的时间是6月，因为那时艾克斯各所大学"愚蠢"的学生们都回家了，他们走之前会把冰箱里所有的东西都扔掉。他说："我可以挑选各种好吃的食物；把它们存在自己的冰箱里，够我吃三个月。"他在介绍街上拾荒的"旺季"，非常有趣。

　　然后，他开始谈论他最喜欢的另一个话题——保质期。他说："你们不该看说明，而应该用鼻子来判断。让我来证明，我给你们带来了礼物——在垃圾堆里捡到的蛋糕。"观众们都笑了。他说："它们两天前就过期了。我尝了尝，一点问题都没有。"然后他把蛋糕分给了观众，问："告诉我，好吃吗？看，我告诉过你们，它们很好吃。"有人问他，"您觉得电影里把您拍得怎么样？"他说："还行，就是太短了。"这说明我们确实建立了真正的关联。他认可自己是影片的参与者，我并没有从他那里偷走什么。他与观众互动的方式非常好，很有趣。他想向观众证明他是对的，这部电影是有意义的，我们应该讨论大量浪费的问题。他非常有韧劲。我想说的是，对我而言，这类影片有两点非常重要：它牵涉到我在拍摄中致力于建立的关系；剪辑、与人会面、赋予影片形状，一种能同时呈现出客观和主观的特定形状。客观的是现实，社会现实，而主观的是我对此的感受，或者我如何让它变得有趣、悲伤或痛苦。制作这样一部电影是一种生活方式。它不仅仅是一个产品。组织、完成并交付它，这是我为了见到这些人而必须做的事，还有拍摄之前与拍摄期间的事，以及我们与见到的人之间发生的故事。之后，我带着这部片子去参加电影节，去不同的城市。我还在乡村和其他地方给农民放映电影。

安德森：他们的反应如何？

瓦尔达：他们都很喜欢，真的非常喜欢。他们知道影片讲的是一些自己熟悉的东西。困难的部分在于，拍摄时必须保持非常活跃的状态。必须马上看到正确的位置在哪里，正确的动作是什么。

安德森：使用数码摄像机是否给了您更多的自由？

瓦尔达：拍摄决定与摄影机无关。因为有些事情不会重复发生——你不能让人们重复一个动作——必须马上抓住感觉，你得决定是让画面缓慢推进、静止不动，还是和他们一起奔跑，或者在同一个人身上使用不同的方式。对于弗朗索瓦，我知道我必须和他一起走，用他那充满活力和愤怒的方式在街上漫步。有一次他说："有了这双靴子，我就能免受这个充满敌意的世界的伤害。我就是城市的主人（seigneur de la ville）。"（vile 和 ville 同时出现，这也是瓦尔达的双关语之一：我是城市的主人，也是肮脏的主人。）但是，这些镜头都是分散拍摄的，而我必须以更紧凑、更强有力的方式来刻画他的性格……没有怜悯，没有理由为弗朗索瓦感到可怜。

在另一个案例中，比方说，我是如何找到拖车公园那个人的。我是这样做的：我开着车到处转，看到了很多拖车，我把车停在那里，然后下车打听一个根本不存在的人。我问，"菲

利普·加尼耶在吗？"我说："有人告诉我菲利普·加尼耶住
在这里。""菲利普·加尼耶？好像没有。也许您应该去下一辆
拖车那儿问问。"我说："附近还有这样的地方吗？"我就这样
混进去了，可以说是靠着谎话，但他们开始跟我说话了。过了
一会儿，有人问："您想坐下吗？"我说："好的，我可以跟您
坐一会儿。"我环顾四周，发现他们没有暖气，没有电灯。然
后我说我是个纪录片制作人，想和他们聊聊。他们说，"好啊，
为什么不呢？"然后我找时间回来拍摄。我倾向于单独出去寻
找拍摄地点，而物色拍摄对象时，也的确是一个人更好。有时
我随身带着小摄影机，有时不带。有时我会直接问，"介意我
拍点东西吗？"他们问我拍什么，我就说，"有些是为电视台拍
的，有些是给我自己拍的"。这是实话。我偶尔会带着三脚架，
有时还说，"我可能会带摄制组回来"。他们人很好。我感觉这
些人从没想过我会出卖他们。他们肯定即刻就感觉到了，知道
我会分享他们所说的话，会真正倾听他们的心声。

安德森：能再谈谈有关电影制作是一种艺术拾荒的观点
吗？您为电影《一百零一夜》做了大量的"捡拾"工作，这
部电影是为了庆祝电影的第一个百年。

瓦尔达：这部影片中我想表达的是，一个糟糕的记性就
好比一次混乱的拾荒。西蒙·希内玛总是以一种散乱的方式
拾取他脑海中原本就有的东西。他的记忆"存储"得不是太
好，所以把很多东西混在一起。我喜欢让他的记忆不断出错

这个点子。这让我可以自由地摘取电影史中的元素，自由地挑选电影。一位电影编剧对我说："您太不公平了！您没有把俄罗斯电影放进去。"我说："那又怎样？我们一定要原封不动地展现电影史吗？"

安德森：您在选择电影片段时开心吗？

瓦尔达：我很开心。我喜欢这部电影的原因有两个。当时，每个人都在非常严肃地谈论电影，计划办一场盛大的纪念活动。我想起了布努埃尔的一句话："我讨厌纪念活动。遗忘万岁（Vive oubli）。"我觉得这句话太美了。我的记性很差，所以我想，如果年纪大了，尽管很热爱电影，但还是会在想起这个或那个画面的时候，不断把人名和片名搞混，那该怎么办？我认为这是一种有趣的方式，来呈现对记忆的渴望。有时，即使是非常喜欢的电影，我也无法准确地讲出其中的故事，我甚至无法按时间顺序说出发生了什么。但我脑中会闪现一些东西，有时看起来就像一幅定格画面。我所知道的、我能记住的是我感受到的情感。我之所以知道自己喜欢某部电影，是因为我记得观影时感觉很好，或者当我走出电影院时感觉到异样，要么会流泪，要么会感动，要么会气愤。因此，记性不好，会带来非常主观的情感，我认为应该在这一点上下功夫，在一个试图抓住零散记忆的老人身上。虽然我一生都避免在创作中使用明星阵容，但这部影片中庞大的明星阵容证明，我可以把明星带入这部电影，但只将他们作为来访的客人。因此，请德隆、贝尔蒙多或德帕迪约这些名人客串让我觉得很有趣。然而没人喜欢这部电影，它在所有地方都遭遇了失败，包括法国本土。

安德森：记忆和记录衰老似乎是您近期作品的主题，尤其是《南特的雅科》和《洛城少女二十五岁》。

瓦尔达：是的，但这是在雅克去世后才开始的。我一直非常关注当下，现在我又回到了当下。我以往对记忆并不感兴趣，对它的兴趣是从1982年拍摄《尤利西斯》开始的，接下来我又拍摄了其他影片，如《功夫大师》和《千面珍宝金》，然后雅克去世了。我为纪念他拍摄了《南特的雅科》。这个尝试非常具有挑战性。你能进入别人的记忆吗？雅克的记忆力非常好，什么都记得。因此，在他的记忆中旅行对我来说是件美妙的事，这很难，我必须把它编造圆满。

安德森：在拍摄《洛城少女二十五岁》时，您是在自己和德米的记忆中旅行吗？

瓦尔达：是的。雅克的死勾起了我很多回忆。他存在于我们一路走来的记忆中。《洛城少女二十五岁》和《南特的雅科》都是他的回忆，我还拍摄了《雅克·德米的世界》，这是一部纪录片，是对《南特的雅科》的"回答"。在《南特的雅科》中，一个孩子梦想成为一名电影制作人，而这部纪录片讲述的是一名成年电影制作人的故事——人们纷纷谈论他的作品。《南特的雅科》中有其他电影的片段，但都与他的青年时代有关。《洛城少女二十五岁》的问世是因为这座城市为纪念德米的音乐电影《洛城少女》上映二十五周年举办了相关活动，我为此去了罗什福尔。现在，我真的想放下这些。这部电影（《拾穗者与我》）并非真正关于记忆。我认为**当下**非常有趣：当下的社会、我自己的生活、我看到的情况、无处不在的腐朽政治。

　　安德森：您认为您将纪录片美学用于叙事电影中，如《天涯沦落女》，是否对布鲁诺·迪蒙［Bruno Dumont;《人之子》(*La Vie de Jésus*)，《人性》(*L'Humanité*)］和达内兄弟［Dardenne brothers，《罗塞塔》(*Rosetta*)］等当代法国电影人有所启发？

　　瓦尔达：有些人是拍纪录片出身的，比如达内兄弟。当他们开始拍摄叙事电影时，如《一诺千金》(*La Promesse*)或《罗塞塔》，他们确实使用了纪录片的手法来处理主题，并拍出了我认为非常漂亮的电影。我一直尝试的，就是在纪录片和虚构片这两种类型之间架起一座桥梁。在我的第一部虚构电影《短岬村》中，我用了村里的真实人物，但也请了演员。在《五至七时的克莱奥》这部虚构电影中，当克莱奥开始在街上观察其他人时，我必须呈现出纪录片的质感，这样人们才能相信她在街上看到的东西，比如那个吞青蛙的男人。我一生都在尝试往虚构影片中加入纪录片的**质感**。就像《天涯沦落女》中，除了桑德里娜·博奈尔和其他几个演员，其他人都是真正的劳动者，真正的田间农人。但我要求他们说我写好的台词，所以这仍然是写出来的，完全不是即兴创作。我要求他们这样做，我们进行了排练，但因为他们知道如何在熟悉的环境中使用自己的工具，所以表现得非常像纪录片中的人物。

现在回到纪录片，比如《达盖尔街风情》和《墙的呢喃》，在《墙的呢喃》中，有一些令人惊叹的真实人物，我让他们显得如此鲜明，以至于看上去像虚构出来的。在《拾穗者与我》中，你不会忘记弗朗索瓦，不会忘记那个教书的男人，所以从某种程度上来说，他们成了虚构的人物。在纪录片中，你得聪明，呈现一些东西，设置一些像弗朗索瓦步行这样的情节。然后，拍摄对象会说出一些编剧永远写不出来的话；他们似乎成了虚构的人物。因此，我一直在边界地带工作。但我知道什么时候是虚构，什么时候是纪实的。这仍然非常精准。我没有要求《拾穗者与我》中的任何人说任何具体的话。我们从不作假，因为那没有意义。虽然我们往影片中加入了我的旁白和我的镜头，影片仍然是真实的。

安德森：您目前有哪些计划？

瓦尔达：慢慢地、一点点地从这部电影中走出来。我很佩服那些说"我 2001 年拍这个，2002 年拍那个，2003 年拍这个"的人。我计划不了任何事情。我必须要产生拍电影的欲望。这样才会快乐。你必须选择你所相信的东西，你必须认定它是值得的，这么做对你来说是有意义的。如果我没有这种激情，就不会开始。我原以为《拾穗者与我》会是一部很普通的电影，没人会看。我很幸运，戛纳电影节的选片人来看了这部正在制作中的影片，他们选中了它，所以我们必须把它完成。我本来可能会花更长的时间来制作这部影片，也许会寻找更多的真实人物。你必须用不同的人、与主题相关的思考、不寻常的角度，为观众带来兴奋和满足。我很幸运能遇到这么多不同的人。我也的确从观众的角度考虑了很多。我认为他们不会对这个主题感到厌倦。

　　每次拍摄电影，你都会学到一些东西。你会接触到其他人，其他人的作品，还有一些你以前从未注意的风景。这就像突然将生命赋予你所看到的事物，并捕捉其中的美。

"The Modest Gesture of the Filmmaker: An Interview with Agnès Varda", from *Cineaste* 26, no.4 (Fall 2001).

阿涅斯·瓦尔达:《拾穗者与我》

朱莉·里格（Julie Rigg）/2005

《拾穗者与我》是阿涅斯·瓦尔达一部非常个人化的纪录片,以"垃圾"问题作为关注主题。阿涅斯·瓦尔达带领我们踏上了一段旅程,旅途中遇到了各种各样远离人群生活的人——从在垃圾箱里寻找食物的人和秋收后在外省田野里"拾穗"的人,到那些用扔掉的家具制作艺术品的人等。这是部精彩而有趣的影片,朱莉·里格在采访阿涅斯·瓦尔达时宣称自己"爱上"它了。

里格:阿涅斯·瓦尔达,我对这部电影很好奇。它起初是一部关于您自己的电影,还是关于拾荒者的?

瓦尔达:它显然是关于拾荒者的,而且不仅是从出发点来看——谁又会在乎你的出发点呢?重要的是最终看到的电影。不仅如此,这是个非常重要的主题,一个社会问题,那就是"吃别人残羹剩饭的人,他们究竟是谁呢?"谁在吃我扔掉的食物残余?我确实很关心这个问题,其他人也一样。我没有想要设定一个主题,再明确标题,问自己"能不能找到人来诠释这个问题"。我当时完全是另一种态度,我在想,怎么才能认识那些代表主题本身的人呢?这样我就不需要对此进行任何解释和叙述,而是找到合适的人,让他们通过各自的生活来展现自己。(通过这部电影)我在想"为什么这些人会以我们丢弃的东西为生、为食?我能见见他们吗?我能和他们交谈吗?"而他们一定能为我们解答疑惑。

因此,我关心的是能不能见到他们,这需要时间,有时是偶然的机会,有时是靠熟人互通消息,或者我自己去乡下,独自找人,去那些拖车(公园),挨个跟他们聊天。就这样确定了主题和计划。当时正值 2000 年,大家都在讨论"2000年的电影会怎么样?这些或那些领域又会发生什么?"有一天,我突然想,2000 年阿涅斯身上会发生什么?当时我正在拍这部电影,思考拾荒者身上发生了什么。

但我突然意识到我的衰老,我想,"天哪,我正在老去,但我仍然是一名'拾穗者',我仍然是电影制作人,我仍然喜欢我的工作"。我喜欢旅行,但我确实在老去。就像我之前说的,这是在捡拾想法、图像和情感,是在收集第一印象。我让自己生活在影片中,让自己"进入"影片,因为我认为,在拍摄这样一部作品的时候,我不能与它分离,当那些人如此诚实且清晰地讲述自己,讲述那些可能会令他们感到羞愧、本想藏起来或是回以"别烦我"的情况时，我不想让自己还生活在别处。

我想，我必须成为其中的一部分，我不应该退缩。很自然地，我就成了这部电影的一部分。

里格：我喜欢这一点，因为您没有脱离拍摄对象，而且拍摄对象也表现得非常丰满，他们有尊严，很聪明，偶尔也很幽默，还十分诚实，而且捡拾图像的想法听上去很有诗意。

瓦尔达：嗯，所有艺术家都要在生活中四处寻找灵感，纸上的只言片语，街头听来的故事，咖啡馆里的闲谈，他们捡拾现实的碎片，从中捕捉采撷……他们很擅长于此。我们也会看，会"挑"，然后加以使用。作为电影制作人，我们在拍摄虚构电影时的创作方式不同，但也会在各处收集素材。这是更深层次的捡拾，捡拾事实，而拾荒者在街上拾土豆、拾其他食物、拾家具。因此，这是一个重要的话题，我想通过向人们提问来完成……四处打听，四处询问。我感到十分兴奋，因为我确实获得了不可思议的机会和运气，我遇到了这么多不可思议的人。其中有三四个人令人难忘。

我想，有时纪录片中的人物让人如此难以忘怀，甚至可以找他们出演一部优秀的虚构电影。我觉得片中有两个人物非常突出，所以我很幸运。他们就是这部影片的血肉。

里格：一部纪录片能做到这一点，就说明一个好的纪录片创作者看到了这些人。他们是真正有能力将生活的戏剧性和个人的观察呈现出来的人。那么,纪录片创作者的责任是什么?

瓦尔达:嗯,这完全是……您说的纪录片创作者的责任是指在电影中还是在现实生活中?

里格:我想问的是在电影中,但我对两者都很好奇。

瓦尔达:好的。在电影中,不管怎样这都是一种选择,纪录片是主观的,通过对人们所说的话进行剪辑,你可以让他们看起来完全不一样。有时我和某些人谈了三个小时,而他们在影片中只出现了五分钟。您知道,电影要经过剪辑。当我剪辑他们说的话时……就是在做选择。其他人哪怕用同样的话和同样的画面,都会让这些人、这些真实的人表现出不同的样貌。

我认为我选择从中摘取的部分,能最清晰地解释他们的生活及他们如何做出判断……对这个庞大纷繁的世界的看法。这很有趣,因为人们会说"这些人都很好",但他们可能也有不那么好的一面。我想要展现他们最好的一面,就像当你爱一个人的时候,你不会想表现一些很普通的东西,当你谈到你爱的人时,你会选择讲述他最好的部分,你不会从坏的一面开始,你会从好的一面开始。

在《拾穗者与我》中,我做了这样的选择,因为我对于呈现穷人的粗鄙言辞、粗鄙行为、抱怨或牢骚不感兴趣。我觉得很难得的一点是，他们表达时不带自我怜悯，在他们的言谈中，我选择了能够展现其本性和品格中优点的部分。这个方法很有效，他们的确让我感到钦佩和亲切。我希望他们看起来是不错的人，他们看起来也确实很不错，他们需要赞许，需要得到人们的喜欢。我觉得自己就像一个刚刚结识了一些朋友，希望把他们介绍给自己其他朋友的人。我说，"我有个朋友是做这个的，我想让您见见她，她很棒，您一定要见见她"，或者"那个人很棒"。我觉得自己像在对每个观众说，"哦，我想让您见见这个人还有那个人"。

里格：所以在某种意义上，纪录片创作者把拍摄对象当成了朋友？

瓦尔达：哦，他们就是拍摄对象。我是讲述者、参与者和拍摄者，这么说可能显得没那么谦恭。我认为观众在这部影片中感受到的流动性和愉悦感，部分来自我对他们的喜爱。我的旅行方式，手和卡车的游戏，这些也都很重要。

里格：我有很多问题想问您。您谈到了（影片镜头中）手的游戏，您在影片中获得了游戏的愉悦，且您自己——"2000 年的阿涅斯"——也出现在影片中。里面有一些非常勇敢的镜头，您向我们展示了……

瓦尔达：什么叫勇敢？我的意思是，作为电影制作人，我有自己的态度，我从来不会说："您能给我的小手涂点护手霜吗？我从来不戴手套。在花园里，我直接把手伸进泥土中，我一辈子都是这样。现在我能为可怜的双手做点什么呢？"与这些都没有关系，这是一位电影制作人在拍摄自己，在自己的皮肤中寻找一种美，我觉得它有形状、有线条，就像在画家眼中一样。

我不是想得到别人的称赞，我不在乎。不管怎样，我都能得到赞美，已经司空见惯了，放映结束后，当我和观众交流时，曾经也有人亲吻我的手。还有一些女性说些"您很勇敢"之类的话。我回答说我并不勇敢。我的意思是，我喜欢事物的形状，包括自己在内的事物的形状，皱褶、纹路、血管，这就是美，就像看一棵树，您会发现一棵老树有着不可思议的形状。您会说"啊，多么神奇的橄榄树啊！"，为什么不能说"多么神奇的手"？您明白吗？

里格：是的，我理解，这也是对老旧的事物和不再年轻的人的一种敬意。

瓦尔达：尊重生命，尊重生命的形式本身，衰老只是生命的一部分。我们的文明一直在追求美丽、年轻、引人注目，追求这样或那样，追求富有，追求消费；而这部电影完全站在另外一边。消费留下的是什么？一定不是温柔或平和待人。有些人甚至看都不看拾荒者。他们看到有人在水沟里，就会把头扭向另一边，因为他们替这些人感到羞耻。但应该感到羞愧的是看的人，因为当对方（拾荒者）打开垃圾箱时，他会说，这愚蠢的人把什么都扔掉了。

里格：您知道，在澳大利亚我们有一个词，我想只有在这个国家才会用到，叫做"捡荒"（scrounging），它是一个动词，指去搜寻。

瓦尔达："Scrounge"，天哪，多么好的一个词！在美国，他们只会说"翻找"（rummaging）、"挑拣"（picking）。

里格：但像您在影片中那样，向我们呈现这一"捡拾"传统，真是太棒了。

瓦尔达：我还要说明一点。在法语中，我们有阳性和阴性之分，所以片名是"Les Glaneurs et la Glaneuse"，这在英语中翻译不出来，因为英语里没有"la"，没有阴性，没有女拾穗者，所以我们不得不把它翻译成"拾穗者与我"，这在某种程度上强调了"我"。在法语中，"glaneuse"是不具名的拾穗者，不具名的女拾穗者。这个细微差别解答了您的第一个问题。这让影片主题比我自身更重要。

现在我确实得说，这部电影产生了难以置信的反响，大量的观众来信，这是我一生中，作为一个电影制作人从未有过的殊荣。您能相信吗？

里格：您认为这是因为什么？

瓦尔达：哦，我知道，我知道，我逐渐明白了。因为它以不同的方式关乎每一个人，他们的祖母、他们的母亲，还有故乡，很多人都来自乡村。但今天，我们要谈的不是过去的事情，而是眼下在街上发生的事情，他们知道自己见过这些人，知道自己潜意识里已经察觉到了这些。这就像为事物赋予形状和话语，而我喜欢电影的形式。有人会"反抗"，他们会抵制大型电影院、庞大的音响系统……的入侵。

里格:……还有这个浪费的社会。

瓦尔达:……还有商标等。人是这一切之中的一部分，但他们不喜欢这样。他们中的大多数不喜欢这样。

里格:您电影里的那个年轻人，他穿着厚重的"惠灵顿靴"——他的橡胶靴，大步流星地走在街上，说"我需要……"

瓦尔达:他是一个非常有想法的人。

里格:是的，我认为他所说的代表了我们很多人的心声。

瓦尔达:但您知道，他的方式有点咄咄逼人，他说"哦，愚蠢的人把什么都扔掉了"，这很有意思，因为他确实气坏了。他说人们很愚蠢。他说，"我是城市之王"，就像赌博中一样……这很难翻译，就好像他在赌局上花光所有筹码，用双臂围起所有筹码一股脑推了下去。总之，我一开始以为，这部小纪录片最多能在影院上映两周，接着在一个专门播放纪录片的电视台播出。我觉得我有必要把它做出来，尽管可能没人会关注它。

现在，我突然代表法国入围了戛纳电影节——您拿到获奖名单了吗？我简直不敢相信我得了这么多（奖项）……我凭借这部电影获得了这么多奖项。这部电影参加了七十个电影节，现在仍在巴黎上映！已经放映了差不多四十八周或五十周。

里格：我想要问问您影片中我最喜欢的一个镜头。您把空钟面带回家（瓦尔达在街上的垃圾堆里发现了一个没有指针的钟）。这是您捡来的东西之一，然后您把它放在壁炉架上，和……

瓦尔达：……两只猫。

里格：和两只猫，然后好像有一个移动镜头，您的脸在移动。非常精彩，您是怎么做到的？

瓦尔达：再简单不过了。我和我的朋友在一起，他捡到了那个钟，然后把它扔了。于是我把它捡回来，放在我家靠近窗户的两个中式柜子上，就这样放上去，看起来很漂亮。于是我就拍了这个镜头，然后因为文字和想法相互促进，催生彼此，我就说："好吧，钟不走，不能显示时间的溜走（passing），但我要溜走了，我得走了。"所以我实际承载了这一动作:钟没有动,不会走时,但我从中经过,把它留在身后。于是我走到后面,那是我的家,而钟还放在那里,还在窗前。我走到自己家的院子里,拿了我的一个外孙放在那儿的滑板。我站在滑板上,我的一个实习生跪在那里,慢慢地推着我,摄影机在里面继续拍摄,所以这就是从文字中自然产生的想法。我认为我们头脑中的文字有着丰富的意义。

人的大脑一直在思考,但这只是一种浅层次的思考,我不懂哲学,不懂形而上学,但我的想法不曾枯竭,作品在我的头脑中流动,这就是我思考的方式。时间不会溜走,但我会溜走,这很简单,而且说得通,不是吗?

里格:确实如此。阿涅斯·瓦尔达,您的电影生涯漫长而有影响力,现在又为我们带来了新的作品。

瓦尔达:仔细想想,我拍的电影太少了,少得可怜。有些人一年拍一部片子,照这样算,我本可以拍五十部电影。

里格:那它们应该没有现在这么有趣。数码摄像机对您来说是一种解放吗?

瓦尔达:哦,是的,是的,对这个项目来说是。我并不是说下次我不会再用大型摄影机了,但就这个主题而言,它给了我自由,所以很合适。我的意思是,我在接触这些人的时候不能吓到他们,所以我必须自己去,我这样做也是因为喜欢与人接触。我试图见证我所处的社会。有时我庆幸有了数码摄像机，这样我就不会吓到任何人。但如果他们同意，我会带着我的摄制组再回来。"不，"我会告诉对方，"（只有）当您愿意、当您同意参与这部电影的时候。"我认为让人们知道你是谁并了解你的行事方式是很有必要的。然后我对他们说，"如果你们同意，我就带一个更擅长录音和更精通拍摄的人来"。如果他们接受我的提议，我们就回来拍摄。如果他们不同意，我们会说"好的，没关系"。

另外，关于我自己的镜头，拍到我自己的镜头，都是我独自一人完成的，我不会要求摄影指导来做这些，如果让他来完成的话，我会觉得自己变得自恋了之类的。我还会自言自语，就像做笔记一样，对着小摄影机拍摄自己说话的样子，当我用一只手拍摄自己另一只手时，还会加上即兴的旁白。我感受到同时作为拍摄者和被拍摄者的一点小乐趣，我的意思是，要怎么说明一只手可以拍摄另一只手呢？这就像解释我们的整个生活一样，我们想成为其中的一部分，我们想成为主体，但我们也想成为客体，我们什么都想要。我感受到了全部的快乐。拍一只手，再拍另一只手，就这样形成了一个循环。

因为即便我对自己撒谎，另一只手也不会撒谎。如果我拍电影时像个疯子，另一只手不会同样陷入疯狂，我非常喜欢这一点。但这也是个不错的小手法，在银幕上的效果也很好。您看到这个镜头了吗？

里格:是的,我看到了。

瓦尔达:我拍了我的猫,我拍了书,在银幕上,在巨大的银幕上,它看起来很美、很清晰。

现在我们有可能不必依赖大量技术支持了,尽管技术人员都是些很好的人。但我记得在拍摄《一百零一夜》时,现场有五十个人,五十个人在共同工作,这也很好。但同时这让我有点担心,有点忐忑——艺术家的个人情感在这样的环境中何以容身?这很困难。

里格:您的下一步计划是什么?

瓦尔达:我已经为这部电影(《拾穗者与我》)做了很长时间的宣传,享受着人们的反馈,享受着对影片的不同解读。但我不确定,我不知道自己是否还想继续下去,我可以继续下去。但我不想拍《拾穗者2》,或是《拾穗者归来》……

里格:您想回归由五十名技术人员组成的摄制组吗?

瓦尔达:不,我不这么认为。

里格:那豪华的大……

瓦尔达:我不想要豪华,也不在乎豪华。我喜欢我所做的,在田野里走几个小时,某种程度上确实很累,说实话,但我喜欢这样。也许我不会立马再拍一部纪录片。我顺其自然,并且从不按照别人的要求来拍电影,也不接受别人塞给我一部好剧本加两个演员后就开始拍电影。我认为电影应该从无到有，慢慢成形。我坚信这一点。这也是我拍电影数量不多的原因。

"*The Gleaners and I* by Agnès Varda", first
broadcast in 2002 on Radio National, Australian
Broadcasting Corporation.

阿涅斯·瓦尔达在多伦多

杰拉尔德·皮尔里 /2008

　　去年9月举办的2008年多伦多国际电影节充分显示出了对阿涅斯·瓦尔达的热情，不仅放映了她的最新作品——自传电影《阿涅斯的海滩》，还难得地放映了她拍摄于1954年的首部长片《短岬村》。这位法国"新浪潮之母"心情十分愉悦，一天下午，她同意在酒店房间里坐下来与迅速围拢的记者们聊聊天。她踢掉了鞋子，我们做着笔记，她热情洋溢地讲述了自己的八十年人生，其中五十四年都是在拍电影：个人化的、左翼的、女权主义的，以及巧妙的实验性电影。

　　"在法国，"她说，"我刚入行时是一名摄影师，我给毕加索拍照，但很害羞，都不敢要求去他的工作室。我接受的教育很糟糕，什么都不懂，这让我更加害羞。我害怕男人。但我1946年去了德国拍照片，我还去了中国拍摄。某种程度上我也很勇敢，觉得自己不应该比我的兄弟们做得差。"

　　20 世纪 50 年代初，瓦尔达的野心从摄影扩展到电影领域，尽管当时所有的法国导演都是男性。"我意识到，你不必像木匠一样强壮。导演除了指导演员，什么都不用做。为什么我不能成为导演呢？但我并不想以此为职业，或是达成一笔交易，或者改编一本好书。大多数电影走的是戏剧的路子：丰富的对白，经典的形式，完美的立意。我想把电影作为一种语言，就像乔伊斯、伍尔夫和纳塔莉·萨罗特一样。1962 年，我拍摄了《五至七时的克莱奥》，（这部影片）撼动了观众的感知，展现了主观时间与客观时间的对比。"

　　她补充说："我很羡慕现在电影学院的学生。因为起初我完全是个自学者。"幸运的是，瓦尔达借助《短岬村》与"左岸派"两位伟大天才——克里斯·马克和阿伦·雷乃有了交集。"他们非常聪明！教会了我很多东西。雷乃是《短岬村》的剪辑师，他说：'你的电影让我想起了维斯孔蒂。'我说：'谁是维斯孔蒂？'他们说：'多看看电影吧。巴黎有一家电影资料馆。去看看德莱叶的《吸血鬼》和《词语》(Ordet)，再去看看布列松。'1957 年，当我遇到雅克·德米时，他已经把布列松的《扒手》(Pickpocket) 看了三遍。我们又一起去看了第四遍。"就这样，她与这位拍摄了《瑟堡的雨伞》的优秀导演的恋情拉开序幕，不久后嫁给了他。

　　1990 年，德米死于艾滋病并发症，瓦尔达曾两度在银幕上讲述他的人生，《南特的雅科》和《阿涅斯的海滩》，后者更直接地谈到了艾滋病。

"婚姻生活是非常脆弱的。起起伏伏，我们也从一些挫折中恢复过来。失去雅克时，他已经五十九岁了，这与失去一个十二岁的孩子不同，我不禁想到非洲的几百万艾滋病患者还有各地的女性割礼。尽管如此，在拍摄《阿涅斯的海滩》时，我不得不重新沉浸在他死亡的痛苦中，回到那个患艾滋病就等于被宣判死刑的时代。剪辑时，我不得不再次回去面对这一切，但我决定以平静的方式来讲述它。这个世界已经千疮百孔，而电影在某种程度上保留了平静的生活。

我并不想在电影史上留下自己的名字，但其他人会将我列进去，因为我在 1954 年拍摄了一部大胆的影片，或者因为《五至七时的克莱奥》——一部黑白电影，也是我的一次小小尝试，讲述了一个被死神扯住头发的女人的故事。我拍过十五部剧情长片，十五部纪录长片，但这其实不多。

有些人每天都在拍摄。但被称为法国'新浪潮之母'？我不介意！我喜欢这个称呼！"

"Agnès Varda in Toronto", from the *Boston Phoenix*, March 10, 2009.

《阿涅斯的海滩》访谈

戴维·沃里克（David Warwick）/2009

"新浪潮"知名资深导演阿涅斯·瓦尔达本月携新片《阿涅斯的海滩》重返英国银幕。这部影片结合了自传、纪录片、散文电影多种形式，是对她银幕内外生活的一次饱含情感而自由的回顾。

在 1954 年拍摄她的第一部长片《短岬村》之前，瓦尔达曾在巴黎学习艺术史和摄影。得益于她与让－吕克·戈达尔的友谊，瓦尔达后来拍摄了令人赞叹的《五至七时的克莱奥》，该片于 1962 年获得戛纳电影节金棕榈奖提名。1962 年，瓦尔达与同为导演的"音乐电影"大师雅克·德米结为夫妇。多年来，他们并肩在法国和好莱坞拍摄电影。最近，瓦尔达回归视觉艺术创作，为卡地亚基金会和威尼斯双年展等机构创作了装置艺术展。

尽管对此次会面感到忐忑，我最终在伦敦霍尔本的一间狭小办公室里见到了这位有着丰富经历的"矮小、圆润的老太太",并与阿涅斯讨论了她的新片。她的英语带有明显的美国口音,穿着独特混搭又很有品位,服饰飘逸,留着双色的"朋克"发型。我觉得她既和蔼可亲,又令人尊敬。

沃里克:《阿涅斯的海滩》的灵感来自哪里?

瓦尔达:我想说明一点,我已经八十岁了,我觉得自己应该做点什么。年龄的十位数字每变动一次,都会给人留下深刻记忆,而在我的年轻岁月里,我从来没想象过自己有八十岁的一天。

沃里克:您不喜欢?

瓦尔达:一点也不喜欢!我以前觉得四十岁的人已经很老了,五十岁的人则完全被淘汰了!我清楚地记得,我那时对这些人一点都不感兴趣,还想着,"我希望我不要活过四十五岁"。我当时觉得英年早逝是很诗意的一件事。

沃里克:您在影片中说,把自己看作一个老人其实很有意思。

瓦尔达:哈哈,是的。您知道我的孙辈们叫我"妈咪塔朋克"(Mamita Punk)吗?听上去就像个脱衣舞娘的名字!我很喜欢。我很高兴自己还有心情说笑和当个"朋克"……大多数报纸都喜欢引用影片的第一句话,"我是一个矮小、圆

润的老太太"，但这句话的后半部分更重要——他人，才是我
所喜欢和感兴趣的对象，他们让我充满激情。这就是影片的
主旨。影片结尾，他们在我生日那天送了我扫帚，我坐在那
儿想，这些扫帚代表什么？我说，"昨天发生的事，已经过去
了，已经在电影里了"，然后，"我想起了我为什么活着（je
me rappelle pourquoi je vis）"。制作这部电影是一种继续生
活的方式，活着，并记着。

沃里克：您是如何拍摄《阿涅斯的海滩》的？有多少是
按剧本创作的？又有多少来自您的"拾荒"天赋？

瓦尔达：很多都是有剧本并计划好的。当我们搭建布景
时，当我决定要展示院子的原貌时，我们必须要事先安排。
拍摄塞纳河上的游船、海滩上的"鲸鱼"时，我们也要有所
准备。这一切都是安排好、构建好的。但我也容许自己被打
断，就像回到童年故居时那样：我参观花园，想起我的姐姐，
然后遇到了住在那里的男人和他的妻子。他们收藏火车模型，
而我有一个纪录片导演的灵魂，所以我不禁向他们提问，让
他们谈谈是怎么找到这些火车的，花了多少钱，有多大的收
藏价值——然后我就走了！所以我预先设计了很多内容，做
了很多准备，但也能接纳偶发事件。

沃里克：旁白呢？

瓦尔达：我在拍摄前就写好了大部分旁白，这样我就知

道接下来要拍什么。但有时在拍摄过程中，我有了新的想法，就会对着镜头说出来。因此很多旁白都是后来完成或经过后期改动的，要与画面内容一致，有时还需要与之对立。我喜欢玩文字游戏，并将其转化为图像游戏。

沃里克：这似乎是一部很难剪辑的影片？

瓦尔达：是的，剪辑时间很长——九个月，但我必须想办法赋予它自由……我认为这部电影很自由，我喜欢这一点。比如院子里那对裸体情侣的画面，影片中出现了这一幕，然后又转到别的地方，这很有意思……对了，我听说因为这个场景，电影被禁了，因为那个男人勃起了。在影片前面的部分，出现的是假的勃起，但这里是真的，因此被禁了……我应该两次都用真的，可惜当时我没有想到，想到时已经太晚了。

沃里克：在《阿涅斯的海滩》中，您称赞了新的数字技术。

瓦尔达：我称赞了它？我只是利用了它。

沃里克：不过它似乎让您印象深刻，并心存感激。

瓦尔达：是的。我本来要用一台三十五毫米摄影机外加另一台辅助拍摄，但我知道后面要用到很多剪辑技巧；如果用三十五毫米摄影机拍摄，剪辑工作会很困难。用它拍摄之后，如果要额外加入一些剪辑效果，就必须在胶片和数字影像之间来回切换。此外，有时我发现拍好的部分缺少某些东西，就会直接拿上我自己的摄影机到街上或院子里去，拍些素材，拿回来，五分钟以后这段画面就被添加到影片当中了。因此，对于一部如此复杂、如此依赖拼贴的影片来说，我认为这是一个很好的工具。

沃里克：《阿涅斯的海滩》形式非常有趣。您混合了多种不同的素材和风格。

瓦尔达：是的。主要的技巧是拼贴，很多艺术家都这样做过，比如劳申贝格（Robert Rauschenberg）。这是一种扰乱视觉的方式。拼贴可以是一个拼图游戏，你必须在其中找出真实的人物或真实的风景，但你也可以拼贴出一个无法辨识的形象。它可以只是拼贴。

沃里克：您会把《阿涅斯的海滩》仅仅定义为拼贴而成的拼贴作品吗？

瓦尔达：不，很难定义。我认为它是一个"不明飞行物"，它不属于真正的纪录片，尽管我提到的是真实的人；它也不是一部虚构电影，因为讲的是我的人生。它不是动作片，不是奇幻片，也不是惊悚片。它是一部由我而生的电影。它是一个电影实体，这就是我看待它的方式。

沃里克：它也像一堂历史课，充满了激进的人物和激进的理想。

瓦尔达：影片主要是在展现人。海滩上的亚历山大·考尔德（Alexander Calder）像熊一样跳舞，我给菲德尔·卡斯特罗拍的照片，我在中国拍摄的照片。这是我人生的一部分，刚好与20世纪下半叶这一重大历史时期相融合。尽管我从未加入过任何政党，从未签署过什么，但我一直与它同在，并试图去理解它。

沃里克：影片中讲述了您在20世纪70年代作为一个愤怒的女权主义者的经历。现在女权主义的斗争对您来说还重要吗？

瓦尔达：是的，它仍然重要。我的意思是，看看报纸吧，这场斗争在世界许多地方才刚刚开始。在法国，在英国，在一些教育事业发达的国家，情况已经有所好转，虽然还没有完全改变，但至少人们开始理解并使用节育措施。但在许多国家，情况并非如此……不过，女性获得的自由，还是令人振奋的。越来越多的女性开始拍摄电影，其中有一些非常优秀的导演，比如克莱尔·德尼（Claire Denis）：她的作品讲述了从日常生活中产生的奇妙事物，非常强烈，非常有力。您看过那部血腥的电影吗？

沃里克：《日烦夜烦》（*Trouble Every Day*）？

瓦尔达：是的。太不可思议了，非常震撼。她很有力量。

沃里克：那她的新片《三十五杯朗姆酒》（ 35 Rhums ）怎么样？

瓦尔达：是的，这部电影有点奇怪，很难理解，但很有趣。她总是对人很感兴趣，黑人。

沃里克：在《阿涅斯的海滩》中，您回忆了自己刚入行时，认为只要把文字和图像放在一起就能拍出一部电影。

瓦尔达：是的，我当时有点可笑。电影创作显然不仅仅是这样。它是动作，是剪辑，是音乐。它是在创造一个世界，一个混合的世界，就像《阿涅斯的海滩》第一组镜头中海滩上的镜子。这个场景中最重要的是风。我的围巾这样飘动，风也这样推着我。风让这个场景更有生命力。

沃里克：《阿涅斯的海滩》让我想起了戈达尔的《电影史》（ Histoires du Cinéma ），因为两部作品都使用了拼贴手法，都在追问"什么是电影"这个老问题。

瓦尔达：是的，（我的作品）要展示的核心问题就是"什么是电影"，具体来说就是我如何以特定的电影手法来表达我想讲述的内容。我可以用六个小时来向你讲述影片的内容，但我选择了用影像来表达。比如有一场戏，我想向五个人介绍他们素未谋面的父亲。我用一台十六毫米放映机和银幕做了一个展示，他们必须将父亲的影像投入黑暗之中。我本可以只给他们看一张照片，但我觉得这样的形式有助于人们分享和感受。这是一种仪式，也是一场葬礼。我在影片中很多地方都发现了这样的表达。我拿自己开玩笑，做了一辆假车，还装模作样地停车。八十岁的时候做这些事很有意思，我喜欢这样的创作，并把它展示给其他人，展示给我的孙辈们看。

沃里克：您会停止拍电影吗？

瓦尔达：葡萄牙导演马诺埃尔·德·奥利韦拉（Manoel de Oliveira）已经一百岁了，他还在拍电影。但我希望自己不要太老。除了极少数情况，年老是很可怕的。我会继续做装置艺术，直到最后，也包括电影。当你拥有一定的空间，就必须去建造、去发明。但虚构电影，我想我不会再拍了。《阿涅斯的海滩》已经是一部混合作品。

"*The Beaches of Agnès*: An Interview", from *Electric Sheep*, www.electricsheepmagazine. co.uk, October 2, 2009.

作品年表

FILMOGRAPHY

《短岬村》
LA POINTE COURTE (1954)

导演
Agnès Varda
编剧
Agnès Varda
摄影
Louis Stein
剪辑
Alain Resnais
音效
Robert Lion
配乐
Pierre Barbaud
演员
Philippe Noiret, Silvia Montfort, the inhabitants of La Pointe Courte

35 mm, 89 minutes, b/w

奖项
Prix de l'Age d'or, Brussels, 1955; Grand Prix du film d'avantgarde, Paris, 1955

———————

《季节，城堡》
Ô SAISONS, Ô CHATEAUX (1957)

导演
Agnès Varda
编剧
Agnès Varda
制片
Pierre Braunberger, Films de la Pléiade
摄影
Quinto Albicocco
剪辑
Janine Verneau
配乐
André Hodeir
演员
Voice of Antoine Bourseiller

35 mm, 22 minutes, color

———————

《穆府歌剧》
L'OPÉRA-MOUFFE (1958)

导演
Agnès Varda
编剧
Agnès Varda
制片
Ciné-Tamaris
摄影
Sacha Vierny
剪辑
Janine Verneau
配乐
Georges Delerue
演员
Dorothée Blank, Antoine Bourseiller, André Rousselet, Jean Tasso, José Varela,
Monika Weber

16 mm, 17 minutes, b/w

奖项
Prix de la Fédération Internationale des Ciné-Clubs, Brussels

———————————

《海岸线》
DU CÔTÉ DE LA CÔTE (1958)

导演
Agnès Varda
编剧
Agnès Varda
制片
Anatole Dauman, Philippe Lifchitz, Argos Films
摄影
Quinto Albicocco
剪辑
Henri Colpi, Jasmine Chasney
配乐
Georges Delerue
演员
Voices of Roger Coggio, Anne Olivier

35 mm, 24 minutes, color

奖项
Prix du Film de Tourisme, Brussels, 1959

———————————

《五至七时的克莱奥》
CLÉO DE 5 À 7 (1961)

导演
Agnès Varda
编剧
Agnès Varda
制片
Ciné-Tamaris
摄影
Jean Rabier, Alain Levent
剪辑
Janine Verneau, Pascale Laverrière
配乐
Michel Legrand, Agnès Varda
演员
Corinne Marchand (Cléo), Antoine Bourseiller (Antoine), Dominique D'Avray (Angèle),
Dorothée Blank (Dorothée), Michel Legrand (Bob), José-Luis de Vilallonga (the lover),
Loye Payen (the fortune teller), Lucienne Marchand (taxi driver),
Serge Korber (le Plumitif)

35 mm, 90 mintues, b/w, brief color

奖项
Official Selection for the Festival at Cannes and Venice Film Festival, 1962; Prix Méliès, 1962

《向古巴人致敬》
SALUT LES CUBAINS (1963)

导演
Agnès Varda
编剧
Agnès Varda
制片
Société Nouvelle Pathé-Cinéma
摄影
J. Maques, C. S. Olaf
剪辑
Janine Verneau
配乐
Michel Legrand
旁白
Michel Piccoli

35 mm, 30 minutes, b/w

奖项

Silver Dove Festival of Leipzig; Bronze Medal,
XVth International Exposition of Documentary Film, Venice, 1964

————————

《幸福》
LE BONHEUR (1964)

导演
Agnès Varda
编剧
Agnès Varda
制片
Mag Bodard
摄影
Claude Beausoleil, Jean Rabier
剪辑
Janine Verneau
配乐
W. A. Mozart, Jean-Michel Defaye
演员
Jean-Claude Drouot (François), Claire Drouot (Thérèse), Marie-France Boyer (Emilie)

35 mm, 82 minutes, color

奖项

Prix Louis Delluc, 1965; Silver Bear, Berlin, 1965; David O'Selznick Award

————————

《博物馆的孩子们》
LES ENFANTS DU MUSÉE (1964)

导演
Agnès Varda
编剧
Agnès Varda
制片
Pathé Cinéma

Video

7 minutes, b/w

————————

《玫瑰艾尔莎》
ELSA LA ROSE (1965)

导演
Agnès Varda
编剧
Agnès Varda
制片
Ciné-Tamaris
摄影
Willy Kurant, William Lubtchansky
配乐
Simonovitch, Ferrat, Moussorgsky, Gershwin, Handy

16 mm, 20 minutes, b/w

《创造物》
LES CRÉATURES (1966)

导演
Agnès Varda
编剧
Agnès Varda
制片
`Mag Bodard
摄影
Willy Durant, William Lubtschansky
配乐
Henry Purcell, Pierre Barbaud
演员
Catherine Deneuve (Mylène), Michel Piccoli (Edgar), Eva Dahlbeck (Michèle Quellec),
Marie-France Mignal (Viviane Quellec), Britta Pettersson (Lucie de Moyton),
Bernard Lajarrice (Le Docteur Desteau), Roger Dax (Père Quellec)

35 mm, 105 minutes, b/w & color

奖项
Official selection at Venice Film Festival, 1966

《远离越南》
LOIN DU VIETNAM (1967)

Collective film directed variously by Jean-Luc Godard, Joris Ivens, William Klein,

Claude Lelouch, Alain Resnais, Agnès Varda
The episode shot by Varda was not included in the final version of the film,
although her name remained in the credits as a participant in the project.

《扬科叔叔》
ONCLE YANCO (1967)

导演
Agnès Varda
编剧
Agnès Varda
制片
Ciné-Tamaris
摄影
David Meyers, Didier Tarot
配乐
Yannos Spanos, Richard Lawrence, Albinoni
剪辑
Jean Hamon, Roger Ikhlef
演员
Agnès Varda, Jean Varda

35 mm, 22 minutes, color

《黑豹党》
BLACK PANTHERS (1968)

导演
Agnès Varda
编剧
Agnès Varda
摄影
David Myers, John Schofill, Paul Aratow, Agnès Varda
音效
Paul Oppenheim, James Steward
配乐
Soul music improvised by the Black Panthers
剪辑
Paddy Monk

16 mm, 28 minutes, b/w

奖项
Prize awarded at Festival of Oberhausen, 1970

《狮之爱》
LIONS LOVE (1969)

导演
Agnès Varda
编剧
Agnès Varda
制片
Ciné-Tamaris
摄影
Steve Larner, Lee Alexander, William Weaver, Rusty Roland
音效
George Alch and Y Babbish, George Porter
配乐
Joseph Byrd
演员
Playing themselves: Viva, Jim Rado, Shirley Clarke, Carlos Clarens, Eddie Constantine,
Max Laemmle, Steve Kenis, Hal Landers, Billie Dixon, Richard Bright

35 mm, 110 minutes, color

《娜西卡》
NAUSICAA (1970)

导演
Agnès Varda
编剧
Agnès Varda
制片
ORTF France
摄影
Charlie Gaeta
剪辑
Robert Dalva, Carolyn Hicks
配乐
Mikis Theodorakis
演员
France Dougnac (Agnès), Myriam Boyer (Rosalie), Stavros Tornes (Michel),
Catherine de Seynes (Simone), Gérard Dépardieu (a hippie)

35 mm, 90 minutes, color

《达盖尔街风情》
DAGUERRÉOTYPES (1974)

导演
Agnès Varda
编剧
Agnès Varda
制片
Ciné-Tamaris, L'Institut de l'audiovisuel et la ZDF (Mainz)
摄影
Nurith Aviv, William Lubtchancsky
剪辑
Gordon Swire
音效
Antoine Bonifanti, Jean-François Auger
演员
The neighbors of Agnès Varda on the Rue Daguerre

16 mm, 80 minutes, color

奖项
Nominated for Oscar for Feature-Length Documentary, 1975;
Prix du Cinéma d'Art et d'Essai, 1975

《女人的回答》
RÉPONSE DE FEMMES (1975)

导演
Agnès Varda
编剧
Agnès Varda
制片
Ciné-Tamaris, Antenne 2—Le Magazine F. Comme Femme
摄影
Jacques Reiss, Michel Thiriet
剪辑
Marie Castro, Andrée Choty, Hélène Wolf
音效
Bernard Bleicher
演员
Various subjects reading Varda's declarations

16 mm, 8 minutes, color

奖项

Nominated for Césars, 1976, in category of Short Documentaries

---

《爱的愉悦在伊朗》
PLAISIR D'AMOUR EN IRAN (1976)

导演
Agnès Varda
编剧
Agnès Varda
制片
Ciné-Tamaris
摄影
Nurith Aviv, Charlie Vandamme
剪辑
Sabine Mamou
音效
Henri Morelle
演员
Valérie Mairesse (Pomme), Ali Raffi (Ali Darius)

35 mm, 6 minutes, color

《一个唱，一个不唱》
L'UNE CHANTE, L'AUTRE PAS (1977)

导演
Agnès Varda
编剧
Agnès Varda
制片
Ciné-Tamaris, Société Française de Production, Institut National de l'Audiovisuel-
Contrechamp
摄影
Charlie Vandamme, Nurith Aviv
剪辑
Joëlle Van Effenterre
音效
Herni Morelle
配乐

Wertheiimer and Orchidée, Agnès Varda

演员

Thérèse Liotard (Suzanne), Valérie Mairesse (Pomme), Ali Raffi (Darius),
Robert Dadies (Jérôme), Francis Lemaire (Pomme's father),
Jean-Pierre Pellegrin (Doctor Pierre Aubanel), the Group Orchidée

35 mm, 120 minutes, color

奖项

Grand Prize, Festival of Taomina, 1977

《泡泡女人》

QUELQUES FEMMES BULLES (1977)

导演

Marion Sarrault

编剧

Agnès Varda

制片

Ciné-Tamaris

剪辑

Marion Sarrault, Agnès Varda

配乐

The Orchidée Group

Video

58 minutes, color

《墙的呢喃》

MUR MURS (1980)

导演

Agnès Varda

编剧

Agnès Varda

制片

Ciné-Tamaris, Antenne 2

摄影

Bernard Auroux, Tom Taplin

剪辑

Sabine Mamou, Bob Gould
音效
Lee Alexander
配乐
Buxtehude, Carey, Cruz, Fiddy, Healy, Lauber, Los Illegals, Parker
演员
The people of Los Angeles

16 mm, 81 minutes, color

奖项
France's Selection for the Cannes Festival in the category *Un Certain Regard*, 1981;
Prize, Festival dei Populi de Florence, 1981; Josef von Sternberg Prize, Mannheim, 1981

———————————

《纪录说谎家》
DOCUMENTEUR (1981)

导演
Agnès Varda
编剧
Agnès Varda
制片
Ciné-Tamaris
摄影
Nurith Aviv
剪辑
Sabine Mamou
配乐
Georges Delerue
音效
Jim Thornton, Lee Alexander
演员
Sabine Mamou (Emilie), Mathieu Demy (Martin)

16 mm, 63 minutes, color

———————————

《尤利西斯》
ULYSSE (1982)

导演
Agnès Varda
编剧

Agnès Varda
制片
Garance, Dominique Vignet, François Nocher and Paris Audiovisuel, Antenne 2, C.D.C.
摄影
Jen-Yves Escoffier, Pascal Rabaud
剪辑
Marie-Jo Audiard, Hélène de Luze
音效
Jean-Paul Mugel

35 mm, 22 minutes, color

奖项
Selected for the Cannes Festival in the category *Un certain regard*;
César for Best Short Documentary, 1984

———————

《一分钟一影像》
UNE MINUTE POUR UNE IMAGE (1983)

导演
Agnès Varda
制片
Garance, Centre National de la Photography.

170 spots of two minutes each presenting a different photograph each evening

———————

《女雕像物语》
LES DITES CARIATIDES (1984)

导演
Agnès Varda
编剧
Agnès Varda, with poetry of Charles Baudelaire
制片
Ciné-Tamaris
摄影
Cyril Lathus, Jean-Pierre Albassy
剪辑
Hélène Wolf
配乐
Rameau, Offenbach
演员

Caryatids on buildings in Paris

Video

13 minutes, color

奖项
Official Selection at the Venice Film Festival, 1984;
Prize for Best Documentary at the International Festival of Film on Architecture and Urbanism,
Lausanne, 1987

《家屋风景》
7P., CUIS., S. DE B., ... A SAISIR (1984)

导演
Agnès Varda
编剧
Agnès Varda, Louis Bec
制片
Ciné-Tamaris
摄影
Nurith Aviv
剪辑
Sabine Mamou
配乐
Pierre Barbaud
演员
Hervé Mangani (the father), Saskia Cohen-Tanugi (the mother),
Pierre Esposito (the older son), Catherine de Barbeyrac (the oldest daughter),
Folco Chevalier (the suitor)

35 mm, 27 minutes, color

《天涯沦落女》
SANS TOIT NI LOI (1985)

导演
Agnès Varda
编剧
Agnès Varda
制片
Ciné-Tamaris

摄影
Patrick Blossier
剪辑
Agnès Varda, Patricia Mazuy
配乐
Joanna Bruzdowicz
音效
Jean-Paul Mugel
演员
Sandrine Bonnaire (Mona), Macha Méril (Madame Landier),
Stéphane Freiss (Jean-Pierre, the agronomist), Yolande Moreau (the maid),
Patrick Lepczynski (David), Yahiaoui Assouna (Assoun), Joël Fosse (Paulo),
Marthe Jarnia (tante Lydie)

35 mm, 105 minutes, color

奖项
Lion d'Or, Venice Film Festival, 1985; International Critics' Prize, Fipresci, 1985;
Prix Georges Méliès, 1985; César Award for Best Actress, Sandrine Bonnaire, 1985;
Catholic Office of Cinema Prize, 1985;
Best Foreign Film Award, American Association of Film Critics, 1986;
Best Film, Best Director, Brussels Film Festival, 1986;
Best Film, Durban International Film Festival, 1987

《你知道，你的楼梯很漂亮》
T'AS DE BEAUX ESCALIERS, TU SAIS (1986)

导演
Agnès Varda
编剧
Agnès Varda
制片
Ciné-Tamaris (for the French Cinémathèque)
摄影
Patrick Blossier
剪辑
Marie-Jo Audiard
配乐
Michel Legrand
演员
Isabelle Adjani (Isabelle), Agnès Varda (narrator)

35 mm, 3 mintues, color

《功夫大师》
KUNG-FU MASTER (1987) ·

导演
Agnès Varda
编剧
Agnès Varda
制片
Ciné-Tamaris
摄影
Pierre Laurent Chenieux
剪辑
Marie-Jo Audiard
音效
Olivier Schwob
配乐
Joanna Bruzdowicz
演员
Jane Birkin (Mary Jane), Mathieu Demy (Julien), Charlotte Gainsbourg (Lucy),
Lou Doillon (Lou)

35 mm, 78 minutes, color

《千面珍宝金》
JANE B. PAR AGNÈS V. (1988)

导演
Agnès Varda
编剧
Agnès Varda
制片
Ciné-Tamaris with La Sept
摄影
Nurith Aviv, Pierre-Laurent Chenieux
剪辑
Agnès Varda, Marie-Jo Audiard
音效
Olivier Schwob, Jean-Paul Mugel
配乐
The Doors, Manfredini, Monteverdi
演员
Jane Birkin (Herself), Philppe Léotard (the painter), Jean-Pierre Léaud (the angry lover),
Farid Chopel (the colonist), Alain Souchon (the reader), Serge Gainsbourg (himself),
Laura Betti (Lardy)

35 mm, 97 minutes, color

《南特的雅科》
JACQUOT DE NANTES (1990)

导演
Agnès Varda
编剧
Agnès Varda
制片
Ciné-Tamaris
摄影
Patick Blossier, Agnès Godard, Georges Strouvé
剪辑
Marie-Jo Audiard
配乐
Joanna Bruzdowicz
音效
Jean Pierre Duret, Nicolas Naegelen
演员
Philippe Maron (Jacquot 1), Edouard Joubeaud (Jacquot 2), Laurent Monnier (Jacquot 3),
Brigitte de Villepoix (the mother), Daniel Dublet (Yvon 1), Clémant Delaroche (Yvon 2)

35 mm, 118 minutes, b/w & color

《洛城少女二十五岁》
LES DEMOISELLES ONT EU 25 ANS (1992)

导演
Agnès Varda
编剧
Agnès Varda
制片
Ciné-Tamaris, Mag Bodard (Parc Film), and Gilbert Goldschmidt (Madeleine Films)
摄影
Stephane Krausz, Georges Strouve, Agnès Varda
剪辑
Agnès Varda, Anne-Marie Cotret
音效
Thierry Ferreux, Jean-Luc Rault-Cheynet, Bernard Seidler
配乐
Michel Legrand, Jacques Loussier

演员

Marc Le Gouard (the teacher), Jacques Camescasse (Corvette captain), Ginette Donce (fisherwoman), Jean-Yves Drapeau (traveler)

16 mm, 63 minutes, color

奖项

Golden Plaque Award, Chicago Film Festival, 1993

———————————

《一百零一夜》
LES 100 ET 1 NUITS (1995)

导演
Agnès Varda
编剧
Agnès Varda
制片
Dominique Vignet, Ciné-Tamaris
摄影
Eric Gautier
剪辑
Hugues Darmois
音效
Jean-Pierre Duret, Henri Morelle
演员

Michel Piccoli (Simon Cinéma), Marcello Mastroianni (the Italian friend), Henri Garcin (Firmin, the butler), Julie Gayet (Camille Miralis), Mathieu Demy (Camille), Emmanuel Salinger (Vincent), Anouk Aimée (Anouk), Fanny Ardant (the Star who works at night), Jean-Paul Belmondo (Professeur Bébel), Sandrine Bonnaire (the vagabond), Jean-Claude Brialy (the guide), Alain Delon (himself), Catherine Deneuve (the Fantasy Star), Robert De Niro (her husband), Gérard Depardieu (himself), Harrison Ford (himself), Gina Lollobrigida (Professor Bebel's wife), Jeanne Moreau (the first ex-wife of Mr. Cinéma), Jane Birkin (herself)

35 mm, 101 minutes, color

———————————

《雅克·德米的世界》
L'UNIVERS DE JACQUES DEMY (1995)

导演
Agnès Varda

编剧
Agnès Varda
旁白
Agnès Varda
制片
Ciné-Tamaris, Canal+
摄影
Stéphane Krausz, Peter Pilafian, Georges Strouvé
剪辑
Marie-Jo Audiard
配乐
Michel Legrand, Michel Colombier
演员
Anouk Aimée, Richard Berry, Nino Castelnuovo, Catherine Deneuve, Harrison Ford,
Danielle Darrieux, Jeanne Moreau, Michel Piccoli, Françoise Fabian,
Dominique Sanda

35 mm, 90 minutes, b/w & color

《拾穗者与我》
LES GLANEURS ET LA GLANEUSE (2000)

导演
Agnès Varda
编剧
Agnès Varda
制片
Ciné-Tamaris
摄影
Agnès Varda, Didier Doussin, Stephane Krausz
剪辑
Agnès Varda, Laurent Pineau
配乐
Joanna Bruzdowicz, Isabelle Olivier, Agnès Bredel, Richard Klugman
演员
Bodan Litnanski, François Wertheimer

35 mm, 82 minutes, color

《拾穗者与我：两年后》
LES GLANEURS ET LA GLANEUSE DEUX ANS APRÈS (2002)

导演
Agnès Varda
编剧
Agnès Varda
制片
Ciné-Tamaris
摄影
Stéphane Krausz, Agnès Varda
剪辑
Agnès Varda
配乐
Joanna Bruzdowicz, Georges Delerue, Isabelle Olivier, François Wertheimer
演员
Macha Makeïeff, Agnès Varda

35 mm, 63 minutes, color

《飞逝的狮子》
LE LION VOLATIL (2003)

导演
Agnès Varda
编剧
Agnès Varda
制片
Ciné-Tamaris
摄影
Mathieu Vadepied, Xavier Tauvera
剪辑
Agnès Varda, Sophie Mandonnet
音效
Jean-Luc Audy
配乐
Joanna Bruzdowicz
演员
Julie Dépardieu (Clarisse), Frédérick Grassser-Hermé (forutune teller),
Silvia Urrutia (first client), David Decron (Lazarus), Bernard Werber (Watchman),
Valérie Donzelli (tearful client)

35 mm, 11 minutes, b/w & color

《易迪莎，熊及其他》
YDESSA, LES OURS ET ETC (2004)

导演
Agnès Varda
编剧
Agnès Varda
制片
Ciné-Tamaris
摄影
Claire Duguet, John Holosko, Rick Kearney, Markus Seitz
剪辑
Thomas Benigni, Jean-Baptiste Morin, Agnès Varda
音效
Christian Börner, Robert Fletcher, Jason Milligan
配乐
Didier Lockwood, Isabelle Olivier
演员
Ydessa Hendeles (herself)

35 mm, 44 minutes, color

———————————

《维也纳华尔兹》
VIENNALE WALZER (2004)

导演
Agnès Varda
编剧
Agnès Varda
制片
Ciné-Tamaris
摄影
Agnès Varda
剪辑
Agnès Varda
演员
Agnès Varda

35 mm, 2 minutes, color

———————————

《努瓦尔穆捷岛的寡妇们》
QUELQUES VEUVES DE NOIRMOUTIER (2006)

导演
Agnès Varda
编剧
Agnès Varda
制片
Ciné-Tamaris
摄影
Eric Gautier
剪辑
Jean-Baptiste Montagut, Agnès Varda
配乐
Ami Flammer
演员
Women of Noirmoutier

35 mm, 69 minutes, color

《阿涅斯的海滩》
LES PLAGES D'AGNÈS (2008)

导演
Agnès Varda
编剧
Agnès Varda
制片
Ciné-Tamaris
摄影
Julia Fabry, Hélène Louvart, Arlene Nelson, Alain Sakot,
Agnès Varda
剪辑
Baptiste Filloux, Jean-Baptiste Morin
音效
Olivier Schwob, Emmanuel Soland
配乐
Laurent Levesque, Joanna Bruzdowicz, Stéphane Vilar
演员
Agnès Varda, Laure Manceau (Agnès Varda as a girl), Rosalie Varda, Mathieu Demy,
Andrée Vilar, Jim McBride, Jane Birkin, Constantin Demy

35 mm, 110 minutes, b/w & color

相关文献

ADDITIONAL RESOURCES

Anthony, E. M. "From Fauna to Flora in Agnès Varda's *Cléo de 5 à 7*." *Literature Film Quarterly* 26.2 (1998): 88–96.

Aquin, Stéphane, et al. *Global Village: The 1960s*. Montreal: Montreal Museum of Fine Arts, in Association with Snoeck Publishers, 2003.

Austin, Guy, *Contemporary French Cinema: An Introduction*. Manchester and NY: Manchester University Press, 1996.

Backe, Lone. *Agnès Varda's Den Ene Synger: Og Begrebet Kvindefilm*. S.L.S.N., 1978.

Barnet, M.-C., and S. Jordan. "Interviews with Agnès Varda and Valérie Mréjen." *Esprit Créateur* 51.1 (2011): 184–200.

Barnet, M.-C. "'Elles-Ils Islands': Cartography of Lives and Deaths by Agnès Varda." *Esprit Créateur* 51.1 (2011): 97–111.

Bastide, Bernard, and Agnès Varda. *Les Cent et Une Nuits: Les cent et une nuits d'Agnès Varda: Chronique d'Un Tournage*. Paris: P. Bordas, 1995.

Betancourt, Jeanne. *Women in Focus*. Dayton: Pflaum Publishing, 1974.

Biro, Yvette, and Catherine Portuges. "Caryatids of Time: Temporality in the Cinema of Agnès Varda." *Performing Arts Journal* 19.3 (1997): 1–10.

Boisleve, Jacques. *Agnès Varda*. Nantes: Trois Cent Trois, 2006.

Bonner, Virginia. "The Gleaners and 'Us': The Radical Modesty of Agnès Varda's *Les Glaneurs et la Glaneuse*." *There She Goes: Feminist Filmmaking and Beyond*. Eds. Corinn Columpar and Sophie Mayer. Detroit, Michigan: Wayne State University Press, 2009. 119–31.

Bozak, Nadia. "Digital Neutrality: Agnès Varda, Kristan Horton and the Ecology of the Cinematic Imagination." *Quarterly Review of Film and Video* 28.3 (2011): 218–29.

Breillat, Catherine, et al. "French Cinema Now—Unbelievable but Real: The Legacy of '68." *Sight and Sound* 18.5 (2008): 28.

Bunney, Andrew. "The Gleaners and I," *DB Magazine*, no. 286 (August 28, 2002), 32.

Butler, Cornelia H., and Alexandra Schwartz. *Modern Women: Women Artists at the Museum of Modern Art*. New York: Museum of Modern Art, 2010.

Calatayud, A. "*Les Glaneurs et la Glaneuse*: Agnès Varda's Self-Portrait." *Dalhousie French Studies* 61 (2002): 113–23.

Callenbach, Ernest. "Review of *The Gleaners and I* (*Les Glaneurs et la glaneuse*)." *Film Quarterly* 56.2 (2003): 46–49.

Caughie, John. *Theories of Authorship: A Reader*. London; Boston: Routledge & Kegan Paul in association with the British Film Institute, 1981.

Chapman, Jane. *Issues in Contemporary Documentary*. Cambridge: Polity, 2009.

Cheu, Hoi F. *Cinematic Howling: Women's Films, Women's Film Theories*. Vancouver, Toronto: UBC Press, 2007.

Chrostowska, S. D. "Vis-à-Vis the Glaneuse." *Angelaki* 12.2 (2007): 119–33.

Clouzot, Claire. *Le cinéma français depuis La Nouvelle vague*. Paris: F. Nathan, 1972.

Cooper, Sarah. *Selfless Cinema?: Ethics and the French Documentary*. London: Legenda, 2006.

Crain, Mary Beth. "Agnès Varda: The Mother of the New Wave." *L.A. Weekly*, August 1–7, 1986, 33.

Crittenden, Roger. *Fine Cuts: The Art of European Film Editing*. Amsterdam; Boston: Focal Press, 2006.

Cruickshank, Ruth. "The Work of Art in the Age of Global Consumption: Agnès Varda's *Les Glaneurs et la glaneuse*." *Esprit Créateur* 47.3 (2007): 119–32.

Darke, Chris. "Refuseniks (Agnès Varda's DV Documentary, the 'Gleaners and I')." *Sight and Sound* 11.1 (2001): 30–33.

Darke, Chris. "Agnès Varda: A Narrative Filmmaker Moonlighting as a Short-Film Essayist, Or Vice Versa?" *Film Comment* 44.1 (2008): 22–23.

de Béchade, Chantal. "Entretien avec Agnès Varda." *Image et son: revue du cinéma*, February 1982.

Dechery, Laurent. "Autour de Mona dans *Sans Toit Ni Loi* d'Agnès Varda." *French Review* 79.1 (2005): 138.

Decock, Jean, and Agnès Varda. "Entretien avec Agnès Varda sur *Jacquot de Nantes*." *French Review* 66.6 (1993): 947–58.

DeRoo, Rebecca. "Confronting Contradictions: Genre Subversion and Feminist Politics in Agnès Varda's *L'Une chante, l'autre pas*." *Modern and Contemporary France* 17.3 (2009): 249–65.

Devaux, Claudine. *Agnès Varda*. Bruxelles: Association des Professeurs pour la Promotion de l'Éducation cinémathographique, 1987.

Dieuzaide, Jean. Agnès Varda: Catalogue d'exposition, Galerie municipale du Château d'eau, Toulouse, Novembre 1987. Toulouse: Galerie municipale du Château d'eau, 1987.

Domenach, Elise, and Philippe Rouyer. "Entretien avec Agnès Varda—Passer sous le Pont des Arts à la voile." *Positif*, no. 574 (2008): 17.

Durgnat, Raymond. *Nouvelle Vague: The First Decade*. Loughton, Essex: Motion Publications, 1963.

Erens, Patricia, ed. *Sexual Stratagems: The World of Women in Film*. New York: Horizon Press, 1979.

Estève, Michel, and Bernard Bastide. *Agnès Varda*. Paris: Lettres modernes: Minard, 1991.

Falcinella, Nicola. *Agnès Varda: Cinema Senza Tetto Né Legge*. Recco: Le Mani, 2010.

Fiant, Antony, Roxane Hamery, and Éric Thouvenel. *Agnès Varda: Le Cinéma et au-delà*. Rennes, France: Presses Universitaires de Rennes, 2009.

Flitterman-Lewis, Sandy. *To Desire Differently: Feminism and the French Cinema*. Urbana: University of Illinois Press, 1990.

Flitterman-Lewis, Sandy. "Magic and Wisdom in two portraits by Agnès Varda: *Kung Fu Master* and *Jane B. by Agnès V.*" *Screen* 34.4 (1993): 302–20.

Forbes, Jill. "Agnès Varda: The Gaze of the Medusa." *Sight and Sound*, Spring 1989, 22–24.

Forbes, Jill. *The Cinema in France after the New Wave*. Macmillan, 1992.

Ford, Charles. *Femmes Cinéastes*. Paris: Denoël, 1972.

Gorbman, Claudia. "*Cléo from Five to Seven*: Music as Mirror." *Wide Angle* 4.4 (1981): 38–49.

Grant, Barry Keith. *Auteurs and Authorship: A Film Reader*. Malden, MA: Blackwell, 2008.

Grant, Barry Keith, and Jim Hillier. *100 Documentary Films*. London: British Film Institute, 2009.

Grob, Norbert, et al. *Nouvelle Vague*. Mainz: Bender, 2006.

Guest, Haden. "Emotion Picture: Agnès Varda's Self-Reflexive *The Beaches of Agnès* and the Cinema of Generosity." *Film Comment* 45.4 (2009): 44.

Handyside, Fiona. "The Feminist Beachscape: Catherine Breillat, Diane Kurys and Agnès Varda." *Esprit Créateur* 51.1 (2011): 83–96.

Harkness, John. "Agnès Varda: Improvised Inspiration." *Now*, June 19–25, 1986.

Harvey, Stephen. "Agnès Varda in Her Own Good Time." *The Village Voice*, May 20, 1986, 64.

Hayward, Susan. "Beyond the gaze and into femme-filmcriture: Agnès Varda's *Sans toit ni loi* (1985)." *French Film: texts and contexts*. New York: Routledge, 1990.

Hayward, Susan. *French National Cinema*. New York: Routledge, 1993.

Heck-Rabi, Louise. *Women Filmmakers: A Critical Reception*. Metuchen, NJ: Scarecrow Press, 1984.

Hillier, Jim. *Cahiers Du Cinéma: Volume II: 1960–1968. New Wave, New Cinema, Re-Evaluating Hollywood*. 6th ed. London: Routledge, 2001.

Holiday, Billie. *Femmes et Arts: Sarah Bernhardt, Edith Piaf, Simone Signoret, Agnès Varda; Suivi De Lady Sings the Blues*. Romorantin, France: Martinsart, 1980.

Hottell, Ruth, "Including Ourselves: the role of female spectators in Agnès Varda's *Le Bonheur* and *L'Une chante, l'autre pas*." *Cinema Journal* 38.2 (1999): 52–72.

Hurd, Mary G. *Women Directors and Their Films*. Westport, CT: Praeger, 2007.

Insdorf, Annette. "Filmmaker Agnès Varda: Stimulating Discomfort." *International Herald Tribune*, June 11, 1986.

Jackson, Emma. "The Eyes of Agnès Varda: Portraiture, cinécriture and the Filmic Ethnographic Eye." *Feminist Review* 96.1 (2010): 122–26.

Johnston, Claire. "Women's Cinema as Counter-Cinema." *Movies and Methods: An Anthology*. Ed. Bill Nichols. 1 Vol. Berkeley: University of California Press, 1976, 208–17.

Jordan, Shirley. "Spatial and Emotional Limits in Installation Art: Agnès Varda's *L'Ile et Elle*." *Contemporary French and Francophone Studies* 13.5 (2009): 581–88.

Kausch, F. "Agnès Varda—*Les Plages d'Agnès*—La mer, éternellement recommencée." *Positif*, no. 574 (2008): 15.

Kozloff, Max. "Review of *Le Bonheur*." *Film Quarterly* 20.2 (1967): 35–37.

Kuhlken, Pam Fox. "Clarissa and Cléo (En)durée: Suicidal Time in Virginia Woolf's *Mrs. Dalloway* and Agnès Varda's *Cléo de 5 à 7*." *Comparative Literature Studies* 45.3 (2008): 341–69.

Lanzoni, Rémi Fournier. *French Cinema: From Its Beginnings to the Present*. New York: Continuum International, 2002.

Lee, Nam. *Rethinking Feminist Cinema: Agnès Varda and Filmmaking in the Feminine*. Ann Arbor: UMI, 2008.

Lubelski, Tadeusz. *Agnès Varda: Kinopisarka*. Kraków: Wydawnictwo Rabid, 2006.

Lucas, Tim. "Tim Lucas Celebrates Agnès Varda." *Sight and Sound* 18.4 (2008): 88.

McKim, Kristi Irene. *The Astounded Soul: Cinematic Time and Photogenic Love (Wim Wenders, Agnès Varda, Hirokazu Kore-Eda)*. Ann Arbor: UMI, 2005.

McNeill, Isabelle. "Agnès Varda's Moving Museums." *Modern French Identities* 83 (2009): 283–94.

Miller, Nancy K. "Review of *L'Une chante, l'autre pas*." *French Review* 52.3 (1979): 499–500.

Monaco, James. *The New Wave: Truffaut, Godard, Chabrol, Rohmer and Rivette*. New York: Oxford University Press, 1976.

Mouton, Janice. "From Feminine Masquerade to Flaneuse: Agnès Varda's Cléo in the City." *Cinema Journal* 40.2 (2001): 3–16.

Neroni, Hilary. "Documenting the Gaze: Psychoanalysis and Judith Helfand's *Blue Vinyl* and Agnès Varda's *The Gleaners and I*." *Quarterly Review of Film and Video* 27.3 (2010): 178–92.

Neupert, Richard John. *A History of the French New Wave Cinema*. 2nd ed. Madison, WI: University of Wisconsin Press, 2007.

Nicodemus, Katja. "Mitarbeiter Der Woche—Die Filmemacherin Agnès Varda." *Die Zeit* 64.37 (2009): 60.

Ofner, Astrid, et al. Jacques Demy / Agneès Varda: Eine Retrospektive Der Viennale Und Des Österreichischen Filmmuseums 2. Bis 31.Oktober 2006. Wien: Viennale, 2006.

Orpen, Valerie. *Cléo de 5 à 7: (Agnès Varda, 1961)*. Urbana: University of Illinois Press, 2007.

Pallister, Janis L. *French-Speaking Women Film Directors: A Guide*. Cranbury, NJ: Associated University Press, 1997.

Patterson, Katherine J. "Deflecting Desire: Destabilizing Narrative Univocality and the Regime of Looking in Agnès Varda's French Film *Vagabond*." *Film Studies: Women in Contemporary World Cinema*. Ed. Alexandra Heidi Karriker. New York: P. Lang, 2002.

Piguet, P. "Paris: Agnès Varda: Les Plages artistiques de la Réalisatrice de cinema." *L'Oeil: Revue d'art mensuelle* 610 (2009): 78–83.

Portuges, Catherine. "Review of *The Gleaners and I* (*Les Glaneurs et la glaneuse*)." *American Historical Review* 106.1 (2001): 305.

Powrie, Phil. "Heterotopic Spaces and Nomadic Gazes in Varda: From *Cléo de 5 à 7* to *Les Glaneurs et la glaneuse*." *L'Esprit Créateur* 51.1 (2011): 68–82.

Prédal, René. Sans toit ni loi *d'Agnès Varda*. Neuilly-sur-Seine (Hauts-de-Seine): Atlande, 2003.

Ramanathan, Geetha. *Feminist Auteurs: Reading Women's Film*. London: Wallflower, 2006.

Rich, B. Ruby. "Gleaners Over Gladiators." *The Nation* 272.14 (2001): 33.

Romney, Jonathan. "Film: The Scavengers—Agnès Varda's Documentary *The Gleaners and I*." *New Statesman*, 2001, 47.

Rosello, Mireille. "Agnès Varda's *Les Glaneurs et la glaneuse*: Portrait of the Artist as an Old Lady." *Studies in French Cinema* 1.1 (2000).

Rouyer, Philippe. "Exposition—Actualité d'Agnès Varda." *Positif*, no. 548 (2006): 72.

Shivas, Mark. "*Cléo de 5 à 7* and Agnès Varda." *Movie*, October 3, 1962: 33–35.

Signorelli, A. "*Les Plages d' Agnès* di Agnès Varda: Nel ventre della balena." *Cineforum* 50.10 (2010): 75–77.

Singerman, Alan J. *French Cinema: The Student's Book*. Newburyport, MA: Focus Pub./R. Pullins Co., 2006.

St James Women Filmmakers Encyclopaedia. Visible Ink Press USA, 1999.

Smith, Alison. *Agnès Varda*. Manchester University Press, 1998.

Smith, Alison, and Susan Gasster-Carrierre. "Reviews—Film—Agnès Varda." *French Review* 73.2 (1999): 363.

Sabine, Jennifer. "Agnès Varda" (interview). *Cinema Papers*, no. 42 (March 1983).

Udris, Raynalle. "Countryscape/Cityscape and Homelessness in Agnès Varda's

Sans toit ni loi and Leos Carax's *Les Amants Du Pont-Neuf.*" *Spaces in European Cinema*. Ed. Myrto Konstantarakos. Portland, OR: Intellect Books, 2000, 42–51.

Ungar, Steven,. *Cléo De 5 à 7*. Basingstoke; New York: British Film Institute, 2008.

Valence, G. "Agnès Varda, l'Hommage juste." *Positif*, no. 553 (2007): 66.

Varda, Agnès. *Varda par Agnès*. Tamaris/Cahiers du Cinéma, 1994.

Vincendeau, Ginette. "How Agnès Varda 'Invented' the New Wave." *Four by Agnès Varda*. Criterion, 2008.

Wagstaff, Peter. "Traces of Places: Agnès Varda's Mobile Space in *The Gleaners and I*." *New Studies in European Cinema 2: Revisiting Space: Space and Place in European Cinema* (2005): 273–90.

Wallimann, Susanne. Aufzeichnungen Einer Schwangeren Frau: Gedreht Von Agnès Varda (Carnet De Notes d'Une Femme Enceinte: Tourné Par Agnès Varda). Luzern: Hochschule für Gestaltung und Kunst, 1998.

Wise, Naomi. "Surface Tensions: Agnès Varda." *Berkeley Monthly*, June 1986, 16–17.

Agnès Varda: Interviews

Edited by T. Jefferson Kline

Published by agreement with University Press of Mississippi,

3825 Ridgewood Road, Jackson, MS 39211.

Website: www.upress.state.ms.us

Simplified Chinese edition published in 2024

by Shanghai Bookstore Publishing House, Shanghai

图书在版编目(CIP)数据

阿涅斯的海滩 : 瓦尔达访谈录 /（美）T. 杰斐逊·克兰编 ； 曲晓蕊译 .— 上海 ：上海书店出版社，2024.7（2024.12 重印）

ISBN 978 - 7 - 5458 - 2363 - 9

Ⅰ. ①阿… Ⅱ. ①T… ②曲… Ⅲ. ①阿涅斯·瓦尔达 -访问记 Ⅳ. ①K835.655.78

中国国家版本馆 CIP 数据核字（2024）第 055519 号

著作权合同登记号　图字 09 - 2023 - 1139

责任编辑　伍繁琪

营销编辑　王　慧

装帧设计　山川制本 workshop

阿涅斯的海滩:瓦尔达访谈录

[美]T. 杰斐逊·克兰 编

曲晓蕊 译

出　　版　上海书店出版社
　　　　　（201101　上海市闵行区号景路 159 弄 C 座）
发　　行　上海人民出版社发行中心
印　　刷　上海雅昌艺术印刷有限公司
开　　本　889×1194　1/32
印　　张　10.875
字　　数　200,000
版　　次　2024 年 7 月第 1 版
印　　次　2024 年 12 月第 3 次印刷
ISBN 978 - 7 - 5458 - 2363 - 9/K·494
定　　价　72.00 元